瘋人教育日記

私校教師的眞情告白

鄭偉 著

在一個極權社會，人人都在吃人，同時又在被吃。在這樣一個人吃人的社會裡，教育只是吃人與被吃的方式手段。

沒有吃過人的教師，恐怕早已沒有；沒有吃過人的孩子，或者還有？

救救孩子們！教師何以肩住黑暗的閘門，放他們到寬闊光明的地方去？

自　序

　　首先聲明，這是一本寫給教育工作者的書。你的工作若跟教育無關，或你不太關注教育，你就可以放下此書了。我不希望你有上當的感覺後，在心裡不停詛咒我。

　　我必須承認，我有精神分裂的跡象。或者簡單地說，我是一個瘋人。病情發作時，我會胡言亂語，在黑屋裡大聲喊叫。同時，我會撫摸自己的胸口，感覺一下自己的心跳，看看自己是否真實地活著。我有紀錄的習慣，便把犯病時的譫言妄語都寫了下來。這本《瘋人教育日記》，便由此而來。

　　我天性熱愛自由，厭惡各種束縛，喜歡自由創造和發揮。在課堂教學上，我的教學方法是「迷蹤法」，即沒有固定的模式，更多的是率性而為，即席發揮。唯有此時，我才能感受到生命的衝創力，感受到自己真實的存在。

　　在中國的文化傳統中，專制強調控制和約束。在這種文化中，個體被納入到既定框架中，逐漸失去了自我和個性。自我的保持和個性的張揚，需要付出很大的代價。遠說魏晉的阮籍、嵇康，近說明朝的李贄，都沒能逃脫悲劇性的命運。今天，傳統專制已更加惡化，變成了現代極權。國家權力假借「代表人民的利益」的名義，正在恣意肆虐蠶食著私人領域。

　　在經濟發展的今天，社會生活的節奏明顯加快，工作壓力明顯增大，對個人的束縛也加強了。習慣了在伊甸園中生活的中國人，不得不搏擊於經濟浪潮中，以獲得更多的物質享受，加上中國的傳統文化缺乏求真精神，國人的精神世界已開始乾涸。總的來講，這是一個價值真空、精神失落的時代——對於中國尤其如此。

　　在中國的政治和文化背景下，大部分中國人都學會了麻木與適應，匯入了群畜的行列。從一開始，他們便沒有多少生命意識，生命處於較低層級，沒有了任何創造力。他們還認為，個體不必有個性，個體生來的義務是為國家犧牲，或為社會貢獻。另一些人則不一樣。他們受到壓抑和束縛時，總能感受到環境的壓制與內心的衝動之間的強烈衝突。作為本我或利比多的爆發，內心的衝動是一種生命衝創力，決定著人的活力或生命力。同時，它也是一切創造活動（包括科技發明、藝術創造等）的根本動因——天才往往就是某種程度上的瘋人。當內心的衝動不能完全突破外界的束縛時，便會變成一種心理淤泥，成為精神病的病灶。

　　不過，到底誰是瘋人有個視角問題。瘋人是正常世界中的瘋人，正常人也是瘋人世界中的瘋人。在人們看來，瘋人屬於不正常。對於瘋人來講，正常人卻也不正常──瘋人真屬於不正常世界嗎？

　　精神病患者，不是貶義詞，而是褒義詞。他們人性豐滿，心靈更為敏感，更能感受到壓抑。相比之下，庸眾們早已習慣，甚至開始喜歡上壓抑了。然而，生命若被壓抑，個體便沒有尊嚴，整個民族也沒有希望。

　　有人說，我對教育很刻薄，不時有尖銳的批判。然而，我是有切膚之痛的。我能時時感受到生命的衝動，也早已看透教育對個體的摧殘。這二者之間的衝突，能讓我心靜如水嗎？病人在痛苦時，本能地喊出聲來不是罪過。

　　此書以一個「瘋人」的視角，記載了我在一所私立學校的親身經歷和體驗。它夾雜著我的焦灼和痛苦，寄託著我的夢想與希望，折射著我的掙扎與反抗。本書不是一本純粹的學術書，也非記流水帳的日記。讀者需要細心研讀揣摩，綜合書中的思想碎片，方可洞悉本書的主題。在黑幕籠罩之下，血腥的罪惡隱而不見。唯有借助思想的光亮，才能發現黑幕下那隱約的斑斑血跡。

　　我也無意進行一次「宏大敘事」，全面深入地探討中國社會的各方面問題。我只是希望，讀者能通過我的文字管窺中國教育的問題，並對中國當今社會有更深刻的認識。整個中國社會的問題，在私立學校中都有一定程度的表現。因此，研究中國的私立學校是有意義的。

　　有人可能說，以個別學校作為個案來研究中國教育，似乎不具有普遍性。然而，這只是正確了一半。不用抽掉全部血液，只需要一滴血，醫生便能知道整個肌體的狀況。當一種觀念瀰漫開來時，社會的每個角落都會充斥著這種觀念。因此，從個案入手，也能讓我們瞭解整體情況。

　　為了讓讀者能更好理解文章，我在每篇文字的前面都附上了「寫作背景」。「寫作背景」可能是校內事件，或是我的思考或經歷，或是對教育有影響的社會事件。無論是哪一種情況，「寫作背景」對我的文字都起到了催化和激發作用。

　　本書主要是我近兩三年的思考，因此肯定存在著不足。讀者若對我有興趣，可以跟蹤關注我的博客，瞭解我的最新動態。當然，讀者若能給我反饋一點批評或建議，我會更加感激。

　　有必要說明一下。在本書中，台灣說的「私立學校」和大陸的「民辦學校」是同一種教育，都指那些「不公不私，亦公亦私」的學校。中國的政治體制很特殊，只會生出各種「怪胎」，這便是官方聲稱的「中國特色」。

　　本書能在台灣出版，我對此心存感激。我要感謝台灣，台灣的民主，以及為實現台灣的民主做出過艱苦卓絕的努力的人們！台灣和民主，雖不能至，心嚮往之。

　　是為序。

鄭偉

2010 年 10 月

目次

✒ 第二部　教育・學術

✎ 第三部　教育・管理

✎ 第四部　教育・人生

第一部
教育・雜感

教育第一，教學第二。教育塑造人，教學造就機器。

一個民主時代才會有真正的語文，因為只有在那裡個體才會受到尊重，才會允許個體表達自己的思想感情。

良心屬於道德範疇，而道德是屬於個體的選擇，而不是抽象的概念——道德水平的高低，完全取決於個體的思想水平。

於是，我無言。我只有等待，等待這一代群畜死去。即使今天我們享受不了民主和自由，未來的新一代一定會不用撐在鐵架子上才站得起來。

文化教育，一個民族的靈魂

寫作背景

　　總的來講，教師群體是一個奇怪的，甚至是變態的群體。他們以教育為生，自己卻並不真正懂得教育；他們以「師」自稱，自己卻是不學無術；他們揚言在啓蒙學生，自己卻沒接受過啓蒙；他們聲稱要學生有獨立人格，自己的人格卻很分裂；他們認為自己是人類靈魂的工程師，卻不知自己根本不配這個稱號。

　　文化教育，本是一個民族的靈魂。然而，不讀書是教師中的普遍現象，讀書的教師反而成了「另類」分子。憑著教師們現有的貧瘠的精神世界，他們又何以能擔負起民族興旺之重任？

　　這是一個每位教師都應深思的問題……

　　文化教育，是一個民族的靈魂。一氣讀完《世界上最成功的教育——猶太教育揭秘》後，深感一個民族的興起與衰落，與其文化教育休戚相關。看看在「二戰」廢墟上發展起來的德國和日本，我們不得不承認，這是兩個非常優秀的民族，兩國的文化非常值得我們研究。

　　不過，世界上還有一個非常優秀的、值得稱道的民族，這便是猶太民族。

　　一提到猶太民族，人們不禁會想到尼采和希特勒。一百年多前尼采指出，基督教統治歐洲思想的時代應該終結，並進而向世界宣告「上帝死了」。在尼采身上，有著獨立意志，受生命衝創力牽引，發揮著生命創造力的人叫「超人」，與之相對的就叫「末人」。過著遊牧生活的猶太人四處流浪，自然可能被劃入了「末人」之列[1]。既然基督教源自猶太教，尼采也就不會讓「末人」的思想統治

---

[1] 事實上，問題遠非這麼簡單。

有些人認為，猶太人有放高利貸的傳統，過著優渥的生活。他們掌握著財富，控制著社會，卻又不屬於生活於其中的民族。如此，猶太社會受到敵視，被看作了一個有黑社會性質的秘密組織，因此才被德國法西斯分子清洗。對於反猶問題，漢娜・阿倫特的《極權主義的起源》還有更為詳盡的論述。有興趣的讀者不妨一讀。

法西斯主義者認為，民族具有革命性，於是便把階級融入民族，讓民族的歷史主體性取代了無產階級的歷史主體性。這樣，法西斯主義與民族主義更開始融為一體。在對待猶太人的問題上，法西斯主義者認為：一、猶太人沒有民族，堅持認為自己是其他民族的一部分，這無疑會成為崇拜民族主義的法西斯主義眼裡的另類。二、猶太人穿行於各民族之間，以無身份的姿態出現。它宣傳的普世主義隱藏著自由意志與選擇觀念，對一切民族主張的原則，即民族的天賦性格和民族實體的自然性，構成了挑戰（參見馬克・尼古拉斯，《法西斯主義》，吉林人民出版社，頁54）。

歐洲。我想，這是尼采敵視基督教的原因。希特勒崇尚尼采，是尼采的忠實信徒。據說，他鼓勵士兵隨身攜帶並閱讀尼采的著作，他本人也曾去尼采的墓前拜謁過，還把尼采的著作送給了墨索里尼。希特勒把尼采的思想推至到極限，在「二戰」期間屠殺了六百萬猶太人，其罪惡行徑可謂罄竹難書。

事實證明，猶太人從來就沒有被擊垮過。經歷了二千多年的風雨，迫害、戰爭、遷徙並沒有使猶太民族絕跡於人寰。相反，在政治、經濟、文化、藝術等各個領域中，猶太人在世界範圍內扮演著越來越重要的角色，以色列的經濟也早已躋身上世界前十二強。追根溯源，猶太人取得如此令人矚目的成就，是因為它有非常獨特的文化教育。

我無意贅述猶太人的歷史，只想說說猶太的文化教育。自古以來，猶太人就崇尚知識與智慧，並將其視為人生第一財富。猶太人篤信的《聖經》明示：人們只有誦讀此經，才能領會上帝的旨意。由於收錄很多頗具教育意義的章節，《聖經》已是猶太人啟蒙的必備讀物。可以說，猶太人最先消滅文盲，因為這是一個愛書的民族。據說，猶太人家裡至今還有一個風俗，即當孩子懂事時，父母便會在《聖經》上滴一點蜂蜜，讓孩子舔食，有「書是甜蜜的」意識。用心良苦，彰明較著，讓人沉思不已。

於是，我不禁聯想到我們的教育現狀。一位學生告訴我，考入大學的某個班級的學生，入學後都尋歡作樂，虛擲光陰。一學年下來，大部分學生都「亮紅燈」──補考。此事讓我想到過很多。我們教師辛辛苦苦教學生，卻未讓學生明白他們為何要讀書，更沒能教會他們喜愛讀書。即使個個學生都上大學，中國大學的入學率居世界之冠，那又有何益呢？

學校培養出這樣的學生，學校裡究竟是什麼情形呢？我們先來看看教師吧。

忙於教學也好，被家務所困也罷，沉溺於麻將消遣，或搞家教撈外快也行，教師們大學畢業後一直吃老本，憑著在大學裡學的知識竟能一輩子掙到飯錢。若干年下來，不僅才情沒增加，連老本行丟得差不多了。同時，分數教育把教師塑造成了給出售前的鴨子注水的飼養員，或是技術嫻熟的泥水匠，讓教師身上沒有多少文化氣息可言。教師們處於蒙昧而不自覺，反而會嘲笑讀書學習。在學校中，我這種人屬於異類。只要人群看見我，便會大叫「怪物來了！」，隨即作鳥獸狀散去。

這種校園文化中，領導們自身也不讀書，卻可能「聖化」自己而號召教師讀書。當然，他們在骨子裡沒有多少對知識的尊重或對思想的敬畏──教師有了思想文化，分數便不見了，這可關係到他們的仕途。他們只是政治奴才，或一枚政治棋子。不學無術拒絕啟蒙的他們，何來良知與理性呢？

波普爾說過：「最大的無知，不是缺乏知識，而是拒絕知識。」中國人的無知與可悲，也在於不讀書和拒絕知識。我說中國人不讀書，你可能不同意。鄭也夫先生對圖書種類曾做過研究，並指出中西文化複製的速度不同。在西方出現印刷術的 1450 年，中西方的圖書種類大致相當。然而，1600 年時西方有 125 萬種，中國有 1.4 萬種，西方是中國的 89 倍。到 1900 年時，西方有 1125 萬種，中國有 12.6 萬種，差距也恰好是 89 倍。這個 89 倍說明什麼？它表明西方的知識總量是中國的 89 倍，表明西方人比中國人更喜歡看書（沒有需求，也不會有書），甚至表明中國在鴉片戰爭中必然會失敗！89 倍，能表明很多很多。

中國的傳統文化中，有著很強的「實用理性」的性格。人們追求世俗生活中的實用，認為「思想不能當飯吃」。幾年前的一個統計資料表明，在中國，擁有藏書的家庭僅佔總數百分之幾。中國人也發明了印刷術，卻只是將其用來印刷祭祀死人的紙錢，中國沒有因此而出現幾個大思想家。現在，消費主義和功利主義盛行，政治還偏要收編學術。這樣的國度，能有什麼學術研究成果呢？數學家丘成桐說過，北京大學的教授的研究能力還不如哈佛大學的本科生。這不足為怪。北京大學百分之四十的師資都是從國外引進的不入流的教授，而北京大學還要以百萬年薪供養他們。2005 年，台灣的李敖先生在北京大學演講時，只用了一個字總結北京大學——孬！前不久，耶魯大學校長在一次演講中指出，中國人只為名利而學術。他猛烈批評了中國的學術腐敗，認為「中國人是人類歷史上的大笑話」。

目前，我國在讀博士生人數由 1999 年的 5.4 萬人增加至 2009 年的 24.63 萬人，十年間增加了 4.56 倍。2008 年，我國博士學位授予數超過美國，成為世界上最大的博士學位授予國家。有統計顯示，大部分博導認為自己適合指導的學生不超過六名，而最多的高達一百一十名，完全是在「批量生產」博士。然而，我國的博士的學術成就或知識面差得可憐，水平遠不如其他國家或「國際標準」。確實，中國的博士只配做「士」，尚不能達到真正的「博」。不久前，教育部不得不對「博士氾濫」進行了整頓，僅遼寧師範大學就取締了幾十位教授的「博導」資格。眼見外國的博士有多少，我們就得眼饞，就得批准多少來意淫一番？這是什麼思想在作祟呢？

這裡，我要講幾個小故事。

在「二戰」中，德軍圍困史達林格勒長達兩年之久。德軍每天對城裡實施炮轟，妄圖把這座偉大的城市從地圖上抹去。透過一條秘密通道，蘇聯人才把少量糧食勉強偷運進了城裡，讓每人每天有二條麵包的配額。市民們雖然食不果腹，卻每天都要去圖書館獲取精神食糧。德軍的炮彈在圖書館附近爆炸，卻

絲毫不能影響人們讀書。讀書期間，時而有人餓昏過去，趴在桌子上不動了。想想吧，那是怎樣的一個場面？那又是怎樣的一個民族？普希金、托爾斯泰、赫爾岑、索忍尼辛、高爾基……這個名單可以列得很長很長。俄羅斯民族養育了如此之多的偉人，這絕不是一件偶然的事。

去年旅遊時，我曾乘過上海與杭州之間的「城際列車」。乘車的兩個小時中，乘客們都呆呆地愣坐在那兒。整個車廂中，我只看見一個人在讀書——一個外國女人。我去杭州與家人會合，相機碰巧留在老婆身上，我沒能把當時的情形拍下來。今年去「中國死海」旅遊，又看到了類似情形。一個外國人認真地讀著書，而其背景卻是中國人正在大快朵頤。一個是攝取精神食糧，而一個是攝取物質食糧，其鮮明的對照反差，讓人真是浮想聯翩。

猶太人也是一個會掙錢的民族。世界的巨賈富豪中，有不少是猶太人，而且在諾貝爾經濟學獎的獲得者中，猶太人佔的比例非常高。中國人難道不會掙錢嗎？在歷史上，山西曾一度是中國的經濟中心。那時邊境上駐有軍隊和遊牧，山西人就馱去日用品做起生意來，也就因此有了「走西口」的民歌。後來，山西還最早出現了「錢莊」。浙江人也會做生意。據悉，巴黎現有六七萬溫州人，有「有生意處便有溫州人」之說，目前國內各地也均有「浙江商會」。一個浙江里安人告訴我，在他家鄉，男人都出門做生意，家裡只剩下婦孺。浙江人善做生意，這已是蜚聲海內外的事。

所以，誰說中國人笨呢？中國人不笨，也會經商。但是，問題不僅是經商。猶太人出過無數的思想大家，包括我們熟知的斯賓諾沙、佛洛依德、愛因斯坦、柏格森、馬克思、胡塞爾、茨威格等。中國人也會經商，卻無法產生出世界頂級的思想大家。我相信，即使中國成為世界上經濟最發達的國家，也難為世界的思想文化有所奉獻。

我曾拜讀過李敖先生紀念「抗日」戰爭勝利六十周年的一篇雜文，所言內容以「如果我是日本人，我也會去參拜靖國神社！」為題，把中國人醜陋的一面批判得入木三分。對此，我並沒義憤填膺，反而極為拍手稱快。作為一個尼采主義者，我不是認為要無止殺戮，而是主張無論個體與群體，都要學會自強不息。只有自強不息，才能真正贏得別人的尊重。我們不必為「南京大屠殺」悲鳴，也不必指責 731 部隊細菌試驗的慘無人道。我們不妨再想想，日本人為何崇敬同樣死於他們之手的楊靖宇和張自忠將軍呢？那是因為日本人只崇敬那些有氣節的人。中國長期做奴才，也習慣於、甚至是喜歡做奴才。日本人來中國是欲做君主，而中國人可以照常做奴才。君主對奴才有生殺予奪的權力，這是天經地義的事。

　　分數教育忽視靈魂的教育，已把學生的靈魂抽空。雪上加霜的是，提高分數的辦法還是採用「訓狗教學法」——迫使學生機械重複地做習題。這樣的教育現狀，能讓我們培養出什麼人呢？用尼采的觀點來講，大概中國人只能算作一群「末人」。世界不是「末人」創造的，而是「超人」創造的。「末人」能有什麼用呢？只能用來被屠殺，只配被開除球籍。

　　我們常說中華民族是如何偉大，可我們不知什麼是偉大。偉大應該是一種氣息，它與墨香一同從書卷裡溢出來；偉大應該是一種深度，它從思想火花中折射出來；偉大應該是一種氣節與風骨，它從精神氣質中反映出來。我們這個長期受專制統治奴役的，一個不愛讀書的民族，能在多大程度上是偉大的呢？

　　病態的文化教育，必定薰陶出病態的靈魂。中國人有靈魂嗎？即使有，恐怕也只能是病態的。

教師如何講林昭

寫作背景

林昭，原名彭令昭。蘇州人。林昭在 1957 年的反右運動中因公開支持北京大學學生張元勳的大字報「是時候了」而被劃為右派，後因「陰謀推翻人民民主專政罪，反革命罪」被長期關押於上海提籃橋監獄。在獄中，她堅持自己的信仰，用髮卡戳破手指，書寫了二十萬字的血書與日記，控訴中共當局對她的殘酷政治迫害和壓迫，表達自己追求人權、自由和平等的信念。1968 年 4 月 29 日，林昭未經審判在上海被秘密槍決。至今，中共當局只承認是「錯殺了一個精神病人」，並為此「感到遺憾」。

彭令昭是中國人民反抗紅色極權和暴政的象徵，在中國走向自由與民主的進程中寫下了光輝的一頁。

> 民族毀滅於當他們的記憶最初喪失時，他們的書籍、學問和歷史被毀掉。接著有人另外寫出不同的書，給出不同式樣的學問和杜撰一種不同的歷史。
>
> ──米蘭・昆德拉，《笑忘錄》

林昭是中國人不畏血腥暴政的象徵，是中華民族的一面精神旗幟。官方不允許林昭出現在教材裡，顯然不願讓人知道那段血腥的歷史。在我看來，林昭之死對於中國的意義，不亞於蘇格拉底之死對於政治哲學的意義，或布魯諾之死對於科學的意義。我認為，教師們都應給學生講講林昭。作為有良知的人，教師應該「為不能挽回的歷史負責」（薩特語）──讓學生知道歷史真相，不再重蹈歷史之覆轍，這才是最好的負責的態度。

一直以來，我都會跟學生講林昭。只要平時有足夠的鋪墊，多一點人文知識，學生便不會受到多大刺激，也不會有什麼風波。記得有一次我講完後，給學生介紹了視頻《尋找林昭的靈魂》，建議有興趣的學生下載觀看。課後，一位女生跑來跟我說，她已看過《尋找林昭的靈魂》了！而且，她說她還看得流了淚。「一個有良知的人，看後都會流淚的。」我這樣告訴她。

然而，教師給學生講林昭有一定風險。2005 年 5 月，吉林藝術學院的盧雪松老師上課時使用了民間自製的紀錄片《尋找林昭的靈魂》及其相關材料而被學生告發。在我看來，視頻屬於藝術，選用視頻作為教學材料，還說得過去，最多是打了「擦邊球」。我估計，盧老師最大的問題在於使用了「相關材料」。

換句話說，盧老師做得有點過激，可能使用了文字材料——這個「硬傷」授人以柄，給盧老師造成了很大被動。結果，學校做出反應，給予了盧老師「停課處分」。

極權專制的「紅色」思想毒害了一批又一批的青少年，教師便有必要為學生「解毒」。不過，講林昭需要注意方法。在我看來，教師只需要冷靜地講故事，不必言詞激烈地直接批評黨國，避免給自己帶來麻煩。從另一方面講，給學生留點思考的空間，讓學生學會自主判斷。教師不要擔心學生沒接受你的思想。學生不相信你的話，這並不重要。只要學生不輕易受黨國的騙，教師的目的便達到了。

我以為，教師要警惕一種情況：我們揚言要打倒宏大敘事，自稱為學生啟蒙，但當我們給學生灌輸一種觀念時，卻同時又為學生樹立起了神話。因此，最好的辦法是，只是客觀講述故事，而不宜做太多的評論或結論。教會學生懷疑和判斷，可能比給學生灌輸觀念更好。

我想起有一次，我邀范美忠來我的課堂。學生提了很多問，范也侃侃而談，課堂氣氛很活躍。下課時，我做了結尾講話：「感謝范老師給我們帶來的精彩課堂。你們相信范老師的話嗎？」

「相信。」學生沒有反應過來，照直回答了我。

「我平時叫你們不要輕易相信別人的話，凡事要懷疑和自主判斷，所以今天你們也不要相信范老師的話。」我嚴厲地對學生說。

課後，范美忠笑著說：「你叫學生不要相信任何人的話，但學生若相信你的『不要相信任何的話』，他們沒有相信我的話，卻相信了你的話。」從邏輯上講，這聽起來有點弔詭，似乎確實有點問題。不過，我的本意是，不要試圖用一種思想去改變學生，你打破了一個神話，卻又同時樹立起另一個神話了。

這種弔詭，便是霍克海默和阿多諾稱作的「啟蒙的辯證法」。他們認為，自啟蒙運動以來，人類從封建神權中解放出來，開始了自我覺醒後，實現了科學的巨大進步。然而，時至今日人類才發現，原來自己沒有逃脫神話。當人類打破了神權的神話後，科學卻取而代之成了神話。科學為人類帶來進步的同時，也使人類遇到能源危機、環境污染、價值真空和道德淪喪等各種空前的危機。

講一些敏感的問題，教師確實需要掌握好度。黨國的「赤化」工作，甚至從兒童（少先隊）就開始了，跟希特勒當年的搞法一樣。在高中階段，學校便會開始發展「預備黨員」。對於教師，這些「預備黨員」可能會構成潛在的威脅。他們什麼都不懂，上了黨國的當，可能會揭發教師，弄得教師很被動。

　　前面那個女生進了大學後，放假回來告訴我了一件事。她們有位教師剛從英國留學回來，課堂上有時候會講起自由和民主。不過，這引起了班上幾個黨員的不滿，弄得師生關係很緊張。好在大學比較寬鬆，教師可以打著學術旗幟，從事著挖牆角的事業，這位教師才沒遇到什麼麻煩。她本人倒沒有什麼，因為她已從我這裡接受了啟蒙。

　　從此事來看，對於班上的「預備黨員」，教師不妨有所提防，以防患於未然。對於自己的言論可能給學生多大的衝擊，教師也最好能做到心中有數。在最低限度上，教師可跟「預備黨員」保持良好感情，以不致有多大後患。

　　記得有一次，一位學生在課堂上當眾問我：「中國有沒有工會？」在中國，工會變成了黨支部，工會主席可能是黨員。作為所有利益的最高代表，黨國要構建和諧社會，工會便不可能通過帶領工人罷工，去要求單位提高福利──看看現在，上訪全都被鎮壓了，你還要求公平、公正和公開？平時說起這種事，我會不禁有點憤激。然而在課堂上，我必須注意講話方式。記得當時我平靜地對學生說：「工會是代表工人利益，捍衛工人利益的組織。然而，當工人的利益被另外的人代表了，工人利益的哪兒呢？工人若沒有利益，工會還用來做什麼？」對於這幾句簡短的話，我相信有頭腦的學生會思考的。當然，肯定會有學生不懂──在這個世界上，總會有庸眾存在。對於，教師不要有過高指望。

　　毋庸置疑，中國教育是愚民教育。理科思考自然界，理科學生沒有思想，將來只是黨國的工具和奴隸。相比之下，文科思考社會和政治，更容易讓人啟蒙，發現黨國的陰謀和罪惡。因此，黨國必然會在文科教材裡塞滿謊言。這要求教師多加識別，並告訴學生真實的歷史。當然，教師要注意方式上的策略，不要像盧老師那樣很被動。要保住飯碗，也要繼續挖牆角，這才是精明教師的所為。

談教師的政治素養

寫作背景

　　一位班主任跟我聊起教師的政治素養問題，讓我想到了不久前的學生自殺案。簡單地說，這位學生死於民主，跟蘇格拉底之死出於同樣原因。

　　人們一般會認為，民主是個好東西，卻不知民主也會帶來災難。那麼，民主到底是什麼？其實質又是什麼呢？

　　在現代社會裡，教師已不再是臣民，而是公民。作為公民，教師們的政治素養顯然還不夠。

　　教師們從事著教育工作，應該比一般公民更懂政治。

　　在我看來，課堂或班級不僅是文化場所，而且也是政治場所，這便是我一直將教育或教學視為政治文本來解讀的原因。在班上，教師在某種意義上佔據著「統治者」的地位。這個「統治者」如何建設班級，如何授課教學，採用的是專制方式還是民主方式，對學生的影響無疑是巨大的。專制政治培養出來的學生都是懦弱、奴性強、內向、沒頭腦等特點——被專制了幾千年的中國人就是這樣，而民主政治培養出來的學生卻普遍有樂於助人、關心集體、開朗、有主見等特點。

　　我們時常都可聽見教師談起民主，足見教師們都喜歡民主。然而，每個教師是否都真正懂得了民主嗎？我私下地斗膽懷疑。如果不懂民主，卻要大搞民主，結果會是什麼樣的呢？

　　前段時間，網路上一條消息說，一位班主任叫學生投票表決，是否讓一個「壞學生」留在班上。結果，大部分學生都投反對票，那學生被「民主地」趕走後便自殺了。這個案例表明，某些教師非常欠缺基本的政治素養。

　　民主是個好東西，但卻也有致命的缺陷。在古希臘，蘇格拉底就是經過投票被「民主地」處死的。他的弟子柏拉圖對民主有著切膚之痛，因而堅決反對民主政治，而提倡精英政治。可以講，精英政治的思想最早始於柏拉圖。在他的《理想國》中，柏拉圖便認為，統治者只有「哲人王」能勝任。所謂「哲人王」，就是精英或智者。教師不分清紅皂白地叫學生投票，而學生的智力是有限的，投票完全可能造成災難，比如被「民主地」趕走的學生後來自殺了。

　　民主不只是投票，投票只是形式。更重要的是，民主要保護和尊重少數人。比如，即使劉曉波發起的憲章運動僅代表少數的「異見者」，黨國也不能因此便將他（們）治罪。黨國搞的人民專政是一種對少數人的暴政，但它卻打著民主

的旗幟，對外宣稱中國是一個民主國家。不過，這是一種極權民主，而不是自由民主。以「人民」的名義把劉曉波變成人民的敵人後，黨國才能判他十一年有期徒刑。黨國要處死少數人，人民無須投票，因為黨國就是人民，代表了大多數人。通俗地講，這便是一種「多數人的暴政」。

我認為，最理想的政治是在民主的基礎上還有個精英團隊，以防止庸眾胡亂投票帶來災難。在班上，教師可以算是精英，應為學生投票把握方向。這就要求教師要懂民主，不能跟學生一樣糊塗。教師，尤其是班主任，作為某種意義上的「統治者」，一定要有一點政治素養。

阿倫特把人類實踐活動分成了三種：

一、勞動（labour），指為了維持肉體的生存所生產的必需品，被生產出來後立即被消費掉。

二、生產（work），它包含一定的技巧、技能，所生產的東西也可以持存，還包含一定的組織關係。

三、行動（action），指進入公共領域後大膽言說，不再是僅僅關懷私人的生存。教育是人類的實踐活動之一。

教師若能超越「勞動」和「生產」後，「行動」起來進入公共領域，表達出自己的公共關懷，便可成為公共知識分子。

阿倫特說：「富有人性的生活不可能在孤寂中得到，也不會通過把自身的事務交給他人而得到；它僅僅在一個人投身到『公共領域的冒險活動』中才能實現。」作為一個公共知識分子，阿倫特頌讚在公共領域中進行的「冒險活動」，這是可以理解的。讓教師都做公共知識分子，過一種「富有人性的」生活，這卻顯然有些不太現實。

儘管如此，我還是認為，作為現代公民或有文化素養的人，教師應該具備一點公民素養和公民意識，能夠正確看待責任與權利和區分民主與專制。否則，憲政某天日突然來臨時，教師的素養未必能適應，如同長期被專制的農民突然享有民主時，斷然會不知所措，甚至是拒絕民主。為了社會的變革，很多人前仆後繼，付出了很大犧牲。中國公民，我們不應辜負他們才是。

在現實中，某些教師既不關心，也不懂政治（包括國家政治和校園政治）。對於這類教師，校長必然會採用專制政治——哪兒有庸眾，哪兒就有專制。專制可以造就庸眾，但也會因庸眾而生。庸眾與專制，始終是相伴而生的。教師喜歡說「我不喜歡政治」，只表明這些教師非常愚昧。公民參政議政的程度，恰好反映出了社會的發展水平。同樣地，教師對校園政治的參與程度，也能反映出學校的發展水平。

　　在現代社會中，有人若被判處「剝奪政治權利終生」，那是一個很嚴厲的懲罰。這意味著，他沒有參政議政的權利，也就失去了作為公民的尊嚴——當然，這種處罰對於庸眾和奴才沒有多大意義，因為他們本來就把政治權利視為了累贅。

讀書，是教師的底線

寫作背景

在中國這個「後極權」社會裡，民眾奉行著消費主義，生活在謊言之中，在我看來，教師深受消費和謊言的浸染而缺少了精神和文化，致使中國教育面臨著空前的危機。當教師都沒有精神文化，學生何來精神文化？學生若無精神文化，教育何以是教育？

悲痛，憤激，失望。除了奮書疾書，我感到心有餘而力不足。

誰能拯救教育？只有教師自己。

讀書吧，老師，不要有負於教育。讀書吧，老師，不要有愧於孩子們。

> 不必給我愛，不必給我錢，不必給我名譽，給我真理吧。
>
> ——梭羅，《瓦爾登湖》

一直以來，我對教師群體頗有微詞，引來了教師們的不滿和詬病。其實，我這樣看待同類，是有我的依據的。下面，我先講幾個小故事吧。

在校內，我很少去初中教學樓。上次中考監考時，學校安排我做場外監考，我便有機會在過道裡走走。一個班的教室外面，張貼著一些學生的習作，內容都是「我的偶像」等話題。誠然，初中學生處於精神發育的關鍵時期，有個偶像不是壞事。尤其是男生，更可能有某種英雄情結。然而，令我驚訝的是，一個學生的題目竟是「希特勒——我的偶像」。學生在文中認為，無論希特勒有多壞，殺了多少人，他都是為了德意志民族的興旺發達，即在最低限度上，希特勒身上表現出來的濃烈的民族主義思想恰好能讓人敬仰不止。

表面上看來，學生的慷慨陳詞似乎有些道理，難怪教師允許張貼他的作文，甚至可能已把此文評為優秀作文了。如果說這位教師不懂歷史，恐怕有失公允。然而我可以肯定，這位教師對法西斯主義根本沒有概念。他全然不知，民族主義和國家主義正是法西斯的兩塊招牌，希特勒的民族主義也是一種狹隘的、過度膨脹的，甚至是危險的民族主義。他更不可能知道，共產黨常以民族和國家的名義要求個體無條件地做出犧牲，本質上就是一種法西斯主義。

「國慶日」前一天，一位同事的孩子回家時告訴他，老師今天特別強調節日裡不准去教堂。官方要求教師不准講宗教內容，這是有複雜背景的。我以為主要有兩個原因：其一，馬克思主義是唯物主義，肯定不會推崇唯心的上帝；

作為唯物主義的「近親」，科學主義也不會承認上帝的存在。其二，馬克思認為，宗教包含著強烈的意識形態要素。共產黨必須徹底消滅宗教裡的意識形態，以確保自己的意識形態的穩固。在共產黨那裡，共產主義便是一種世俗宗教。共產黨把基督上帝變成了世俗上帝——領袖和國家，根本不再允許有其他宗教。領袖獨裁專制時，便是民眾心中的上帝。「毛主席的話一句頂萬句」，這便是神化領袖的典型。同時，「一切為了國家或民族」之類的話，又把國家變成了上帝。在後極權時代的中國，領袖的「奇理斯瑪」逐漸淡去，國家主義卻仍然保留了下來——這是盧梭為極權留下的毒素。官方不准教師講宗教，背後還是想繼續那種「以國家的名義」要求個體犧牲和奉獻的專制統治。

教師們並不知道，官方本來是沒安好心的。教師能混過去就行了，不必特別強調不准去教堂。換作是我的話，我可能根本不提教堂。領導要是在場，我就簡單講兩句，表明我還「配合」。領導轉身一走，我便會想法彌補——當著領導的面給學生「下毒」，我必須想法「解毒」！！我不是什麼教徒，不會給學生傳什麼教，但我會告訴學生，宗教是個好東西。

幾年前，我遇到一位福建泉州的語文教師。令我吃驚的是，她竟然不知道李贄！要知道，李贄可是入圍了「一百位中國歷史文化名人」。我跟她介紹了李贄後，說應該有個「李贄紀念館」，並建議她去看看。她回來告訴我說，果然有個李贄的紀念館。她拍了許多照片，還寫了兩篇參觀遊記，算是「惡補」了這一課。

此事足以表明，很多教師可能確實很成問題。你是教師，算是半個文化人吧？退一步地講，你還是語文教師，不知道李贄說不過去吧？再退一步地講，作為一個泉州人，你總該對本土文化有所瞭解吧？有時候，我真想不明白，我們的教師怎麼竟是這樣的呢？

作為守護社會靈魂的「僧侶」，知識分子從事的是永恆超越的精神事業。他們會在道德完美主義和功利主義之外，為社會生活找到自由和理性的支點。對於教師來說，這些要求可能有點高不可攀。然而，教師們應該堅守讀書的底線，絕不應降低了對自己的要求，讓自己墮落成了庸眾。

中國這個後極權社會，是靠謊言來維繫和運轉的。中國教育，只是一部傳播謊言的機器。沒有覺悟，不會思想的教師，只是作為庸人存在。他們助紂為虐地傳播謊言而不知，做的是一種「平庸之惡」。阿倫特說：「在罪惡的極權統治下，（人的）不思想所造成的災難可以遠勝於人作惡本能的危害的總和。」教師的平庸所造成的惡，可能超過了制度之惡。我相信，只要教師不平庸，不再盲目地散播謊言，必定能在很大程度上瓦解制度之惡。

　　當然，在人人都被「犬儒化」的時代裡，要抵抗制度是非常難的。阿倫特也承認，要獨自擔負專制制度下個人的道德責任只有兩種人：一是有大信仰者，另一種是有智慧者。這是個沒有信仰的時代，教師們何來大信仰？官方在學校禁止宗教，我不相信教師中有多少修煉到可以普渡眾生的佛教徒。基督教就更不用說了。教師們既不能從上帝那兒獲得足夠的精神力量，像基督教徒林昭那樣接受毛澤東的審問也不畏懼，也不能從上帝那兒獲得博愛精神，像印度的德雷莎修女那樣對芸芸眾生有一種深刻的悲憫情懷。

　　教師隊伍中，多少人算是有點智慧？智慧不是抽象虛無的，要通過讀書和思考積累而來。前面的三個故事，都是我身邊的故事。只要我們足夠細心，便能觀察出教育中有很多荒謬。我們無法制止別人的荒謬，卻能保證我們自己不荒謬。作惡的人少一個，社會就會向美好前進一小步。

　　記得一位教授說，教師們的內心世界其實非常乾涸。言下之意，教師們在思想缺乏足夠的厚度，在精神上沒有足夠的力量。教師沒有思想厚度，謊言就成了真理，作惡多端也成了捍衛真理；教師沒有精神力量，便會不自覺地受制於別人，甘心做別人的奴僕。教師們若失去了思想和精神後，便會在恐懼感的驅使下融入庸眾，以求得一份安全感。

　　也許，我說得夠多了，很多教師會不滿意我了。不過，我還是要奉勸教師們，少花時間去搞家教賺外快，因為世界上的錢是掙不完的。如果有時間，不如讀書充實自己的精神世界。花錢只能帶來快樂，而讀書卻來帶來幸福。讀書可以是消遣，但更應該是求真。只要能掌握真理，教師便能辨別出謊言。讀書不僅能讓教師成為大信仰者，更能成為大智慧者。

　　當我讀到梭羅在瓦爾登湖寫下那句話時，我彷彿看見了一位大智者的音容笑貌。他正捧著一本書，和藹地對我笑著說：「你也來讀讀吧。」

備課與教案

寫作背景

　　教研組長例行公事來檢查我的教案，發現我的備課本上沒有幾個字，便揶揄我說：「鄭老師，你的備課本太簡單了，才只有幾個字。我可從來沒有遇到過你這樣的人。」話語中無不帶著一種批評。

　　「是這樣的。我工作了二十餘年，有一定的教學經驗，對教材也熟悉。每節課上什麼，如何上，我心裡都有譜的。不信，你隨便抽一篇課文，我可以馬上講給你聽。」我舉起桌上的教材，努力地解釋道。「再說，我用一生在備課。無論是我教的學科，還是教師的專業化發展，我一直都在力求上進，從未放棄。」

　　聽了我的解釋，教研組長總算甘休。不過，有個問題她肯定沒想通——「教師都不備課了，怎麼進課堂上課呢？」

　　有感於此，草成短文一篇，陳述備課與教案的關係。

　　作為教師，上課前要備課，這是天經地義的。然而，教案與備課的概念並不相同。教案是以文字形式呈現的教學設計及內容。備課即準備之意，它要求教師對教學做到心中有數，而這並不意味著要以文字形式呈現。對於實際教學而言，認真寫教案，不一定能上好課。認真備課，則可能上好課。備課不等於寫教案，因為教案只是一種備課形式。

　　學校是一種科層體制，免不了受官僚習氣的影響。領導們想到的，更多只是如何應付上級相關部門的檢查。各種材料齊備，說明學校管理規範，領導們便會要求教師認真寫教案。然而，不少教師沒有教案，課堂也妙趣橫生。為了應付領導的檢查，他們便去抄別人的或直接從網路中獲取。對於這種「剽竊」行為，我本人表示理解，儘管並不支持。

　　誠然，作為一種文字準備，教案不是沒有一點用。書寫要求用腦，可讓教師對教學內容更為熟悉，更有條理。對於不熟悉教學內容的新教師，和一些業務素質較差的教師，認真寫教案效果可能更好。

　　但是，我們必須明白，教案具有教條性，對思維也有一定束縛作用。這樣，教師在授課時會受到教案的影響，使課堂更易呈現出一種「線性」特徵。具有這種特徵的課堂，就是教師按照教案生搬硬套，把活生生的課堂變成了一潭死水的「一言堂」。

　　作為一種生態環境，課堂上會出現教師意想不到的情況。此時，教師會本能地想借助教案，但那是不切實際的。教案不是電腦程式，可以儲存各種應急

措施或解決方案供教師在課堂上選擇使用。在課堂出現「混沌」時，教師常常就會手足無措，不能靈活地將「混沌」變成一個生長點，繼續推動課堂進程。

平時，教師能自主的時間非常有限，而教學的認真卻是無限的，這便使教師永遠處於受責備的境地。教師若不能讓每個學生都得滿分，那說明教師的教學還有問題，所以教師沒有盡到責任，還要不斷認真努力工作。單在這種邏輯框架下，教師便沒有了出路。同時，官僚體制中的繁文縟節，使教師們不堪重負，不得不花大量時間「造假」。若有更多自主時間，教師便能進行學習思考，提升自己的專業化發展水平。一個優秀的教師，不一定非得寫教案。他每天都在思考，且把思考結果儲存於腦中。他有足夠的學識對教學內容進行拓展，也有足夠的機智來應付課堂上隨機生成的問題。他對這些問題的處理往往恰如其分，處處閃爍著智慧的火花，讓人回味，給人啟迪。在這種課堂上，師生都會找到一種享受的體驗。

學校要求每個教師認真寫教案，一方面是為了搞好教學，另一方面是應付檢查。在「一刀切」的制度下，優秀教師也被迫天天應付繁文縟節。到頭來，學校領導雖可向上級交差，而教師的「好苗子」卻會被犧牲掉。我以為，學校不必要求人人寫教案，適度寬鬆的人文環境才有利於教師的成長。

就我本人而言，我從來就是典型的「備而無案」。我一直認為，對於課堂的各種可能發生的情況，上課前有充分的準備即可。對於某些突發事件，那就要全靠自己隨機應變的能力，或自己的綜合素質了。誠然，課前工工整整地寫好教案，這是一種認真的工作態度。但是，這種「認真」不一定就好，其背後還是效率主義，它追求的是課堂上的控制。很明顯，這與新課改理念都是相悖的。

總之，學校對教案的要求不妨適可而止，因人而異。在管理中有點彈性，會更有利於教師富有個性地發展。校方若一味追求「管理規範」，這便會限制教師的專業發展。天天疲於奔命地應付教案，教師不可能有時間來學習、思考和發展，更可能會被塑造為機械、愚笨的教書匠。

參天大樹不會出現在溫室，只可能出現在荒郊野外，因為只有野外的環境才最利於他們的生長。同樣地，對於素質高、師德好和經驗豐富的教師，校方不妨寬鬆一點。讓他們自由地發展，比嚴格控制要好得多。管理的本質，不是「規訓」教師，而是為教師的發展創造條件。

工作與做愛

寫作背景

　　在大會上，校長可能朗讀一首詩，或讓教師們欣賞一首曲子。按他的說法，生活要有情趣才會幸福。為此，他也提出了「課堂上有興趣」、「生活中有情趣」等思想。表面上看來，校長還算有點情趣。

　　在一次教職工會議上，校長要求教師必須每天去山上散步。我對這類規定，有一種本能的敏感。在多年來的閱讀思考中，我對極權主義的產生及特點，以及極權跟自由的關係等都有過思考。

　　會議結束後，我草成一篇文字，對學校的這種規定表示了憂慮。關於文中提到的富士康公司的管理，請讀者參閱後文〈從富士康到教育〉，以獲得更多的背景知識。

　　在會議上，校長宣佈了一條規定——教師每天下班後必須鍛鍊。這個規定的理由是，教師強健體魄有助於工作。在該校，教師每天工作達十幾個小時，正在嚴重地「透支」著生命。領導們也知道，教師長期的超負荷勞作，不利於教師的身心健康。為了體現「人文精神和關懷學校」，或者更準確地說，為了讓教師能長期地超負荷工作，校方便開始規定教師每日鍛鍊。

　　當下，教師的身心健康存在著嚴重問題，卻根本沒有受到應有的重視。教師每日下班後鍛鍊，能有健康的體質，這本身沒什麼不好。然而，這種行政命令的背後，卻有著更深刻的思想問題。它關涉著極權與自由這個政治問題，而校園政治只是國家政治的縮影，二者具有「同構性」。從校園政治中，我們可以管窺出國家政治的現狀。

　　私人領域和工作之間應該有個界限。比如，夫妻關係純屬私事，校方一般不應涉入家庭。作為工作，教學應受校方的領導和控制。我們也承認，私人領域和工作之間有著千絲萬縷的關係。比如說，夫妻關係緊張，會讓人的情緒低落，對工作產生一定的消極影響。然而，假如校方以影響工作為由，對家庭糾紛進行干涉，這種關心職工的「高尚」行為，背後卻有著不合理的因素。

　　極權的特點，就是不分公私領域，權力可恣意涉入私人領域，將個體的一切納入公共領域。我們承認，私事若處理不當，對工作可能會產生影響。為了保證工作效率，極權管理便會將權力的觸角伸到私人領域空間，以獲得對個體的嚴格控制。按這種邏輯，為了讓教師在工作中狀態良好，校方可能對教師做

愛做出規定和要求。比如說，校方可能規定年輕教師做愛的時間，保證教師在假期裡生孩子，這樣才能不會影響學校工作。這種貌似有理的做法，是不是真正合理呢？

二十世紀七十年代，在「在柬埔寨一舉實現共產主義」的口號下，紅色高棉實施了種種極端殘暴的政策，對黨內大舉進行清洗。三年內，柬埔寨至少有一百萬人非正常死亡（當時該國總人口只有七百萬人）。為了實現人口增長，紅色高棉便規定每月的 1 號、10 號和 20 號為交媾日。在這幾個晚上，夫妻必須睡在一起做愛（其他時間必須分開），且有哨兵監視。不做愛被視為破壞行為，會受到相應的懲罰。在白天工作十四小時後，人們根本沒有精力做愛。為了矇騙哨兵，他們只好假裝做愛，發出一點叫床的聲音。看看吧，權力涉入私人領域後的生活便是這樣──個體失去了自由，只是作為被奴役的工具而存在。

做愛是私事，上課是工作。二者表面上沒有關係，實際上也有一定的聯繫。比如，性生活長期不和諧，性壓抑會產生各種心理病症。做愛的愉悅會讓神清氣爽，以飽滿的精神狀態投入到工作。日本軍方深知，要取得戰爭的勝利，必須保證士兵的身心健康，因而才會為他們安排慰安婦。然而，學校對教師的管理，主要應該局限於工作，且應限於八小時之內，不應過多涉入私人領域，否則便會演變成奴役性的極權管理──日本軍方為士兵安排慰安婦，可至少還沒有強行規定士兵去性交！

我們都知道，教師的身心健康有利於教育工作。以行政命令來要求教師下班後鍛鍊，這種做法的背後顯然潛伏著危險，它完全可能直接通向奴役。作為替代，學校不妨通過各種途徑搞一些活動，如「教師運動會」、「工會活動」等，積極引領教師的文化，讓教師能自覺自願地參加鍛鍊。

工作與生活有密切聯繫，不能完全分隔。然而，對於學校管理層而言，對管理一定要有清醒的認識。任何超越公私界線，恣意干預私人領域的管理，都是一種極權管理。它強調控制和奴役，不惜犧牲個人來達到領導的目標。為了這個目標，領導犧牲了職工，而領導本人也成為了目標的工具。這種將人工具化的「富士康」式的管理，是一種扼殺個體的血腥管理。

富士康公司採用高壓管理，總還算情有可原──畢竟，它只是生產工業產品，人格扭曲的只是工人。然而，當學校採用富士康式的管理，師生失去了自己的獨立價值時，都會變成犧牲品和工具。在這裡，教師作為工人，不僅摧殘了自己，也摧殘了學生的生命。

　　目前，私立學校普遍採用富士康式的管理，嚴重地摧殘著師生的身心健康。從這個意義上講，私立學校只是受官方保護的，最血腥的屠宰場而已。這種不見血的屠殺，其殘忍程度和危害卻遠遠超過血腥兩個字所能表達的。私立學校的管理表明，極權主義在中國仍然是根深蒂固。整個國家都充滿著極權思想，校園裡出現極權管理也就不足為奇了。

私立學校是如何創辦的？

無論怎麼講，當下教育肯定遠不及民國時期。民國時期，社會各界紛紛出資興辦義務教育，甚至連軍閥也很重視教育。比如，張學良在瀋陽創辦東北大學，曹錕則在保定創辦了一所綜合大學——河北大學。此外，韓復榘在山東，閻錫山在山西，劉文輝在四川，都為當地教育做出了很大貢獻。現在，政府不出錢辦教育，使教育面臨著投入不足的困難，只得想辦法吸引社會資金。老闆們為賺錢而投資於教育，這種商業行為本來無可厚非。然而，私立學校採用「民辦公助」或「公辦民助」的形式，不僅沒能逃脫政治的控制，更不用說把教育拯救出火海了。由於受到高考的嚴格控制，私立學校最終也成為了應試教育的「尖兵」和急先鋒。

幾年前，我來到一所私立學校。經過觀察、思考和研究，我發現，私立學校僅是官商勾結的結果。中國經濟本是一種官僚經濟，政府官僚廣泛涉入經濟，私立學校的創辦出自於這種官僚經濟。通過權錢交易，用人民賦予他們的權力換回人民的財富，官員們便成了紅色貴族或是亦官亦商的「官商」。這已是公開的秘密，官方對此也不隱諱。近期的共產黨黨刊《半月談》公開承認，紅色家族與亦官亦商的官商以及草根崛起的商人是中國的富豪家族三大主要來源。

一般來講，私立學校的創辦是這樣的，政府先廉價收購土地，然後將其轉給私人。當然，商人都想藉土地發財，要獲得經營權或開發權，不給政府一點好處是不可能的，這便是官僚經濟的潛規則。私人得到土地，修建好學校，便開始了跟政府的合夥經營。

這兒有個問題：農民若不願意拆遷，政府會怎麼辦？在中國，幾千年的專制政府一直是力大無窮的怪獸「維利坦」。對於不願意拆遷的百姓，政府也往往採用「強行拆遷」的辦法。然而，隨著民眾已有利益覺醒，並懂得捍衛自己的權益，強遷目前正面臨著空前的尷尬。2010 年，中國連續出現了多起暴力抵抗強拆的事件。比如，6 月 1 日，河南農民劉大孬駕駛車輛衝向強遷人員，造成三死十六傷的血案。幾天之後的 6 月 7 日，湖北一位農民甚至製作土炮，轟走了一百多名「強遷」人員……權力無窮的專制政府，已不再為民眾所接受。

且不說合夥方式，別的方面，單土地性質就不好說。時間一長，土地是國家的？還是私人的？可見，國有資產容易流失到私人手裡。還有，那些被迫讓

出土地的農民，他們的生計受到關注了嗎？……還有很多問題，都需要我們去觀察和思考。

兩年前，我要進城辦點事，卻找不到計程車。正在束手無策時，我遇到了一位農民。他是開「野三輪」的，即沒有營業執照的三輪摩托車。在去城裡途中，我問及了他的收入。他說只能聊以糊口──一旦被抓住罰款，賺的錢也沒了。他還解釋說，政府徵用他的地時，每畝只補貼了三萬元。而現在，這兒的地皮每畝價值高達百萬。這麼懸殊的差價，真不知如何解釋。土地被徵用後，一家人只得到處打工混飯吃。地方政府用那塊地跟私人老闆辦了學校，正在熱火朝天地「合夥」發財。這所學校，正是我們這所私立學校。

最近，不少百姓開始要求重新核算土地價格。當年，土地被低價拿走，補貼的錢花兩年也沒了。現在，農民沒有了土地，找不到工作，錢也花光了，便要求政府重新核算，想再分一點羹。有些農民天天找政府，弄得政府非常頭痛。即使農民顯得有點無賴，但他們畢竟是劣勢群體，找政府也只是出於走投無路。政府處理不好這些問題，極有可能演變成社會動亂。

「公辦民助」或「民辦公助」的辦學有沒有法律依據呢？我找到了 2006 年 9 月 1 日開始實施的《義務教育法》。該法第五十三條是這樣規定的：縣級以上人民政府或者其教育行政部門有下列情形之一的，由上級人民政府或者其教育行政部門責令限期改正、通報批評；情節嚴重的，對直接負責的主管人員和其他直接責任人員依法給予行政處分：

（一）將學校分為重點學校和非重點學校的；

（二）改變或者變相改變公立學校性質的。

我校創辦時，教育局佔了六成股份，表示學校尚有公立性質。然而，這屬於「變相改變公辦性質」的做法。私人佔有四成股份，學校便有點類似私企。比如，校長揚言有權隨意炒教師，這便是私企的典型行為。顯然，這種學校的性質不很明確，屬於「亦公亦私，非公非私」的畸形怪胎。奇怪的是，在中國，這種違法學校比比皆是。

當然，在中國的民辦教育中，例外還是有的，比如說四川都江堰的光亞學校，即范美忠所在的學校。該校由黃埔軍校同窗投資，完全採用國際課程，學生無須參加高考。對於官方教育來說，該校已經「脫序」，擁有了完全的自主辦學的權力。學校開設課程，完全根據學生的要求。在這裡，學生是幸福而自由的。對於這塊教育「飛地」，范也感到非常滿意。對於人來說，自由是除生命之外的最高價值。學校若都能享有自由，師生該有多麼幸福！教育該有多麼興旺！

在美國，私立學校跟政府官員打交道很少。美國的私立教育非常獨立，政府無權直接干預。在中國，政治卻能直接涉入私立教育，將其納入到以高考代表的意識形態中來。這樣，民辦教育不僅得不到真正的獨立和自由，反而成為了一個政府所轄部門。

為了短期內提高升學率，最終達到賺錢的目的，實現地方政府和老闆的雙贏，雙方便賦予了校長很大權力。老闆辦學，不是興國而是賺錢。地方政府支持私立學校，一方面是利用社會資金，另一方面也是賺錢。前者似乎在情理之中，後者卻讓人頓生疑團了。

地方政府是如何從中賺錢的？原來，地方政府把教師借給老闆後，老闆便不得不負擔教師的工資和保險。教師退休後，地方政府接管教師的工資和保險支出。這樣一來，地方政府對教師工資和保險的支出也會少些，相當於賺了老闆的錢。然而，中央政府發佈指令給教師漲工資時，地方政府和老闆都不想出這筆錢，便會千方百計地賴給對方支出。地方政府說：「你使用我的教師，教師的一切費用當然由你支出！」老闆也會針鋒相對地說：「這是國家漲工資，教師還是國家的教師，這筆錢理所當然應由地方政府出。」雙方爭執不下，教師的利益得不到保障時，便時有私立學校的教師罷課事件發生。2009 年，成都外國語學校的教師罷課，背後的原因也就在於此。看看吧，在「振興教育」的「偉大」旗幟下，有的只是經濟利益的爭奪。

或許有人會說，政府只是苦於沒有錢，想少出錢，因此才跟私人合作辦教育。然而我卻想說，少出錢的本質就是賺錢，少出了多少錢等於賺得了多少錢。

私立學校的辦學目的，跟企業沒有兩樣。企業是以產品換鈔票，而私立學校是以分數換鈔票。在管理上，私立學校普遍採用極權管理，堪稱「教育中的富士康」。為了一家幾口的生計，教師們只能忍辱負重，逆來順受。

套用福柯的話語來講，極權的中國社會只是一個「監獄群島」。在這裡，每個單位就是一座監獄，無不充滿著對人性的扼殺，尤其以私立學校為甚。每一次對人性的扼殺，都使社會朝瘋人院邁進了一步。通過懲罰和規訓，以及道德綁架，整個社會已變成一座巨型瘋人院。

在中國的現有制度下，你若有辦法，千萬別幹教育，尤其不要進入私立學校。你進去時是正常人，出來時便會成為瘋人——更壞的情況是，你可能根本無法再出來了。

中國，一個軟骨病的國度

寫作背景

　　2008 年 5 月 12 日，中國四川發生了「512」八級地震。在地震中，范美忠老師受到驚嚇，丟下學生便跑出了教室。在真實地陳述事情經過後，他在輿論界掀起了軒然大波。國人對他大加痛斥和謾罵，還給他封了一個「范跑跑」的綽號。

　　國人認為，「范跑跑」沒有道德，應受到道德的譴責。然而，國人的頭腦簡單，缺乏邏輯性。簡單地說，生命才是最高價值，任何價值都是人賦予的。人的生命失去後，任何價值，師德、道德等，便失去了立足點──只有讓「范跑跑」活著，我們才能跟他講道德，難道不是這樣嗎？以其他價值來消解生命這一最高價值，在邏輯上是站不住腳的。換言之，任何道德必須讓人活著，讓人去死的道德，比如集體主義道德，只是一種「邪教」或「法西斯主義」。

　　稍有頭腦的人，一眼便會看穿事件的意義。「范跑跑事件」不是簡單的道德問題。在更深層次上，它也是一個政治和文化問題。然而，國人多是庸眾，缺乏基本的判斷，無法理解事件的意義。

　　一位家長說，若把孩子交給范老師，她會擔心范老師在危難時逃跑，將其孩子置於不顧。在她看來，范老師就該為她的孩子犧牲生命。換句話說，范老師活著的意義，僅在於在災難降臨時為她的孩子死去。且不論范老師的生命意義是什麼，我敢斷定，她若是教師，也絕不會自願為學生而死的。中國傳統道德的「誅心」，使得中國人都顯得虛偽，有心口不一，擅長「瞞」和「騙」的特點。

　　面對如此的國民性，魯迅當年是何等痛心。然而，更讓人痛心的是，這種國民性至今沒有根本變化。

　　　　中國是個可惡的國家，但更可厭的，是一個擁有豐富生活資料、卻像軟
　　　　骨病的幼童般撐在鐵架子上才站得起來的國家。

　　　　　　　　　　　　　　　　　　　　　　　　　　　　　　──別林斯基

　　國民性的問題，一百多年前就已開始討論。對於傳統文化中糟粕，尤其是專制主義給國民帶來的麻木和奴性，魯迅曾給予過無情的猛烈批判。在他之前，也有人認識到這個問題。比如早在 1900 年，梁啟超在給康有為的信中就說過：

　　　　中國數千年之腐敗，其禍極於今日，推其大原，皆必自奴隸性來。不除
　　　　此性，中國萬不能立於世界萬國之林。而自由云者，正使人知其本性，
　　　　而不受箝制於他人。今日非施此藥，萬不能癒此病。

1918 年 5 月，魯迅發表第一篇白話小說《狂人日記》，正式開始了他的吶喊和戰鬥。次年，羅家倫在〈答張溥泉來信〉中也說：

中國人的思想有三種毒素：一、奴性的思想；二、專制的思想；三。錯亂的思想。

我們的思想革命，不消說，大概就是：一、變奴性的思想為獨立的思想；二、變專制的思想為平民的思想；三、變昏亂的思想為邏輯的思想。

可見，魯迅繼承和發揚前人的思想，和那個時代的知識分子一起對國民性進行了批判。他們從文學開始著手，掀起了一場新文化運動。他們堅信，文學領域的變化會對奴性道德的改變有所助益。

然而，一個世紀過去了，百年的進化並沒有讓國民的奴性徹底消失，至少說沒有多大的改觀。今天，你說「打倒專制」時，他們會問你專制在哪兒？你說要民主，他們會說難道我們沒有民主？你說要自由，他們會說現在非常自由，可以到任何一個想去的地方。總之，那種愚昧會讓你驚愕得無語。

國人受專制的毒害太深太久，「五四」和新文化運動好不容易才帶來一點啟蒙，卻又被「救亡」稀釋和淡化掉了，誠如李澤厚先生所言，是「救亡壓倒了啟蒙」。國人好不容易等到共和國的建立，卻不知道等到的只是變本加厲的「紅色專制」，乃至是血腥的暴政，如同法國大革命後，一位法國人對革命的評價：「我們已迅速地從奴役走向自由，但是我們正在更迅速地從自由走向奴役。」時至今日，國人只是意識形態的「活化石」，沒有經過啟蒙的覺悟。

最近，我寫了一篇短文，講述一群教師在「范跑跑事件」的思考和想法。一位母親看後說：「我很愛自己的孩子，站在家長的角度上，我怎麼能把孩子交給『范跑跑』這種老師？」她的意思是，教師不該棄學生而逃生——換句話說，教師應該為學生而死。且不說教師是否應為學生而死，這位家長根本不懂事件的意義——顛覆和瓦解法西斯主義道德。聽我說到法西斯，無知的你可能會本能地暴跳如雷——我天天把道德這個詞掛在嘴邊，給學生反覆強化德育，怎麼會是法西斯主義的道德呢？你並不知道，在這個世界上，有兩種法西斯——一種是以德、日為代表的「白色法西斯」，還有一種是「紅色法西斯」，分別搞的是「白色恐怖」和「紅色恐怖」。你一定聽慣了「集體主義是共產主義道德的核心」、「集體利益高於個人利益」這種陳詞濫調了吧？好吧，我摘錄幾個法西斯分子的話給你看看。

1933 年 10 月 1 日，希特勒在演講中說：「每個人都應該意識到，和國家的存在相比，個人是無足輕重的，個人位置的確定只取決於民族的利益，任何驕傲自滿的情緒，任何認為個人至上的想法，不僅僅可笑，而且會危及整個國家

的存在；民族精神和民族意志高於個人精神和個人意志，整個國家的最高利益決定個人利益的範圍並確定個人的義務。」

墨索里尼：「法西斯主義是個人通過自我否定和犧牲個人利益去實現其價值的純粹精神存在。」

戈林：「納粹主義的最高原則是公共利益高於個人利益。」

你發現沒有？兩種論調實質是一樣的！你想想，集體是指什麼？集體不外乎指國家、社會或民族。這樣，集體主義就是國家主義、愛國主義、社會主義和民族主義的代名詞了。你回憶一下，我們的教育是否非常強調愛國主義和社會主義？如果你認為這是事實，那麼你會明白集體主義背後的政治陰謀，明白我們在搞什麼教育。

好了，現在回頭來看看這位家長。她認為自己愛孩子，不希望有「范跑跑」這樣的教師。她並不知道，母豬也愛豬崽。豬崽長大供人屠殺，可孩子長大不是供人屠殺的，也不是供他人盤剝和奴役的。我猜想，這位母親既然要求教師為他孩子而死，那她一定信奉集體主義——為什麼？安‧蘭德把法西斯主義、共產主義、納粹主義和社會主義統稱為「利他主義」，這些形形色色的集體主義所信奉的價值觀當然就是利他主義。她更不明白，只有「范跑跑」這種教師才能讓其孩子有自由思想和獨立人格，而不至於成為別人的工具。

不少人看國慶閱兵時，為「祖國」的強大而感動得熱淚盈眶。瞧，多麼崇高的愛國主義精神！他們在落淚時，忘記了那些精良武器在 1989 年曾用在平民身上。要知道，愛國主要是感情的產物，理性的不過佔一小部分，甚至一點也沒有——當民眾被煽動起來時，便會狂熱得沒頭腦。要說愛國，你有德國和日本的軍人愛國嗎？為了建立「歐洲新秩序」和「大東亞共榮圈」，他們犧牲了多少生命，可值不值得呢？國人只知道愛國，卻不知道多少罪惡曾假愛國而行。陳獨秀當年曾說：「愛國大部分是感情的產物，理性不過佔一小部分。有時竟全然不合乎理性（德國和日本的軍人，就是如此）……愛國就是害人的別名，所以，他們把愛國殺身的志士，都當作迷妄瘋狂。」黨國就是要抓住民眾的感情，讓民眾失去理性和判斷力。

有句西諺說：「在專制國家裡，只有一個人才會真正地愛國——君主。」君主為何愛國？因為君主是國家肌體上的寄生蟲——國家沒有了，賴以維生的食物不見了，君主也就不能生存了。君主千方百計地煽動民眾愛國，目的只是讓民眾來保護自己的食物，讓自己能夠生存下去。因此，民眾用生命來滿腔熱情地保護的國家，只是寄生蟲賴以維生的食物而已。你所愛的國，是你的國嗎？若是你的國，你享受到作為公民的所有權利了嗎？別人代表了你的一切，國還

能是你的國嗎？……為愛國而落淚，這種幼稚跟動物沒有多大區別。那位愛國的母親，遲早會拿孩子去獻祭，我斷定。

一些同行認為范美忠違背師德，口口聲聲要維護道德。可是，他們並不懂什麼是道德，他們維護的道德又是誰的道德。他們不知，他們今天維護的道德，明天就會把自己作為獻祭的牲畜。他們不知，人必須為自己活著，實現自己的幸福是一個人最高的道德目標。他們甚至不知，人存在於世的尊嚴與價值在哪兒。

還有一些同行說，范美忠跑就跑吧，但不應該把事實說出來。對此，我只是認為，教師群體是一個還沒有啟蒙的群體──這當然是統治者最喜歡的群體。這個群體不懂民主與專制，不懂共產主義與法西斯主義──或者說，根本就是一個不學無術的群體。這個群體怎麼能懂得，民主和自由不是別人賞賜給你的，而是民眾努力爭取得來的。假如說，民眾的覺悟需要先驅振臂高呼，那麼「范跑跑」又是否算一個呢？這個群體需要的，大概只是馬鈴薯，而不是民主和自由。這樣的一個群體，又怎麼能理解范跑跑為何要把經過說出來呢？

自己被奴役而不覺，還要求別人同樣被奴役，這便是當下國人的普遍現實。國人只知道犧牲個人的自由，去求國家的自由，而不知道爭個人的自由，便是為國家爭自由，更不懂得自由平等的國家不是一群奴才建造得起來的！用赫爾岑的話來說，國人受的奴役不是「算術奴役」，即被人數優勝的邪惡勢力奴役，而是一種「代數奴役」，亦即，他們受奴役源出他們的「內在公式」──他們的本性。

魯迅在〈我們現在怎麼做父親〉中說：「自己的背著因襲的重擔，肩住了黑暗的閘口，放他們到寬闊光明的地方去；此後幸福的度日，合理的做人。」可是，我們的家長和同行們都仍處於愚昧狀態，又何以能「肩住黑暗的閘口」，讓孩子們能幸福的度日，合理的做人？！

在《科學自傳》中，普朗克回顧自己的生涯時曾哀歎道：「一個新的科學真理的勝利並不是靠使它的反對者信服和領悟，而是因為它的反對者終於都死了，而熟悉這個新科學真理的新一代成長起來了。」

於是，我無言。我只有等待，等待這一代群畜死去。即使今天我們享受不了民主和自由，未來的新一代一定會不用撐在鐵架子上才站得起來。

校門為何滿是員警？

寫作背景

　　2010 年，中國頻頻發生血腥的校園慘案，造成了一些學生的傷亡。之後，官方增添大批警力站在校門口，以加強校園的安全。

　　坦誠地講，官方的舉措情有可原。若不能制止校園慘案，官方便會面對輿論的壓力。然而，增派警力維護校園安全，畢竟只能是治標不治本。最根本的原因在於，社會上有些人受到了不公正對待，才會以極端的方式進行表達自己的不滿。

　　為什麼他們會受到不公正的對待？這是一個社會問題。校門站滿員警，已不是教育的問題，而是社會矛盾激化的結果。

　　一位退休教師給我發來短信說，現在校門口站滿了保安和員警，表明教育已經蛻化變質。當教育需要員警時，這自身就是教育的失敗。當時我不便跟老先生深入交流，只是建議老先生安度晚年，不必還為憂國憂民鬧心。

　　坦誠地講，老先生的話，不是沒有道理。然而，我卻認為，校門口站滿了保安，員警也開始調往學校值班，這還另有原因。

　　首先，現在的學校已是監獄，其根本目的在於摧殘學生。我在〈教育斷想〉一文中寫道：

> 就功能上來講，學校與監獄是一樣的。
>
> 它們都是改造人。監獄把罪犯改造為良民，學校把良民改造為奴才。
>
> 它們都是強制性的。監獄強迫罪犯勞動，學校強迫學生學習（尤其是不喜歡的科目）。
>
> 它們都是剝奪人的自由。監獄剝奪罪犯的自由，學校剝奪學生的自由。

　　為了剝奪學生的自由，只有圍牆和教師是不夠的。只有在員警的協作下，才能把學生「管死」，一點不能動彈。官方的意識形態的世界觀認為，學生到處跑是無序的，不會為社會帶來「和諧」，因此必須要採用高壓的極權主義管理。對於各校把學生往死裡管的做法，政府不僅不會反對，反而會鼎力支持。越把人往死裡管，越容易將其奴化。

　　本來，學生能夠到處跑，這才是生態世界的真實面貌。現在的學生，恐怕三年內難出校門參加一次活動。再威猛的老虎被關上三年後，其生命力也會萎縮——牠不再去捕捉獵物，只會趴在地上乞食。學生的生命力，或「利比多」，

大抵是被這樣扼殺掉的──統治一群手無縛雞之力的民眾，是不是要輕鬆一點呢？

再者，社會矛盾的激化使官方成了驚弓之鳥。前兩個月，中國連續發生了幾次「校園慘案」，造成了讓人觸目驚心的血案。政府整日如坐針氈，擔心引起更大的動亂，便派出大批警力加強校園安全，催生出了一種新警種──校警。

社會矛盾的激化，背後的原因有很多。有生活和工作壓力增大的原因，有社會貧富不均，也有權益受到侵犯而無處伸冤的原因。因此，官方應保障民眾的勞動時間，嚴懲那些非法強迫員工加班的管理。同時，通過社會福利和稅收等措施來縮小貧富差距，通過民主和法制來保障民眾的利益，等等，這些都是官方應確保做到的。

無論是哪種原因，衝進校園砍人者都是不想活的人。據說，公安部為「校園慘案」專門發佈了一條命令，大意是說，今後警方若再遇到「校園慘案」，對肇事者一律開槍擊斃。顯然，這是非常可笑而愚蠢的命令──行兇者是不想活的人，你把他擊斃，也就省得他自殺了。

擊斃砍人者，顯然不是解決問題的根本辦法。那麼，如何預防慘案呢？有官員稱，在校園口設防！大批警力投入到校門口，增加對犯罪分子的威懾力──然而，這是問題的根本原因嗎？

頻頻發生校園慘案，說明中國還不是一個和諧社會。在真正的和諧社會裡，人們都享有自由，而不是被「管死」；學生能經常參加各類社會實踐活動，而不是被員警像犯人一樣監禁起來；人們有矛盾糾紛，不是拿刀砍人，而是通過法律途徑來解決。

說到底，現在的校園站滿員警，表明教育已成為了監獄，社會已成為了馬蜂窩。看來，中國的政治體制已到非改不可的地步了。否則，中國教育仍無希望，中國仍然有很多不想活的人。

學校即工廠

寫作背景

　　從管理學的角度看，傳統的科學管理採用的是物理學世界觀，一種強調控制的世界觀。在工業化大生產中，泰羅的科學管理思想大大提高了生產效率。然而，在後現代社會裡，泰氏的管理思想愈發顯現出其局限性了。

　　在後現代社會裡，人類思想發生了深刻的變化。人類不再迷信控制與效率，對世界開始有了一種生態觀。作為一種系統論思想，這種生態觀對管理學也產生了深遠的影響。

　　從本質上講，高考制度強調的正是控制與效率。這種思想將教育效率化，背離了教育的根本原則，因為在我看來，教育是不能講效率的。同時，這種思想把學校視為工廠，將教育視為生產，使師生的人格異化，最終將師生「物化」。顯然，這是一種非人的教育。

　　目前，中國仍在轟轟烈烈地搞著高考，教師們仍在樂此不疲地抓著分數。每年的高考慶功酒宴，會讓人以為這是一個最好的時代。然而，這是最好的時代，可同時也是最壞的時代。

　　這是最好的時代，也是最壞的時代；……這是光明的季節，也是黑暗的季節；這是充滿希望的春天，也是使人絕望的冬天；我們的前途擁有一切，我們的前途什麼也沒有；我們大家一直走向天堂，也一直走向地獄。」

——狄更斯，《雙城記》

　　1911 年，美國的「科學管理之父」泰羅出版了《科學管理的原理》。在工業和管理領域，這本書有著劃時代的意義。它系統地建立了「泰羅主義」科學管理理論，在美國引發一場「社會效率運動」。

　　二十世紀初，美國的經濟取得了突飛猛進的發展，而以「效率取向、控制中心」為特徵的「泰羅主義」對生產效率的影響是明顯的。一個典型例子是，福特汽車公司依據這種思想，率先採用了流水線作業，使生產效率得到極大提高，也讓人類自此進入了大規模生產的時代。另一個典型例子是，「二戰」期間的美國通過泰羅主義大大提高了生產效率，生產出了比日本和德國更多的軍火和戰備物資，為美國獲得「二戰」的勝利，奠定了堅實的物質基礎。

　　記得在大學期間我讀過一篇文章，作者是福特公司的工人。他從工人的角度講述福特公司的流水線作業。在作者看來，流水線生產的效率很高，但工人

的身心被流水線嚴重異化了。工人們終日站在不到一平方米的地方，重複著單一的運作，這不能不讓人聯想到托夫勒的一句話：「專業化的工作，不要一個『全人』，而只要人的一個肢體或器官。」[1]

1949 年，美國課程專家泰勒出版《課程與教學的基本原理》，被普遍認為是課程理論的重要奠基石。「泰勒模式」基於泰羅的科學管理思想和當時流行的行為主義心理學，追求「技術旨趣」和「技術理性」，通過「任務分析」把科學化課程開發推向巔峰。現代課程的理論基礎是科學管理理論、邏輯實證主義和行為主義，其目標是實現「四化」——制度化、簡單化、效率化和標準化。

誠然，「泰勒模式」為課程帶來了革命。不過顯而易見，「泰勒模式」是基於生產管理的思想。「泰勒模式」把工業生產的思想也帶入了教育後，便有了一個顯而易見的隱喻：學校即工廠，教育即生產，學生即產品。可以說，「泰勒模式」為追求效率的「物化教育」奠定了理論基礎。

「泰勒模式」對效率與控制的追求，引發了另一個問題。教育有效率嗎？我承認，教學有效率，知識傳遞有效率，而教育是否有效率卻是應該商榷的問題。《管子·上篇·權修》：「一年之計，莫如樹穀；十年之計，莫如樹木；終生之計，莫如樹人。」教育關乎學生終生，我們如何用效率來衡量教育？

1995，美國課程專家派納出版《理解課程》，在課程領域開始了一場轉換範式的「概念重建運動」，標誌著後現代課程的開始。這場運動追求「解放旨趣」，運用各類話語體系對課程進行解讀，對以「效率主義」和「技術理性」為特徵的現代主義課程發起了猛烈抨擊。它對師生進行了一場「解放運動」，徹底動搖了現代主義課程的根基。自此，世界課程領域開始從「開發」進入「理解」階段。

這個「概念重建運動」，便是中國新課程改革的背景。新課改的許多新理念，都來自於這場後現代課程運動。然而，在時下的中國學校裡，教師仍然成天忙碌著為官方生產著「螺絲釘」。新課程改革對現狀有多大影響？這是一個很大的疑問。

最近，我看了《國家中長期教育改革和發展規劃綱要》後，深感教育的問題之嚴重，讓人看不到教育的任何希望。在教育這座瘋人院裡，瘋人們將面對更加堅固的圍牆和更加嚴格的監控。我們不得不悲歎，中國教育過去一直是，將來仍然是一座閹割人性的瘋人院。這座瘋人院的運轉效率正在不斷增加，瘋狂地把正常人變成不正常的人。

---

[1]　托夫勒，《第三次浪潮》，頁 96。

誠然，《綱要》在某些方面可能有些積極作用。然而，這並不能從根本改變或促進中國教育。在第一章第二段裡寫著：「全面貫徹黨的教育方針」，云云。這表明，教育不能擺脫意識形態而獲得自由，中國人的思想將會長期被束縛。

不僅如此，《綱要》後面還有更可怕的思想。第一章最後一段說：「把提高質量作為教育改革的核心任務⋯⋯把教育資源配置和學校工作重點集中到強化教學環節、提高教育質量上來。」我以為，只有「教學質量」這個概念，即學科知識可以用成績來測量，以成績來評估學科教學質量。然而，教育卻不能用「質量」來衡量──情感、態度和價值如何用質量來測量？人的精神發育如何能用質量來衡量？教育對學生終生的影響如何用質量來測量？然而，這些才是教育的宗旨和核心所在。我們真不知道，教育部一幫蠢才成天在做什麼，腦子裡對教育的概念竟是如此糊塗──難道真如他人所說，教育部僅僅是「教愚部」？

《綱要》公開使用「強化教育環節」，表明中國教育仍將追求「課堂操作技術」。「教育質量」這個概念表明，中國教育仍沒擺脫「教育即生產」的框架。這種把學生視為工業產品來生產的思想，仍是一種現代主義的課程觀。《綱要》還表明，新課改不會為教育帶來根本性的變化，不會從根本上動搖教育現狀。

此外，《綱要》聲稱要增加教育投入，這不過是為教育工廠提供更好的機器設備。然而問題是：學校到底是生產車間，還是文化療養院？學生是被人隨意加工的產品，還是有獨立人格和自由思想的人？教師是有創造性的課程主體，還是只知道如何操作機器的工人？若不釐清教育的概念，增加投入便不能從根本上解決問題，而且可能只是造孽。

今天，中國的經濟取得了世界矚目的成就，經濟繁榮讓中國人的物質生活逐漸走向天堂；然而，教育的荒謬與反動卻讓中國人的思想與靈魂走向了地獄。

教師與美國

寫作背景

對學生的教育，我不喜歡就事論事，而是喜歡「借題發揮」——通過事件讓學生明白更多的道理。我帶高二年級四班時，班上有兩個男生打架。除了讓學生明白打架的危害外，我還滲透了一些文史知識，把對打架的處理上升為為學生進行民主啓蒙了。

當然，我絕不認為我的方式就一定是完美的或正確的。我的方式只代表我自己的風格，我也相信很多教師還有更多的好方法。

我的處理方式若能給讀者有所啓發，那將是我的莫大寬慰與滿足。

課間，我坐在講台旁，反思著剛才上的課，等著下節課的開始。突然間，教室後面傳來一喧嘩聲。我抬起頭，看見兩個男生打起架來。那一瞬間，我看見兩個男生相互踢了一腳，抱在一起，然後撲倒在地。幾個男生立即圍過來，將他們拖開，死死將他們抱住，這才制止了一場惡戰。

見狀，我大叫一聲「住手！」，趕緊跑過去解決。原來，這兩個男生平時是好朋友，其中一個開了過分的玩笑，讓另一個不服氣，於是相互開罵，然後動手打起架來。我將他倆帶到辦公室，先讓班主任教育，因為我要去繼續上課。

下課後，我把他們從班主任那兒帶過來，把他們批評教育了一番。我平時比較體貼人，態度親切和藹，講話也有一些道理，所以班上同學對我也算敬重。兩個男生接受了教育，檢討了自己的錯誤，並握手言和重修舊好。我要他們在班上公開檢討，他們也答應了。我還想藉這個機會，給班上同學講講民主觀念。

第二天晚自習時，我讓他倆走上講台，面向全班檢討。完畢後，他倆當眾握手，表示今後一定遵守紀律，不再滋事。然後，同往常一樣，我開始了「借題發揮」。

「同學們，世界歷史上的戰爭，比如兩次世界大戰，主要是發生在極權獨裁國家和民主國家之間。大家能不能舉出一場發生在民主國家之間的戰爭？不能吧？這是為什麼呢？」我稍作停頓，然後繼續說下去。

「大家經常看 CCTV 的《新聞聯播》中的國際新聞吧？」幾個學生點點頭。

「是不是常聽到『和談』（peace talk）這個詞？」學生繼續點頭。

「『和談』一詞是民主思想的體現。民主思想在於不率先動武，武力只是用以保護，保護那些被施以武力的國家和個人。在二戰中，美國不是最先開戰的

吧？你猜美國給日本扔下原子彈時說了什麼？美國說，你日本不是喜歡打嗎？來吧，我今天就打給你看看！這就是為什麼在處理國際事務時，美國老愛說『和談』這個詞的原因。世界近代史的戰爭，從沒有一場戰爭是民主國家發起的。而且，民主國家內部也沒有發生過革命。大家明白這是為什麼了嗎？」只有少數幾個聰穎一點的學生點了頭。看來，我還需要繼續解釋。

「在這個世界上，無處不存在衝突，這種衝突首先是文化衝突。每個國家有不同的文化，比如說不同的宗教。中東戰爭打了那麼多年，也主要是宗教信仰的衝突引起的。個人之間也有衝突，每個人有自己的性格，有自己的觀點，有自己的利益，這些都屬個人文化。大家認為，我們應該如何解決這些衝突呢？是通過你死我活的戰爭，還是通過和平的方式？」

「同學們啊，我們不要用武力來解決衝突，這不是民主的方式。民方的方式，就是多『和談』，多溝通，多交流，大家要相互理解，要相互妥協讓步，要站在對方的角度來考慮對方的利益，這種處理方式就是民主方式。中國歷史上的農民戰爭為什麼連續不斷？那是因為中國有幾千年的專制傳統。專制是民主的對立面，它意味著沒有了民主思想的基礎，也就沒有了談判的基礎。老百姓的利益被侵佔，比如被課以重稅，卻被剝奪了談判的資格，所以才會揭竿而起，用武力來爭取利益。長期以來，中國人有利益衝突時只知道用暴力解決。那些想通過打架來解決的同學，要仔細想想。你今天打了這個同學，明天就會被另一個同學打！你今天喜歡打，將來你畢業後一定會暴死街頭——遲早有一天你會被黑社會打死！」

講到這裡，我想到了一個問題：隨著中國的經濟發展和社會進步，民眾應通過什麼方式與官方爭得利益呢？是1688年的英國光榮革命，還是1789年的法國大革命？不過，我沒有問學生。我只是繼續說下去，將問題留給了聰明的學生去思考。

「今天打架的兩個同學做了檢討，認識到了自己的錯誤。這個錯誤是大家的，而不僅是這兩個同學的，因為我們每個人都要學會用民主方式來解決問題。希望同學們認真思考一下，我們應該用暴力的方式，還是用民主的方式來解決衝突更好。」

「今天的事到此為止，兩位同學已經和好，這很好——這種和平使和談有了基礎。打架的兩位同學，今後要是誰再先出手打架，我一定要加重處罰！學校要處分你，我要贊成！學校要開除你，我更要贊成！因為你根本沒有吸取教訓！此時，我就要藉學校的手『打』你！打你就是處分你，開除你，讓你一輩子也忘不了——就像美國給日本扔原子彈一樣，打得日本不敢輕言戰爭了！」

「當然，有時候同學之間會有不易解決的矛盾，此時就告訴老師吧，讓老師來斡旋解決。在這個意義上講，老師的角色跟美國一樣，二者都是維持和平，讓大家要珍惜和平，並懂得如何解決衝突。」

這就是我處理打架事件的全過程。自此以後，兩位同學沒有再打過架，表現良好。

我一直認為，只要教師懂得民主的重要性，一定會有辦法把民主思想傳遞給學生。儘管不是每個學生都能領悟我的話，但只要能有一個學生能領悟，我的話便有價值了。

總有一天，中國人都能領悟我說的話，我相信會這樣——不管這一天有多麼遙遠。

語文的哲學之「思」

寫作背景

　　在全國範圍內，我認識一些非常優秀的教師。他們都是語文教師，唯獨我是英語教師。當然，我無意標榜自己的優秀，而是想說，跟他們的交流也迫使我開始思考語文的問題。

　　事實上，來找我交流的教師，大多數都是語文教師。或許，語文教師跟我的共同語言更多一些吧。

　　近日，有教師跟我又聊起語文。草成一文，聊以紀念。

　　一個有文化的民族，如果沒有哲學，就像一座廟，其他方面都裝飾得富麗堂皇，卻沒有至聖的神一樣。

——黑格爾

　　一個民族想要站在科學的最高峰，就一刻也不能沒有理論思維。[1]

——恩格斯

　　一位廣東的語文教師找到我，跟我聊起了語文教學。我以為，語文包括了兩部分——「詩」和「思」[2]。所謂「詩」，指語文可以培養學生的審美和情趣；所謂「思」，指語文可以培養學生的思維能力，使學生具備判斷力、有獨立思想，最終成為人格獨立的人。「詩」對應著人的感性，「思」對應著人的理性。感性或理性的任何偏失，皆是人的不幸；「詩」或「思」的任何偏失，皆是語文的不幸。

　　根據我的觀察，部分語文教師還是會讀書的。不過，他們的閱讀僅局限於文學。憑著一點文字功底和文學修養，他們也能寫一點抒情文字。要說理論書籍，大多數語文教師是不讀的，甚至是反感的。魏書生和李鎮西都曾公開說過，他們不喜歡理論。據此可以斷定，他們的語文教學只有「詩」的維度，他們搞

---

[1] 《馬克思恩格斯選集》第 3 卷，頁 467。

[2] 最近，幾個教師談到這點時，還另外增加了兩點：一、「私」指教學是私人化的或個性化的，每種教學風格跟教師本人的知識結構、知識水平、情感意向、性格特點等都有聯繫。想模仿某種教學風格的企圖是徒勞的，最好是教師要能創造出自己的教學風格。二、「絲」。為了達到教學的理想境界，教師必須不斷讀書學習（如蠶食桑），然後才能在課堂上把所學知識像絲一樣吐出來。

的教育也只能是經驗型的。這些「大教育家」都不喜歡理論，一般教師又會怎麼樣呢？

有一次，我校一位教師跟我說：「我不喜歡理論。我只知道當下如何做，我是一個務實主義者，不懂那些虛無縹緲的東西。」言下之意，懂點理論便會成為務虛主義。我承認行動的重要性，卻也知道仰望星空同樣重要。仰望星空看似「務虛」，實際上是「大用」，是哲學的「無用之用」。只有仰望星空，我們才會不迷失方向，才會去思考和探索未知世界，誠如黑格爾所說：「一個民族只有有那些關注天空的人，這個民族才有希望。如果一個民族只是關心眼下腳下的事情，這個民族是沒有未來的。」幾千年來，中國人一直追求實用理性，只能活在「此岸」中。不過，中華民族在近代史上的悲劇還少嗎？我們知道，人類的一切進步都是從思想理念開始的。中國幾千年沒有多大發展，跟中國人只務實不務虛沒有關係嗎？

前不久，一位河南的語文教師也跟我談到語文和寫作。拜讀他的文字後，我感覺他的文字功底非常扎實，文字頗顯詩情畫意，卻缺乏一種思想的穿透力。這種文字風格，應該代表了多數語文教師的情況。對於這位語文教師，我建議他集中兩年的時間讀哲學。在我看來，有哲學背景的文學才是好文學。文學不只是講故事或抒情，它背後應該表達著哲理思想。教師若沒有理論素養，很難讀出文學背後的深刻思想，也難寫出優秀的文學作品。

誠然，理論不是萬能的。有時，我們還需警惕一些理論，比如一些宏大敘事的社會科學理論。德國哲學家恩斯特・凱西爾在《人論》中曾指出：「尼采公開讚揚權力意志，佛洛依德突出性欲本能，馬克思則推崇經濟本能。每種理論都成了一張普羅克拉斯蒂的鐵床，在這張床上，經驗事實被削足適履地塞進某一事先想好了的模式之中。」凱西爾的警告是正確的，我們應該加以注意。實踐證明，為人類提供一套全景理論的想法都只是一種虛妄，憑藉這些理論進行的實踐都為人類帶來了災難，比如共產主義運動。因此，我們有必要警惕患上一種「理論狂想症」。

儘管如此，總的來說，理論還是一個好東西。波普爾曾說，理論是一張撒出去抓住世界的網。世界固然很大，卻可用理論加以概括。可以說，理論只是概括世界的嘗試而已。每種理論僅是一種偏見，卻至少提供了一個對世界的解釋。因此，每種理論都有著獨特的價值和意義。語文的問題，或者說文科的問題，怎麼能有終極真理呢？大凡文科問題，都不過是某種理論的推演。

對於文本解讀而言，理論起著工具或手段的作用。教師懂得的理論越多，解讀文本的視角就越多，文本隨之呈現越豐富的內容。語文教師若沒有理論素

養，文本便沒有了意義。在他那裡，一本世界名著只是一本「故事會」。此時，教師只能講講故事情節，依照教參畫葫蘆，甚至把語文教學簡化為注音識詞。這種現象，不能不說很有普遍性。

　　語文教師若有廣博的知識，在課堂能廣徵博引，學生的知識視野會隨之打開，理論素養和思維能力也能得到提高。語文教師在吸引傳統文化，凸顯語文之「詩」的同時，還應努力實現語文的「思」。讀一些理論，尤其是哲學，應該是語文教師的當務之急。中國人以混沌和直覺思維為主，不擅長理性思辨。中國人在思辨上的先天不足，唯有哲學可以矯治。

　　1784 年 9 月 30 日，康德在〈何謂啟蒙〉一文中開宗明義地說：

> 啟蒙運動就是人類脫離自己所加之於自己的不成熟狀態，不成熟狀態就是不經別人的引導，就對運用自己的理智無能為力。當其原因不在於缺乏理智，而在於不經別人的引導就缺乏勇氣與決心去加以運用時，那麼這種不成熟狀態就是自己所加之於自己的了。Sapereaude！要有勇氣運用你自己的理智！這就是啟蒙運動的口號。

教育肩負著啟蒙學生的責任，教育的目標便是讓學生擺脫思想不成熟的狀態，開始學會運用自己的理性。可見，啟蒙在很大程度上屬於「思」的維度，而不是「詩」的維度，即，啟蒙應教會學生如何運用理性，而不是感性。教師有思辨能力和獨立思想，才可能對學生進行啟蒙。

　　最後說句題外話。我一直有個希望，想開設一門「哲學入門」或「通識」的選修課。在我看來，哲學層面的東西很廣，可以涉及各個領域。在某種意義上講，「哲學入門」課也就是「通識」課。我把課程目標設定為四個：一是讓學生懂點哲學常識，二是培養學生閱讀習慣，三提高學生的思維能力，四是啟蒙學生。我想通過介紹哲學常識，實現後面的三個目標。換言之，在我的課程中，哲學常識只是一種載體或手段。

　　當然，我的知識儲備肯定還有欠缺，尚需學習的東西還有很多。不過，我願把開課作為契機，讓自己有個提升自己的平台。

語文，你在哪裡？
──從韓寒做高考題說起

寫作背景

　　個體主義是我所秉持的價值觀，這與我的生命體悟休戚相關。在我看來，凡屬個體的東西，都是最好的。說是最好，不是說它比其他東西更好，而是說只有它屬於個體。多數學生都希望通過高考念好大學，藉此找到好工作，過上幸福生活。然而，我們卻有這樣一個學生，他天生喜歡補鞋，希望將來以此謀生。從集體主義的視角來看，這個學生明顯「脫序」，不可能獲得人們認可的幸福。然而，幸福究竟是屬於公共，還是屬於個體呢？公共的幸福，能代替個體的幸福嗎？假如我們將公共的幸福強加給個體時，會出現什麼情況呢？

　　語文關乎理解與表達。或者說，語文是通過理解與表達來實現的。理解與表達均屬個體，那麼從根本上說，語文是屬於個體的。然而，無論我們從中國的文化傳統，還是從當下的主流意識形態來看，個體在中國都只能是社會的犧牲品。

　　個體消失後，整體還會存在嗎？個體孱弱，整體能夠強大嗎？其實，在我看來，在某種程度上講，教育的核心就在於個性化。沒有個性化，便沒有個體的充分生長，也沒有整個民族的強大。

　　換個說法，「語文，你在哪裡？」也就是「個體，你在哪兒？」。

　　據說，「八〇後」作家韓寒做過針對自己文章〈求醫〉一節的中學語文閱讀題。結果，八道題中他只做對了三道。對此，韓寒評論說：「我真弄不明白為什麼中國的語文喜歡把別人的文章一字一句加以拆解，並強行加上後人的看法，或者說是出題目的人的看法。」言語中不乏對中國教育的抱怨與批評。

　　無獨有偶，去年，福建省將〈寂靜錢鍾書〉一文選為高考語文閱讀題，該文作者也試做了一遍題。在總分十五分中，作者結果只拿了一分。〈寂靜錢鍾書〉倒數第二段寫道：「寂靜，這是錢先生心底所願。不要奇怪為什麼他的離世和十周年紀念都如此寂寥，這正是他一生的格調。」對這一段，福建高考問：「加點詞語『格調』的內涵豐富，請簡要分析。」據說，作者看到這個問題完全傻了眼。「我沒有想那麼多，寫到那裡，順手就用了『格調』一詞，哪有多少豐富的內涵啊？」作者這樣說。我想作者在這點上沒有錯，作者不一定有那麼多意圖。有時候，寫作需要神來之筆，根本不需要為什麼。

　　這兩個事件有一個共同之處，即原文作者搞不懂自己的作品了。這兩個事件在網路中引發了強烈反響，網友據此抨擊和聲討高考命題的荒謬。〈寂靜錢鍾書〉的作者說：「我是作者，我做不出來，是我對自己的文章把握不好嗎？他們可以指責一個答錯題的學生不瞭解文章，總不能指責一個作者不瞭解自己寫的文章吧？」此話為網友的憤怒產生了推波助瀾的作用。

　　網友的憤怒可以理解，而這一切僅是假象。網友們只看到了表象，並不知問題出在何處。韓寒憤怒地批評「高考作文不僅傻，而且蠢」時，更多的是圖一時之快，沒能說出語文為何面臨困境。韓寒語言犀利，思想卻沒切中要害。

　　根本的問題在什麼地方？或者說，這些現象背後的根本問題是什麼？我先從傳統文化說起。

　　中國的傳統文化以儒家思想為主流價值觀。儒家思想強調的「修身、齊家、治國、平天下」以及「三綱五常」，使中國成為了一個以「家國同構、宗法結構、忠孝倫理和等級制度」為主要特徵的國家。在這裡，國是最大單位，家其次，個體最小。這種秩序抹殺了個體的存在，使個體永遠無法成長。

　　在「國家」一詞中，「國」屬於公共領域，而「家」屬於私人領域。「國家」一詞意味著，私人的「家」已被公共的「國」收編，使中國社會具有了「國－家－人」的結構。中國人給小孩起名，都是以姓氏開始，以表明個體屬於某個家族。「鄭偉」這個人，首先屬於鄭氏家族，然後才能屬於自己。與此形成鮮明對照的是，西方的社會結構與中國相反，是一種「人－家－國」的結構。西方的人姓名都是以名開始。「John Smith」這個人首先叫 John，先屬於自己，然後才屬於 Smith 家族。兩種價值取向的不同，專制與民主的分野，在這裡已昭然若揭。

　　在古時代，中國人只有「天下」的概念，而沒有近代意義上的主權國家的概念。1949 年後，「以社會為中心」的價值取向擴大了內涵，成為了「以國家為中心」。其實，「愛國主義」、「民族主義」、「社會主義」和「國家主義」等，都可用一個主義——「集體主義」——來概括。時至今日，從「培養社會主義的建設人才」、「和諧社會」、「沒有國家，就沒有個人」、「民族的強大，國家的興旺」等提法中，我們都可發現中國社會的價值取向。中國國慶六十周年獻禮歌曲〈國家〉唱道：「有了強的國，才有富的家」，是強化這種論調的企圖。

　　「沒有強的國，何來富的家？」這話有明顯問題，是站不住腳的。強國並不意味著富家，整體的強大並不代表個體的強大。相反，每個個體的強大一定意味著整體的強大——換句話說，應該是：「沒有富的家，何來強的國？」

　　個體的強大，不僅指個體富有個性地成長後的創造力，也指個體懂得捍衛自己的權益，而不是那種逆來順受的奴隸。梁啟超說：「為教育家者，以養成權利思想為第一義。」因為「權利思想愈發達，則人人務為強者。強與強相遇，權與權相衡，於是平和善美之新法律乃成。」此話的意思是，「個人之大義」若能得到彰顯，人人都會捍衛自己的權益時，民主的法治社會也必將隨之來臨。

　　錢穆曾說：「二千年來之政治，二千年來之學術，莫不與此二千年來之社會經濟形態，所謂『封建時期』者相協應。」中國的封建專制的遺毒太深，「以社會為中心」的價值取向延續到今天，使得個體一直都沒有了出路。個體的死亡，意味著個體沒有了創造力。這是中國貧窮落後的終極謎底，也是今日教育危機的根本原因。

　　語文的功能，不外乎在於表達和理解──用資訊理論的話來說，即資訊輸入與資訊輸出。個體使用語言時，表達的是自己的思想感情，理解時也一定會基於自己的知識結構、情感意向、經驗背景和價值取向等等，不會有絕對「客觀中立」的理解。

　　以閱讀為例，文本之所以成為文本，那是因為它為讀者所理解。然而，讀者的理解可能只是一種誤讀，我們不能用科學的尺度來衡量理解的精確。讀者的解讀或理解，一定結合有自己思想與情感。同時，閱讀也是一種創造，是一種對作者的「創造性背離」。「作者未必然，讀者未必不然」。文本本是開放的，允許作者依據自己來解讀。從這個意義上講，作者一旦創做出作品，就不再是作品闡釋的權威，只能作為讀者對自己的作品進行解讀。文本對於作者而言具有「一義性」，這便是巴特說的「作者已死」的要義。據此看來，在前面兩個事件中，作者和網友的憤怒都沒有切中要害。

　　這一切表明，語文的功能在於使人個性化。一個人之所以是他自己，因為他是獨一無二的生命體。這種與眾不同，才是他存在於世的尊嚴所在。每個讀者的視角不一樣，解讀文本的深度也不盡一致。然而，這不能成為制訂標準答案的理由。每個讀者從文本中發現了自己與文本在精神和情感上的契合點或共鳴點，通過自己的審美發現了文本中的美。文本對於每個讀者來說有不同意義，我們不能以他人的尺度來衡量一個人對文本的理解。

　　從根本上講，語文是屬於個體的。然而，文化傳統和官方的意識形態忽視了個體的存在。更可惡的是，現行的語文高考卻用標準答案來評分。本來僅屬個體的語文，一旦採用了標準答案，共性被抽取出來後，剩下的是無個性的個體。

　　李敖曾使用「烤弒」一詞，對這類考試加以痛斥。烤，是一種烹飪方式，指把學生烤死。弒，本指下級或晚輩對上級和上輩的謀殺，這裡指考試對學生的屠殺。採用標準化答案的語文考試，也無異於成了「烤弒」。

　　語文，你在哪兒？對於這個問題，我的回答是：中國沒有多少實際的語文，只有形式上的語文教學。一個民主時代才會有真正的語文，因為只有在那裡個體才會受到尊重，才會允許個體表達自己的思想感情。廣大教師自我啟蒙後，應自覺祛除文化傳統中的糟粕，抵制不尊重個體的價值觀。

　　在這個「集體主義」的時代，語文教師的職責在何處？是助紂為虐地扼殺學生的個性，還是自覺地促進學生的個性化發展？這個問題就留給語文教師思考吧。

　　一位語文教師告訴我，不要對語文教師抱什麼指望，因為他們決定不了那麼多。對此，我的回答是：不要總是試圖去證明自己的清白與無辜，而要問自己是否真正地理解了語文，是否捍衛了語文的價值與教育的尊嚴！你殺了人，不要說：「是別人叫我幹的！」──你殺人時，你的良知與理性在哪兒？

語文教師為何難以成為知識分子？

寫作背景

在中國，傳統的知識分子是「儒士」或「文人」。然而，這兒講的知識分子不是中國本土的概念，而是西方的「公共知識分子」。

知識分子是清醒劑，他們視喚醒民眾的覺醒為己任；知識分子是戰士，他們視捍衛真理為自己的使命；知識分子是牛虻，像蘇格拉底一樣使社會這頭巨獸恢復活力。知識分子是為思想而活，為真理而存在，為社會而存在。他們的使命只是為社會把脈，為文化診斷。

一直以來，為什麼中國缺乏知識分子？思忖良久，我終於從西學那裡找到了根源。

如同國家需要知識分子，學校也需要知識分子。

有朋友批評我說，「你太偏激、太激進。其實，生活不是你想像的那麼糟。只要你平和地去看，最終會發現生活還是不錯的。」根據我的經驗猜測，說這種話的人一般都是語文教師。我一問，果然不假。

那麼，我是如何看待語文教師的呢？對於語文教師，我自有觀察和判斷。我認為，語文教師很難成為知識分子。原因有以下幾個：

首先，中國文化只出產文人或士大夫，知識分子是西方文化的產物。春秋戰國時期，儒從祭祀司儀演變成了以六藝教民的人。到了孔子時代，「儒」這個稱呼已經泛化，成為了「士」。春秋戰國時期，儒到處找尋自己的「主子」，以求能寄人籬下。因此，從儒士誕生的時候起，中國文人便有了依附性人格。在中國歷史上，中國文人飽讀四書五經，一般只有兩條路——或「入世」侍主，縱橫捭闔，或「出世」逍遙，吟月哦雪。在我眼裡，語文教師若不從政，一般都有學老莊的趨向，喝點小酒來點名士佯狂，或唱點小曲附庸一下風雅，或嫖點小妓再現卿相風采。

在西方，知識分子最早產生於牧師。牧師有點文化，能解釋《聖經》，安慰人們的靈魂。在人們心目中，牧師代表教會，宣講上帝的旨意。國王與教會、政府與民眾存在的矛盾和張力，產生出相對自由的空間，為知識分子的存在提供了可能。隨著社會的發展，知識分子獨立出來，形成了相對獨立的一個階層。這種獨立，使西方知識分子更具有批判精神。

　　其次，東西方的哲學不同，直接影響了人們的思維方式。西方哲學講究語言分析的精細和邏輯思維的縝密，推崇形而上學的思辨，因此，西方哲學一般很多抽象的概念。只有國學基礎的語文教師，面對這些枯燥和抽象的概念時，一般都會覺得「太費腦」或「沒有實際意義」，不如抒情那麼簡單有趣。對於哲學，語文教師大都退避三舍，最終造成了思維訓練的匱乏。哲學上的差異，使中國文人只會賞花抒情，而無思辨的理性精神。我曾指出，語文教師最需要哲學來提高思維水平，但中國哲學是靠不住的，唯有西方思辨哲學才會有效。中國哲學缺乏思辨理性，只是一種維持社會秩序的道德哲學。對於孔子，黑格爾曾評論說：「孔子只是一個實際的世間智者，在他那裡思辨的哲學是一點也沒有的——只有一些善良的、老練的、道德的教訓，從裡面我們不能獲得什麼特殊的東西。」[1]總的來說，儒道不富有理性精神，使中國缺乏產生科學的土壤。中國人喜愛抒情勝過思辨，語文教師也不能逃脫這個特點。

　　柏拉圖認為，世界由「理念世界」和「現象世界」所組成。理念的世界是真實的存在，永恆不變，而人類感官所接觸到的這個現實的世界，只不過是理念世界的微弱的影子，它由現象所組成。因此，柏拉圖哲學便將世界劃分成「理念」和「現實」，或「此岸」與「彼岸」，這種「二元論」一直影響著歐洲哲學。難怪哲學家懷特海曾說，兩千年的歐洲哲學只是在為柏拉圖哲學作注而已。

　　根據這種「二元論」，那就須用以理念關照現象，從彼岸俯視此岸。從彼岸切入此岸，這點深刻地影響了知識分子。知識分子心中只有理想的彼岸，便會以彼岸的尺度來衡量此岸，要求此岸向彼岸進發，即「以在野之身，監督在朝之政，善則推動之，惡則反抗之；弱則激勵之，強則抗衡之」[2]。同時，知識分子拒不「入世」，站在彼岸與現實保持距離，便會有舒卷自如的獨立人格。知識分子以社會批判為己任，註定是權勢者的天敵。

　　柏拉圖的「此岸／彼岸」二元論，直接為基督教提供了理論基礎。在基督教裡，彼岸就是上帝或天堂，此岸就是世俗社會。柏拉圖哲學出現在基督教之前，他被某些人稱為「沒有基督教的教徒」。在中世紀，神學家奧古斯丁寫成的偉大的神學著作《上帝之城》，便是借鑑了柏拉圖的思想。關於宗教的問題，後面還將談到。

　　人在啟蒙階段，總會不自覺地有漂泊感，而且還夾雜著焦灼感。這可以「此岸／彼岸」二元論解釋，也可以用黑格爾辯證法的否定原則進行解釋。簡單地

---

[1]　黑格爾，《哲學史演講錄》，頁 120。
[2]　朱學勤，《風聲‧雨聲‧讀書聲》，頁 13。

說，前者指人開始覺悟，嚮往彼岸，而彼岸的不可企及，人便會產生焦灼感；後者是指自我否定是超越的動能所在，啟蒙就是對自我的一次超越。

根據我的觀察，語文教師的閱讀大都追求實用，即唯讀能用在課堂上的書，或追求情趣，即講究閱讀的怡情養性。這樣，語文教師的閱讀便缺乏了一種超越精神，或者說是一種熾熱的求知欲。這種求知欲是為求知而求知，追求的是超越價值。在我看來，這也是因為中國哲學缺乏關照彼岸的超越性，只剩下了對關注世俗的實用理性之故。

再次，東西方宗教的不同。《論語》中有很多無神論的觀點，比如：「子不語怪、力、亂、神。」「務民之義，敬鬼神而遠之，可謂知也。」「未能事人，焉能事鬼。」可見，中國傳統上是沒有宗教的國度。儒道都不算嚴格的宗教，唯有來自印度的佛教才算嚴格意義上的宗教。不過，當中國人面對不同的文化，總有辦法將其改造後加以吸收。佛教經過中國的「本土化」後，便成了禪宗。不過，「與所有正規宗教一樣，佛家本有『真諦』與『俗諦』的兩岸劃分。可是『天道遠，人道邇』，『真諦』遙在彼岸畢竟不合漢民族思維習慣。於是便有禪宗出，非把那個彼岸『真諦』拉回人間不可。」[3]可見，中國文化天生缺乏對彼岸的追求。佛教中對彼岸的關切被中國文化消解後，中國文化便失去了一次「奔向彼岸」的絕佳機會。

在死於紅色極權和暴政的人中，只有林昭之死最為慘烈和悲壯。然而，這絕非偶然。除了從其父那兒可能借鑑了資產階級憲政思想外，更為重要的是，林昭從基督教中汲取了強大的精神資源。這賦予她了超越性和不妥協性，使她成為了大義凜然的「猛士」。林昭成為一名知識分子，不是因為她是女性，也不是因為她是北大學生，而是因為她是基督教徒。

最後，語文教師專注於國語，對外語很少下深功夫。作為象形文字，漢字跟西方語言還有差異。以英語為例。英語在語法表現為一種線性結構，具有封閉性，語法上比較嚴格，一般要求「主－謂－賓」必須齊備；相比之下，漢語則是非理線結構，具有開放性，語法上比較寬鬆，理解上講究「模糊美學」。不同的語言會影響人的思維，而思維又能決定語言——語言是思維的物質外殼。

綜合來看，我的專業是英語，長期受英語思維的浸淫。自從開始大量閱讀，我一直比較偏重西學。我不教語文，受國學的影響也不深。從神學角度看，中國人用國學來消解自我從普遍性抽離出來時的焦灼，而西方人卻只有一條路

3　朱學勤，《風聲・雨聲・讀書聲》，頁 26。

——面對焦灼和痛苦，勇敢地存在。在我身上，中國傳統文人的氣質不多，更多的可能是西方知識分子的氣質。

一直以來，總有朋友批評我的文字中有股戾氣。誠然，語文者是可入宦海登仕途，有如魏書生或李鎮西也者，或像文人去西子泛舟享受情調，有如郁達夫或徐志摩也者——海棠富貴，錯金鏤采，一樣都不少，從容享受「小資」人生。我羨慕語文教師的生活，但我過不了那樣的生活。我的生活經歷決定了，我更趨向於知識分子。攻擊性是知識分子的重要特徵，這就是大家發現我有些戾氣的原因。

在一群生活中的朋友裡，我跟范美忠的氣質比較接近。一個重要原因是，他的抽象思維很發達，在西學上也頗有功底，這便使他的精神氣質具有了超越性。這種超越性不僅是指通過讀書超越自我，也指對功利的超越，也指對現實世界的超越——范最近癡迷於神學，且很有心得。眾所周知，西方文化是「兩希」文化——希伯來的宗教精神[4]和古希臘的理性精神。可以說，神學能夠進入到西方文化的核心。范本是歷史專業，長期閱讀使他頗有文學修養，也可以教教語文。不過，他不是一個純粹的語文教師，也常不被人視為語文教師。

總之，語文教師若想成為知識分子，必須具備一點西學素養。西學素養可以培養你的批判精神，淬煉你的思辨理性，還能夠提高你的超越價值。當然，每人都有權選擇自己的生活方式，各種生活方式之間沒有高低之分。作為一個多元主義者，我不會批判語文教師不能成為知識分子。文中所分析的語文教師的現狀，也只是客觀分析事實，實無指責批評之意。

最後一個問題。在歷史上，中國一直是專制國度。難道這僅是偶然嗎？這跟中國的哲學和宗教，跟知識分子有無關係呢？只要順著此線思索下去，我們便會發現這是非常有趣的問題，儘管也是龐大的問題。

---

[4]　猶太民族的又一名稱。西元前 1320 年，其民族領袖摩西率領本族人從埃及歸巴勒斯坦，分建猶太和以色列兩國。希伯來人的典籍《舊約全書》，包括文學作品、歷史傳說以及有關宗教的記載等，後來成為基督教《聖經》的一部分（摘自《魯迅雜文全編》（一），頁 97）。

當黨支部書記愛上工會主席時

寫作背景

憑藉著不斷炮製出來的各種神話，官方不斷地企圖粉飾自己，把自己打扮成「科學」、「先進」和「代表一切」的化身。

勞資糾紛本是資本主義社會很正常的現象，在中國卻被視為了「不和諧」的因素，因此受到打壓。民主社會承認矛盾，並有一套機制動態地解決矛盾，比如，允許工人通過罷工來捍衛自己的權益。因此，民主社會不可能發生很大的社會動盪。在中國，官方代表了包括勞資糾紛在內的一切後，罷工便成為了擾亂社會治安。這表明，中國沒有解決矛盾的機制，官方若要建設和諧社會，只能用不斷壓制矛盾的辦法。

一個或幾個矛盾可以壓制。然而，成千上萬個矛盾積壓在一起時，會發生什麼呢？答案是：當高壓鍋沒有了出氣孔，氣壓高到一定程度時，它終將發生爆炸。

　　一場球賽，本是雙方的拚搏。裁判若來指揮兩隊對抗，這場比賽會是什麼結果？在這類情況下，裁判既是比賽規則的執行者，又是雙方遊戲的參與者。誰將是利益的最大獲得者，這裡無須贅述。

　　《民主的細節》一書講述了美國民主的一些細節。為了工人的利益──哪怕是一個工人，工會可以依法長期跟資本家打官司，打得資本家最後只有告饒──再打下去，工廠就要倒閉了。工會之本意，是代表和捍衛勞動者的利益。在美國，工會的力量是巨大的，大到讓資本家懼怕。一句話，由於工人有權益保障，美國的情況是「工資侵蝕利潤」，即利益爭奪的結果是資本家放棄部分利潤，用以提高工人的待遇。

　　在中國，由於官方是全能的，凡事都要代表民眾，便會出來「利潤侵蝕工資」的情況。由於勞動者的利益被官方代表，工會無法捍衛勞動者的利益，結果造成了工會的名存實亡，或者是「掛羊頭賣狗肉」。其結果，必然會是資本家的利潤侵蝕工人的工資。有一次，學生問我中國有沒有工會。我說，中國沒有真正的工會。當勞動者的利益均被官方代表，而官方不可能有精力和時間來捍衛每個勞動者的利益。此時，勞動者的利益如何保障呢？

　　試想一下。一方面，工會應該捍衛職工的利益，另一方面黨支書又要代表職工的利益。在一個單位裡，男黨支書若是愛上了女工會主席，那會出現什麼情況？更糟糕的是，某些單位裡一位領導可能身兼黨支書和工會主席。

　　一位博友自豪地聲稱，他在某所學校任黨支書兼工會主席。想想看，他會如何在學校內分配利益？站在工會立場上，他可以工會主席的名義對職工說：「我代表了你們的利益！」站在黨支部這邊，他可將「三個代表」抬出來，「以黨的名義」；以職工說：「我代表了你們的利益！」黨支書和工會主席在他腦子裡「做愛」後，他便成為了遊戲的參與者和裁判員──這種身份可以隨便侵吞雙方的利益。從邏輯上講，中國的政府官員們所斂之財或所佔便利，大抵這樣而來。

　　黨支書和工會主席做愛後，勞資雙方開始聯姻，水火不容的矛盾便化解了。工會成為單位裡的行政機構後，單位裡沒有了利益衝突，開始有了官方所謂的「和諧」。然而，這種「和諧」背後卻隱藏著對勞動者的專制、剝削與奴役，以及民主和法制的缺失──這表明，中國離現代民主還有很長的一段路。

辦公室裡的對話

寫作背景

　　教師們每天坐在辦公室，相互之間也會閒聊幾句。偶爾，教師們也會談起讀書。不過，教師們普遍對讀書不以為然。他們的功利思想認為，能提高學生分數的書才是好書，才值得讀一讀。他們不明白，教師讀些學術書，多懂些理論，對專業化的發展是非常有益的。

　　前些天逛書店時，看到了叔本華的代表作《作為意志和表象的世界》。我讀過他的一些著作，卻一直沒有搞到此書，所以我當場就買下了。今天在辦公室做完事後，我把書拿出來，準備繼續讀一部分。

　　不經意之間，同事湊過臉面，想看看我在讀什麼。我停下來，把書放在桌面上，跟同事閒聊了幾句。同事信手把書拿出來，站在桌旁翻了幾頁，然後說：「讀這些書好痛苦喲！」

　　「那不一定。一旦你讀進去了，最終會發現它還是非常有趣的。」我反駁道，不太同意他的觀點。

　　「我不明白讀這些書到底有什麼用。叔本華講痛苦與幸福，其實問題根本沒有那麼複雜。比如說，幸福可能就只是分泌物增多罷了。」

　　「你是說幸福只是生理現象了？我覺得，與其說幸福是生理現象，不如說幸福是精神或文化現象。」

　　「幸福是很簡單的現象，也容易獲得，沒有哲學家們說的那麼複雜。叔本華把這些東西說得那麼複雜，他到底累不累？人類的進步沒有那麼複雜，可能只是人類願望的結果而已。」

　　「人類的進步不只是願望的問題，更是人類思想的結果。凱恩斯說過，人類的進步都是因為思想在前，任何一個進步都首先表現為思想的突破。我以前也說過一句話，所有的思想都是哲學的。所以，我們不能說哲學沒有用。哲學家思考問題，總會比常人更深刻。他們是探尋真理，而真理不僅是關注自然界，它也關注人的精神文化，甚至是是人生意義和倫理道德。研究這些也不一定痛苦，因為痛苦之後，你會有一種亮堂的感覺，這會給你一種幸福感。錢鍾書有個『痛苦的蘇格拉底與幸福的豬』的比喻。那麼，你願意做哪種呢？」聽罷，同事沉默不語。他明知自己不是蘇格拉底，卻又不願意做一頭豬，感覺有點左右為難。

　　稍停片刻，我又繼續說：「你是教語文的，應該要講魯迅吧？劉半農曾送給魯迅一副對聯，上面有『魏晉風骨，托尼文章』幾個字。你們講魯迅時可能就要講尼采，而尼采的思想直接來源於叔本華。所以，叔本華也就跟語文教學有關係了。」

　　「學生不懂，我就不用講這些。這樣，我也不用讀叔本華了。」

　　「你的意思是，學生只有一碗水，你的教學也只需一碗水？我若是你的學生，我肯定要問你尼采，還要問叔本華跟魯迅的關係。」

　　「可是你不是啊！」同事絲毫不讓步，不想就此甘休。

　　「是的，我不是你的學生。但將來若你有我這樣的的學生，你該如何來教我呢？」同事一時無語。看來，同事最終還是被難住了。

　　此時，有人走進了辦公室，說起房價的問題。最近學校修房，價格特高，面積又小，教師們為此吵得沸沸揚揚。這樣，我們的話題只好中斷。

　　回憶起這段對話，我還是頗有感觸。我一直在反思一個問題：「教師到底有多少學養來教學生？」誠然，現實中大部分學生對教師的要求都不高，但這不應該成為我們不注重專業發展的藉口。學生中也會有精英的種子，儘管只是少數人。面對這些學生時，教師有多少學養來培養他們呢？結果只會是，我們也會把精英的種子扼殺了。

　　中國沒有人獲得過諾貝爾獎，與我們教師有沒有關係？

一封致教育局的公開信

寫作背景

　　思考與研究多年，對於教育與管理，我有了自己的一些想法。有時候，我也會有這樣的衝動：既然自己有些思想，為何不尋機去實現它們？於是，我有了寫一封公開信的念頭，想把自己的想法呈報給上級，看看能否有機會施展自己的抱負。

　　公開信講述了兩部分內容。第一，我校的辦學已面臨危機，早點尋找新的生長點，總比落伍時只能跟風好。當然，「先吃螃蟹」會有一定風險。然而，風險與利益共存。為了利益，冒點風險也在所難免。第二，教育局若能給我一片「試驗田」，讓我管理一所學校，那也非常好。若能這樣，我便可以根據自己的想法去辦學了。

　　寫完此信後，我遲疑了。局上會怎麼說？校長知道此信後，對我本人會不會有猜忌？出於種種顧慮，我最終沒有將此信面呈給教育局長。

尊敬的局領導：

　　我是一位有教育情懷的教師，有幾年的行政經歷，出版過兩本教育學術書，發表過十餘篇國家級論文。多年來，我對教育有所研究，對管理也有所思考。作為一位教師，一位我市市民，一位中國公民，我願坦誠提出個人對教育的拙見，供局領導們參考。

　　我校是我市市唯一的私立學校，兼顧公辦和私營的體制。我校可以充分利用兩種體制的優勢，有著其他學校所不具備的得天獨厚的優勢。若能恰當利用這種優勢，我校應該能成為我市教育的楷模，代表我市教育的最高水準。

　　自創辦以來，我市的辦學一直步履艱難。近幾年來，學校在應試方面取得了一定效益，卻為之付出了巨大代價，致使種種問題成為隱患。這些隱患集中表現在生源、師資、校園文化和辦學特色等方面。

　　我校的生源不穩定，一直是一個嚴重問題。通過激勵教師招生的辦法，或通過「買」學生的辦法，我校每年也能從外校的牙縫裡勉強「淘」到幾個學生，卻時時面臨著「揭不開鍋」的威脅。

　　我校師資面臨更大的問題。僅僅以去年為例，我校由於缺乏師資而引進了二十多人（大都是新畢業的大學生）。眼下，我校師資結構極為不合理，比如中青老的比例失衡。一次大會上點名時，竟出現了十位女教師請產假的現象。

　　為了升學，我校也犧牲掉了校園文化。為了抓分數，學校不斷侵佔教師的時間。教師文化沒有受到足夠重視，因而造成了校園文化的極度貧乏。整個校

園成為「文化沙漠」後，教師的精神面貌可想而知。創辦十年來，學校不搞教研、科研，連「課題管理辦法」也沒制定，更不用說「教師專業化發展計畫」之類的了。

我校的高壓管理，造成了病態的文化生態。校方領導動輒威脅教師，一會要給教師「動手術」，一會要解聘教師，讓教師成天生活在恐懼之中，缺乏深度的安全感和歸屬感。在這種情況下，教師隊伍非常不穩定，不利於學校的持續發展。

我校的招牌是「外國語學校」，而「外國語」特色並不明顯。以英語為例，一切都是為了應試，我校的英語教學並不佔有優勢，甚至是落後於其他學校。在辦學特色上，我校也有點誤入歧途，搞出的特色最多只是一種理念，連教學模式也說不上。辦學特色應該是吸引學生的亮點，而不是一句空泛的口號。

我校的辦學方向選擇了單一抓升學，欲在升學市場中分得一杯羹。且不說前面所的「代價」，這種犧牲一切抓升學，到頭來的辦學水平是非常有限的。每年學生只有一兩個考上北大、清華，去年還一個也沒有。難道辦學只是為了一兩個優生？家長送孩子來我校，目的是讓孩子考北大、清華？顯然，除開考上大學的學生外，其他學生的需求被忽視了，我校沒有提供他們需要的課程。

生源、師資、文化和辦學特色都成問題時，這種學校的路不可能很長。換句話說，再過三五年，我校離社會需求越來越遠，很可能面臨「破產」的命運。假如教育局創辦我校的定位是「我市教育的楷模」，那麼我校離這個標竿差得很遠。

無庸置疑，我校的辦學出了點問題。那麼，這個問題在哪兒？我以為，問題出在我校的辦學思想上。

假如學校是「賣」家，社會需要是「買」家，那麼學校「賣」的是什麼？我的回答：課程。誠然，在現有的體制下，常規的升學也應該抓，但這也不能作為辦學特色。學生、家長和社會需要什麼樣的教育？考上北大、清華可以算作優質，然而那只是個別學生的問題，而不是全體學生的問題。

我以為，我校的辦學特色應該選擇在課程。通過招聘精英教師，開設各類課程，滿足學生多元化的需要。這些課程必須有特色，在我市範圍內是獨一無二的。況且，新課程改革中的「三級課程」，也給這種辦學思想提供了理論和制度上的保障。同時，我校還要努力營造校園文化，積極引領教師的專業化發展，保證課程文化的健康發展。若能將此和我校的體制優勢結合起來，我校便能在三五年內辦出特色，從此步入良性循環。

求其上，得其中；求其中，得其下。辦教育，不能過於急功近利。老闆出錢辦學校想賺錢，這是可以理解的。然而，我們應該分清楚世俗價值和超越價

值。世俗價值帶來成績的是有限的，只有些不斷追求超越價值的人，才可能成為最優秀的精英。他們最初所追求的目標不是只有名利，名利只是他們追求超越價值的過程中，不經意的「意外」收穫。可以講，目光短淺會葬送掉我市唯一一所有潛在優勢的學校。教育局應該將我校視為我市教育的龍頭或排頭兵，不應該最終將其辦成一所普通學校。

教育局若能給我一片「教育實驗田」，讓我管理一所學校，我相信我能在五至八年內把學校辦成全國名校。我的辦學思想很簡單，算下來就二十四個字：「引進精英教師，引領教師文化，重視課程文化，形成辦學特色。」在升學與辦學特色的問題上，我會在保留原有的升學機制，推行「雙軌制」，在保持原有的基礎上引入課程文化，逐步淘汰開學的機制，轉入以課程文化為主的辦學特色。

目前，中國教育危機重重，被升學和市場經濟嚴重異化，缺乏理想主義高度。然而，教育不能沒有理想主義，以及一批具有教育情懷的理想主義者。文中提及我校的文字是基於我在我校兩年的觀察和思考，並沒有刻薄批評之意，請局領導明鑒。

此致
敬禮！

鄭偉

2010 年 4 月

最後的瘋狂

寫作背景

　　我跟 F 老師共事過一年，對他多少有些瞭解。總的來講，他是一位深受學生喜愛的優秀教師。

　　然而，一年後，他離開了。他的離開，讓 H 校長開始了最後的瘋狂抓捕行動。他率保安抓人未遂，而且接連碰上釘子後，開始了反思自己的管理，認識到文化建設的重要性。當然，一旦清楚後，H 校長也意識醜聞對自己非常不利。在一次會議上，他要求教師不准說對別人不利的話，不准傳播謠言。這個要求背後的用意，明眼人一看便知。

　　他的悲情離開，給 H 校長的內心帶來了極大的創傷。從整個事件中，我們都不難看出，權力意識的膨脹是非常危險的事。人畢竟是人，都可能被權力欲征服。權力確實需要制衡，否則便會有災難。

　　本故事根據 F 老師本人的講述寫成。

　　「H 校長率保安抓人了！」這個消息不脛而走，在本地教育圈成了轟動新聞。人們紛紛猜測，H 校長何以抓人？人們也在質疑，在法律上，校長有權力抓人嗎？

　　H 校長是外聘校長，來自於川北的一個小地方。他生長於軍營，對軍隊的嚴紀情有獨鍾。在軍隊裡，士兵對長官不能有異議，只能按長官的批示辦事。在管理中，他非常強調下級的服從和對上級的尊重，聲稱「軍令如山倒」。應該說，軍隊實施嚴刑峻法是有必要的。軍隊要保證作戰勝利，必須有嚴格的紀律。「我是軍營裡長大的。」H 校長喜歡逢人便這樣說。然而，學校是文化場所，不是軍營。H 校長在悲劇中的最後瘋狂，其思想根源便在於此。

　　H 校長來到這所私立學校，真是如魚得水。他的軍營管理思想，在這裡可以恣意實施。董事會只需賺錢，要賺錢就必須抓分數。H 校長深知，要抓分數來辦學，必須嚴格規訓教師，並延長教師的勞動時間。對於教師的異議，H 校長是不喜歡的。跟教師爭執不下時，H 校長便會說：「我有權解聘你。」於是，教師們不敢亂說亂動，對 H 校長只能唯唯諾諾。

　　客觀地講，H 校長的極權管理，取得了一定的短期效益。最近幾年，學校的升學率有所升高，讓學校的地位有所提高，得到社會上一些人的認可。然而，在升學率的背後，教師們沒有了尊嚴和自由。

根據 H 校長的管理思想，教師不是他的朋友，而是他用以達到目標的工具。平時，他不跟教師吃飯喝茶，以維持自己的權威人格。最終，他把教師變成了工具，自己也成了董事會的工具。由於對人性缺乏深刻的認識，H 校長未能意識到教師的異化和自己的異化，而是坐在校長位置上，自我意識開始膨脹起來。他開始以為，自己就是教師們的「神」，可以主宰教師的一切。

在他的這種思想的指導下，管理者對教師的態度非常粗暴。有一次，主管教學的副校長還對女教師動手動腳。事情經過是這樣的：

在會上，副校長要求教師放下手中的工作，不要寫什麼，做到認真聽取會議精神。然而，他發現一位女教師低著頭，仍然在寫著什麼。他的臉氣得通紅，紅得像猴子屁股。他走過去，一把抓起女教師的本子，破口批評女教師開會不認真。原來，那本子只是「繼續教育登記本」，她也是遵循教育局的要求，認真做好繼續教育的筆記。本來做得很好的她，結果卻無端地被羞辱了一番。從事發至今，副校長沒有為此事道過歉。

管理者可以如此對女教師動粗，他們的口頭禪是「我要解聘你」，這也不足為怪了。在平時的管理中，他們為了實現高壓管理，總要把自己打扮成權威，儘管他們根本就是不學無術。若有教師提出異議，便會挑戰他們的權威人格。為了提高效率，他們必須時時體現「長官意志」，下級只有執行，無權提出異議。

很多教師不喜歡這種環境，每年便會有教師離開。在離開的教師中，不乏非常優秀的教師——或者說，他們大部分是優秀教師，因為優秀教師對文化的要求更高。對於教師離開，H 校長是什麼態度呢？下面，我要講述一個 H 校長抓人的前前後後。我在前面不惜筆墨對學校管理做的介紹，有助於讀者更好地理解故事。

F 老師是一位優秀的語文教師和班主任，深受學生和家長的喜愛和認可。對於學校的管理，F 也是頗有不滿。「他們對女教師動粗，沒有對我動粗，似乎我不應該有意見。然而，女教師是我的同類，他們那樣對她，我心裡也不好受。」他這樣評價對女教師的「動粗事件」。

幹了一年後，他決定離開學校，去五百米以外的公立學校 D 中。H 校長知道後，叫了幾個人去旁敲側擊，做遊說工作。然而，F 老師去意已決，拒絕留下。離開的那天，F 老師找到 H 校長，想留下幾句告別之言。

「你真的要離開？你要知道，我要痛苦喇。你的離開，對我是一個很大的打擊。你能繼續留下嗎？」H 校長先表達了自己的「痛苦」。對此，F 後來評論說，「這一年裡，我明顯感覺到我只是他的工具，而我不願意做別人的工具。他從來沒有想過，我的個體生命到底需要什麼。還有，他若不希望我離開，那就

應在第一時間主動來找我，而他沒有這樣做。他叫其他人來跟我說，對我沒有表現出足夠的尊重。對於一個不尊重我的人，我能跟他幹嗎？」

「要不這樣吧？我會給你一個中層職位，你的新房的裝修，我也給你五萬的裝修費。如果你對此不滿意，你可以把要求寫在紙上。只要我能做到的，我都可以答應。對於教師，我從未這樣，只有你才讓我這樣。」H 校長已走投無路，對 F 的優惠是前所未有的，說話已是帶著哀求了。

「我若留下，表面上好像可得到一點實惠。然而，H 校長開出這樣的條件，已是一個『城下之盟』，而我不喜歡『城下之盟』。他若想重用我，早就應該給我信號或暗示。我要離開之時，他才開出條件，足見其心不誠。我在想，我真若留下，能否得到實惠是個問題。況且，他不當校長後，下任校長還能給我同樣的待遇嗎？最重要的是，我對他和學校沒有感情，我只是作為工具而存在。我要離開，更多的是為了尊嚴。」F 後來回憶說。

F 老師的出走，給了 H 校長重重的一擊。平時，H 校長要風得風，要雨得雨，頗有呼風喚雨的感覺。他以為，他開出的條件，足以讓一位普通教師妥協了。他根本不知道，為了捍衛自己的尊嚴，竟有教師會犧牲掉經濟利益。對於人性，他還是缺乏深刻的洞察──畢竟，他的思想水平還非常有限。

F 老師離開後，H 校長並不甘心。他的自尊，竟是如此不堪一擊。旋即，他帶上兩個保安，去 D 中抓 F 老師去了。

他們一行進入 D 中，經過政教處時，看見 D 中校長在跟主任談工作。H 校長竄進去，兩個保安跟了上去。「××主任，請你出去一下，我要找你們校長談談。」H 校長對主任說道。

H 校長對人一般採用強勢姿態，讓人不生好感。平時，D 中校長對其也本無多少好感。今天，D 中校長見他如此無禮，便話中帶刺地回敬道：「出去的應該是你才對。這兒是 D 中政教處，而你是外校的，不應該待在這兒。你帶保安是什麼意思？即使 F 老師來我校，你也不能帶保安來抓人！確實，F 老師來我們學校了，你有什麼問題，可以直接跟教育局反映，不用帶保安來抓人吧？」

在 D 中碰了一鼻子灰，H 校長便去找教育局。他以為教育局會為他說話，強迫 F 老師回來，而局長卻揶揄他說：「你的人跑了，你應該反思自己啊。自己的老婆跟人私奔了，不能怪別人搶了你的老婆。你若做得足夠好，老婆也不會跟人私奔了吧。」還有一點他不知道，局長跟 D 中校長是師生關係，自然不會偏袒 H 校長。D 中校長跟局長說：「F 老師不想回去，我們若不留下他，他說他要去 C 市。他若去了 C 市，對我們本地教育是個損失。我們幹嘛不讓他留下

呢？留在我校有什麼不好呢？」這個說法很好，聽起來很完美。局長採納了這個說法——即使 H 校長向市政府反應，它也不會給局長添麻煩。

H 校長還是不甘心。他以一個「教育熱愛者」的身分，給 D 中校長寫了一封匿名信，強烈譴責他把人挖走，破壞了他的教育事業。看到此信，D 中校長笑了笑，把信扔進了垃圾桶。

F 老師的離開，讓 H 校長大傷自尊。在處理此事時，其言行也讓自己丟盡了臉面。時至今日，「H 校長率保安抓教師」的故事已傳為「美談」，成為了本地教育圈內的笑柄。H 校長的身份日益暴跌，離開本地已是遲早的事。上半年，H 校長去了外地，參加公招校長的應聘，結果不幸落榜。對於頭腦發熱的 H 校長來說，這無疑猶如一盆冷水。

總的來講，F 老師是不滿意學校的文化氛圍。在一切為分數的環境裡，H 校長採用極權管理，強迫教師不分晝夜地工作。這種摧殘教師的身心健康的做法，換得了一點經濟效益，卻犧牲了教師作為生命的尊嚴和幸福。只知道掙錢的教師願意待下去，而那些有精神追求的教師卻不願意。他們深知，自己能掙到的錢是有限的，而自己的尊嚴和幸福卻是無價的。

H 校長習慣於高壓與強勢，權力意識極度膨脹。一位普通老師的離開，竟會讓他惱羞成怒，喪失了理智，足見其內心世界很脆弱，精神世界也不夠強大。他想不惜一切代價把 F 老師弄回來，獲得自己的自尊。然而，他不明白，他獲得了自尊，F 老師便會沒有自尊。自尊這東西，倒底是什麼呢？H 校長想清楚了嗎？

整個事件，以 H 校長的徹底失敗而告終。現在，H 校長應該靜下來，反省一下自己了。是時候了。

聽魏書生演講之後

寫作背景

　　2008 年 11 月的某個週六。受教育局委託，魏書生的演講會由我校承辦。演講會分上下午兩場，然而下午卻沒有幾人參加了。我要回家，自然也沒有參加。事後，校長找每人詢問原因，表示要處罰逃離演講會的教師。

　　我主動找到校長，陳述了我的理由。其一，時間是週末，我要回家，我家在二十公里外，需要多點時間趕路。其二，魏書生的演講質量很低，沒有學術水平。他只是一個地道的教書匠，而且可能是拙劣的教書匠。

　　聽罷，校長問我，哪些會議才算得上有水平？我說，我在 2004 年參加過「全國新課程研討會」，由中國知名的課程專家主持，水平很高，夠味。校長不便直接批評我，只說要學會尊重別人，然後草草收場了事。

　　另外一次，校長問我：「聽說你只推崇范美忠，連魏書生也看不起。對於全校教師，你更是看不起。」坦誠地講，此話不錯，基本符合我的本意。「范美忠讀過二十多元的書，魏書生讀過多少？他的學術讓我如何推崇他呢？他的經驗也不是萬能的，更為重要的是，每人應該積極探索，總結出自己的經驗。當然，這跟校園文化和教科科研有關。讀書是校園文化和教科科研中的重要內容。」

　　大部分人逃離演講會，讓校長大為光火。其他，他沒認識到，參加演講會是文化建設的問題，也會涉及法律的問題——因為演講會安排在週末，這是國家的法定假日。要求教師參加，還應給教師一定補貼。

　　聽了一場魏書生的演講，我寫出了兩篇文字。第一篇是聽講過程中的想法，第二篇則是在學校教科室搞的座談會上的發言。魏書生來我校後，教科室主任頭腦發熱，舉行了一次座談會。然而，那是三年中唯一的一次，至今都沒有任何文化活動。

一

　　魏書生雖然曾經如日中天，卻被教育界一些人批判得體無完膚。說實話，我對魏書生不瞭解，也沒有興趣。現在，教育名人走馬燈似地更換，真是讓人目不暇接。不過，中國出不了真正的教育家，這是政治體制決定了的。

　　今天，由於校方的安排和規定，我還是「有幸」聽了魏書生的報告。報告會場的橫幅上赫然寫著：「中國著名的教育改革家魏書生報告會」。看罷，我啞然失笑，不知魏先生今天能講些什麼呢？

　　報告一開始，魏先生便講起自己的身世，這花了大約一個小時，後來才慢慢涉及教育教學。不過，魏先生的報告沒有什麼思想火花。除了用語文教師的口才講些「常識」外，根本談不上有什麼思想。當然，會場中的教師們也平庸至極，聽到魏先生的幾句俏皮話，便樂得不可開交。

　　報告中，魏先生講到了共產主義。他說他在馬來西亞講學時（不知魏先生有何學可講？），曾大肆宣揚共產主義。只是我心裡想，如果有機會當面問魏先生什麼是共產主義，魏先生肯定是答不了的。我相信，以他的學術功底，根本不可能回答這個問題。

　　魏先生聲稱他非常討厭理論，說理論的宗旨是把淺顯的東西變得繁雜，其根本目的只是忽悠人。魏先生的報告，也只是講了一些教育故事，沒有任何理論性或學術性的東西。像魏先生這樣的人，沒有經歷過學術的洗禮，大概也只能講點這類東西了。

　　既然是給大家做報告，魏先生最終還是「故弄玄虛」了一番。魏先生沒有忘記，一定要給大家來點高深的東西，好讓大家覺得自己有點水平。於是，魏先生便說哲學：「哲學有五大流派，其中一個是分析哲學，你們知道？」坦誠地講，我很想聽聽魏先生講講，看看他的學術水平到底如何。不過，魏先生馬上說：「你們不懂沒有關係。由於時間關係，我們不講這個。」不喜歡理論的魏先生，怎麼提到了分析哲學？既然提到了，怎麼會不講呢？想來想去，我明白了一點：一點有學術修養的人，是不會徹底否定理論的，也不會用「由於時間關係」為藉口來對理論避而不談。

　　魏先生提倡教師要愛學生，說什麼「誰不愛學生？『范跑跑』也愛學生！」先生的潛台詞是說，連「范跑跑」這種敗壞師德的教師也愛學生。「范跑跑」不在場，沒有聽見。不過，他也不可能來聽先生的報告，因為他對先生一直持批判態度。「范跑跑」真若是在場，恐怕先生的臉面會掃地──他的思想深度和認識深度，是先生永不可企及的。「范跑跑」還有一個「怪癖」，敢跳上主席台搶麥克風，與主講人當場辯論一通。所以，建議先生還是少對他人進行道德指責為好。先生若要進行學術辯論，「范跑跑」是求之不得的。他這種人，就喜歡學術上的較真。

　　魏先生自稱，現在是教育局長兼黨委書記。當然，我不懷疑先生的處事能力，否則先生也不會混到「十大傑出青年」的殊榮。不過正因為如此，我不認為先生是教育家。教育家應該是有學術的，而先生的報告中沒有絲毫的學術成分，只是講了一些經驗故事。

魏先生的報告，我只聽了二三十分鐘，然後就坐在會場自己讀書。聽魏先生的報告，不如讀一本好書。當然，魏先生還是有點市場——一方面依靠官方的支持，另一方面依靠教師的崇拜情結。崇拜情結，始於教師的不成熟。隨著教師們不斷成熟，魏先生註定是會被拋棄的。

總之，把魏先生視為優秀的教書匠，我是可以認同的。但是，魏先生竟然打著「教育改革家」的旗號出來招搖撞騙，未免有點言過其實了。在我看來，作為一個「家」，沒有一點學術味，沒有一點「思想高度和認識深度」，怎麼讓人信服？看來，中國弄出這麼多「家」，竟都是這樣廉價！

二

偉大的人物之所以偉大是因為我們跪著。站起來吧，奴隸。

——馬克思

魏書生報告會結束後，有人問及我的感想，記得當時我只說了一句：「不好。」也許，這給人以「自大」的感覺。藉今天這個機會，我想就此再深入談談。

魏書生的經驗好不好？我今天的回答是：好。但是，我們也必須認識到，這個「好」是有局限性和暫時的。我們說它有局限性，是指「魏氏大法」並不適合每個人——每個人有自己的思想水平、知識結構、成長經驗、性格特徵等，而正是這些因素才決定每個人只能是他自己而不能是別人。況且作為教師，我們還得面對不同的學生。從這個意義上說，「魏氏大法」最適合於魏書生本人，而不是其他任何一個人。當然，這並不是說「魏氏大法」毫無用處，而是說我們只能取其合理的東西，而不是機械照搬。

「魏氏大法」具有暫時性，是指它必將被我們拋棄——除非我們的教育不需要進步。只要我們還在追求進步，不管是我們今後又去學習「張書生」，或者有了自己的科研成果，「魏氏大法」就難以逃脫被拋棄的厄運。

今天，我還講的不僅是「魏氏大法」。我們今天坐在一起討論「魏氏大法」，這是我們的真正目的嗎？我認為，討論「魏氏大法」，只是座談會的表面目的，它還有一個更深層的問題。我們召開座談會，不是因為領導的安排，而是因為我們沒有自己的東西。我們自己沒有東西，因此才會對別人的經驗如此熱衷。我以為，使我校有自己的東西，這才是這次活動的終極意義。那麼，我們如何才能有自己的東西呢？

我以為，教師群體首先應該是一個讀書群體，一個學術群體。讀書學習能夠提高我們的理論水平，拓寬我們的知識視野。在報告會上，魏書生把理論說成是「忽悠」人的東西，把新課改說成是欺騙人的活動，這明顯是一種偏激之見。我想，任何一個有點學術修養的人，都不會說出如此淺薄的話。這正好說明，魏書生缺乏學術修養，其整個發言也只有一個宗旨——打倒一切異己，在「文藝小品」式的報告中，以趙本山的幽默和「小瀋陽」的搞笑，在觀眾樂不可支的氛圍中，使其經驗「不知不覺」成為一座神像來供聽眾供奉。可以看出，魏書生已有脫離教育圈而進入娛樂圈之勢——在面對各種批評而感到窮途末路時，魏書生只有靠文藝來彌補其先天性的缺陷。

與魏書生的觀點相反，我認為教師應該是一個學術群體，因為學術裡含有思想成分。中國人的觀念是講實用，不講思想。在國人眼裡，思想不能當飯吃。可是，人類的一切進步都是從思想理念開始的。沒有啟蒙運動的思想，就沒有法國大革命；沒有孟德斯鳩的三權分立學說，也就沒有美國這個民主國家的誕生；沒有西學東漸，也就沒有中國近代史上的革命；在科技領域中，沒有科學的理論研究，就沒有科技進步——科學進步從來都是理論研究先行，取得了研究成果後才進入應用階段。

中國人不喜歡思辨，中國也不喜歡理論研究或注重學科體系的建立，這是中國歷史傳統中的文化基因所決定了的。相反，西方文化注重思辨和理論研究，所以當我們瞭望世界後才發現，原來中國早已落後了很遠。

這兒有一點補充一下。魏書生是八十年代被捧紅的，而新課改的理論從九〇年代才開始大量進入國內。可以發現，魏書生與新改革之間存在一個時間差。這個時間差決定了魏書生僅有傳統的一面，而沒有吸收近年來世界上的最新思想成果。因為缺少了一個國際視野，這使魏書生的思想不可避免地有了局限性。他把理論和新課改統統打倒，反映出其思想中有濃厚的傳統色彩（包括缺乏學術思想）。固然，中國的歷史文化傳統有其精髓，可同時也有糟粕的一面。摒棄傳統中的糟粕（比如教育中的專制主義思想），吸收一些西方的先進理念，這才是一個公正客觀的立場。

誠然，中國人有自己的智慧，比如說擅長模仿。有人將模仿說成智慧，依我來看，這連智慧也算不上。發明由別人去做，中國就來引進。非法的引進途徑就是海盜式的盜版，合法的途徑就是花錢購買。可是，科技是不斷進步的，如果沒有自己的東西，是不可能從根本上解決問題的——中美和平發展時，中國可以從美國購買高科技產品，但如果中美之間有了戰爭，美國會把尖端產品賣給你嗎？哪個傻瓜會把武器賣給對手，讓對方來打自己呢？

　　儘管中國的產品已經實現了國產化，可核心技術還是使用別人的。在這點來說，沒有實現技術國產化或本土化，強國之夢只能是一個奢望罷了。我們學習杜郎口中學的經驗時，好在別人是無私奉獻了（不管出於什麼目的）。我的問題是：假設杜郎口拒絕傳授經驗，我們如何實現自己的進步？難道我們就不進步了嗎？

　　我們還是回到前面的話題。若要有自己的東西，就必須使科研本土化。這需要我們不斷地更新理念，用新理念來武裝自己的頭腦。人的頭腦，每日都需要一些資訊來刺激。沒有讀書，就跟「腦癱」相差無幾了。有了一些資訊後，大腦還需要梳理和研究，這便是思考過程。思考比較成熟後，我們就有禁不住試驗一下的「衝動」，這便是實踐階段。通過不斷地實踐，學校才可能有本土化的科研。這種本土化的成果，才是真正屬於我們自己的。

　　教育是人類活動的一部分，所以教育進步的根源，也是在思想觀念上。借鑑他們的經驗，不能只講操作方式，而更要講經驗背後的思想理念。否則，即使我們學會了操作，也會不知其所以然。此外，我們也會可能由於沒有一個理念牽引而在遇到問題時不知所措。當有了自己的科研和自己的理念時，我們就不會再盲從和迷信他人的經驗。此時，管他什麼魏書生還是張書生，我們都會持著一種客觀冷靜的態度來審視，而不會有一種狂熱。我們有什麼可怕的？即使我們的操作不同，我們也不會落後——操作方式不同才是本土化的標誌。有了我們自己的理念，依靠我們自己的探索，在完成科研的本土化之後，我們才能真正地立於了名校之林。

　　可以說，名校之夢必須要以科研本土化為前提，杜郎口中學的經驗就是一個典型例子。要成為一所名校，我們必須有自己的獨特文化，在其基礎上還要有文化輸出。要做到有自己的文化，我們應該怎麼做呢？我以為，就六個字：學習、思考、探索——加一句話：從今天做起。

　　總的來講，在我看來，此次座談會的意義，已經超越了對「魏氏大法」的討論，其根本意義已經是直接指向了對校園文化的營造和對教師文化的引領，這對於校本科研的發展有重要的意義。

　　最後，衷心祝願隨著校園文化的提升，我們能夠早日有本土化的科研成果。

評「教師幹的是良心活」

寫作背景

　　以前在公立學校，每週都有教研活動。一學期下來，總有幾次教師們一同吃飯聊天的時候。在這所私立學校裡，很少有教研活動，而且從來沒有「聚餐」。

　　我以為，聚餐有一些積極意義。其一，教師們坐在一起吃飯，討論一下工作情況，這未嘗不是好事。其二，這也有利於加強團隊的凝聚力。在一些學校裡，教師們沒有機會接觸，導致相互弄不清楚對方教的班級。

　　我給教研組長提出建議說，向每人徵收一百元錢用以聚餐，附帶把聚餐的好處詳細地論述了一番。教研組長依計行事，搞了兩次聚餐活動，收到了一定的效果。然而，在第一次聚餐活動中發生的一件小事，讓我至今還在思索。

　　臨近期末，學校要求寫一篇論文。一位年輕教師抱怨說：「我們教好書就行了，還寫什麼文章？寫文章、搞研究本是專家的事，現在卻要求教師做，真是讓人心煩。」

　　「非也。」我反駁道，「寫論文跟你的切身利益有關。比如，現在評職稱，在學術研究上的要求越來越高。你若評高級職稱，沒有兩篇國家級的論文，是不能評上的。所以，既然學校要求寫，你就耐著性子寫吧，將來會有好處的。你們還年輕，將來的路還長。」

　　我的話音未落，教研組長便開始表達了異議。「不對。教師只需要抓分數就行了。讀書對教學沒有用，寫論文也沒有用。看看學校裡，吃香的人，校長重用的人，都是教學搞得好的人。教師沒有抓好成績，就是沒有良心。教師幹的，本來就是良心活。在我們學校裡，只要抓分數得力，就能掙獎金、撈名譽。論文不會帶來實質性的好處，你們年輕教師可要努力工作啊。」

　　聽罷，除了感覺到一陣心痛外，我只能無言。跟這樣的教師，我能有什麼話可說？她壓根不明白，讀書和研究都可能是有良心的表現，因為這些涉及教師的專業化發展水平，而專業化發展水平高的教師更可能接近良心。

　　什麼是良心嗎？她知道嗎？

　　時下，教師都喜歡說「教師幹的是良心活」，以示自己還算有點良心，是一位盡職盡責的教師。然而，我卻認為，說此話的教師中，相當一部分都不懂良心，或者說，他們的良心可能是「低級」良心。我為何這樣說？我們還是先從良心說起吧。

什麼是良心？我手裡恰好有本《現代漢語規範詞典》，它是這樣解釋良心的：「善良的心地，多指內心對是非善惡的認識。」[1] 可見，良心是指心地善良及其基礎之上的價值判斷。

人性有善良的一面。在某些情況下，每位教師的良心反應都會一樣。比如，一個學生摔傷，血流不止，每位教師都會積極呼救；一個學生著衣單薄，冷得直打哆嗦，教師都會脫掉自己的衣服為學生披上。這類情況中，教師的工作就是一種良心活。誠然，教師身上有人性的光輝。不過，其他人身上就沒有人性的光輝嗎？教師職業為什麼神聖偉大？教師職業的特殊性在什麼地方呢？

好了，有人會說，教師的工作是傳授知識。有點知識傳授給學生，這固然不錯。然而，知識不等於智慧，不等於精神發育。根據「良心」的解釋，當我們說「教師幹的是良心活」時，我們的價值判斷在哪兒？我們如何確保教育工作盡可能趨於正確？

可見，教育的問題還是要回歸到一點：什麼是人？有了這個定義，我們才會有價值判斷，進而才能有「良心」的概念。在很多教師看來，天天抓分數就是良心活——這背後的邏輯是：生命的成長就是成績分數。然而，這點成立嗎？

真正有良心的教師，面對吃人的教育時，其內心必然是矛盾和痛苦的。他發現了自己在吃人，看到了自己在作惡，而生存的需要又迫使他妥協。在工作中，他們都會或多或少地把自己的思想滲透於工作中，以尋得一種平衡。他們有點價值判斷，因此才有資格說「教師幹的是良心活」。

要理解什麼是人，這要涉及到教師的自我啟蒙。教師不讀上幾年書，是不會啟蒙的。我發現，教師們進博客圈子，只是到處溜溜，打發一點時間。在圈子裡，我發過一個討論帖：每年你讀多少本書？發帖後，很長時間沒有反應，三個月了，回帖的人不到十位。是教師們沒有看到此帖？還是在故意迴避？

沒有啟蒙的教師，對人的概念沒有清楚的認識，其良心是不一樣的。他的良心，不外乎指前面說過的「呼救」或「脫衣」。發現一個問題沒有？良心包括了價值判斷，其涵義會因人而異。我以為，良心屬於道德範疇，而道德是屬於個體的選擇，而不是抽象的概念——道德水平的高低，完全取決於個體的思想水平。思想水平低的教師，其良心僅指「呼救」或「脫衣」。思想水平高的教師，其良心會有更多的內涵——這樣的教師不僅會關照學生的肉體生命，更會重視學生的自由思想和獨立人格，有意識地呵護學生的個性化發展……一句話，重視學生的精神生命的發育。

---

[1]　《現代漢語規範詞典》，頁 818。

　　前陣子，一位博友跟我討論道德時，死也不明白我為何說「道德只是個體的選擇」。這類教師可能會經常說「教師幹的是良心活」，卻可能不會真正懂得，良心只是一種價值判斷，只是個體的選擇。

　　教育是什麼？本質上講，教育本是一種價值判斷。每天工作時，教師們都不妨思考一個問題：我如何確保學生在肉體上，尤其是在精神上的健康發育？這個問題若沒想清楚，我們說「教師幹的良心活」時，只是在鸚鵡學舌而已。

教師何以「燒光」？

寫作背景

　　職業倦怠是當下教師們的普遍問題。每所學校的領導都心知肚明，卻都不敢去直視這個問題。他們認為，職業倦怠是教師自身的問題，最多是教育體制的問題，而不是學校的問題。事實上，學校領導有必要，也有可能解除教師的倦怠感，只是領導們的思想水平不足以理解這點而已。

　　那麼，教師們的職業倦怠感到底從何而生？本文嘗試回答這個問題。

　　眼下，教師們普遍有「職業倦怠」感。所謂職業倦怠，是指長期在特定的工作環境中逐漸對工作失去了熱情和積極性而產生了厭倦。在英語中，職業倦怠叫「burnout」。顧名思義，「burnout」即「燒光」之意，這容易讓人聯想到「蠟炬成灰淚始乾」。由此看來，教師的命運也只能是「burnout」（燒光）了。

　　那麼，哪些原因造成了教師的倦怠感呢？我以為，主要原因有六：

一、工作性質單一

　　在中國，受現代主義、科學主義和技術主義種種思想的影響，學校成為了工廠。教師只是流水線旁邊的工人，沒有自主創造的機會。為了追求分數，教師們被迫採用嚴格的技術程式，對學生實施大劑量的灌輸式教學。為了侵佔學生的時間抓分數，教師們也被迫消耗大量時間。如此一來，本來應是極富創造性的教學活動，在相當程度上變成了性質單一的體力勞動。工作性質的單一，成為教師產生倦怠感的必然原因。

二、工作時間長

　　為了抓好分數，學校表面上實行八小時工作制，背地裡卻無限侵佔教師的時間。在八小時之外，教師一般都有早晚自習。在節假日，教師還要被迫補課。很多學校不僅要求教師白天坐班，還要求教師每晚坐班。教師根本沒有自主的時間，連做愛的時間可能也有限。男教師要跟老婆做愛，也只能「吃速食」，如同嫖妓一樣。

以我校為例。我校教師晚上坐班兩小時，班主任坐班四小時，每週只有週六晚上休息，且每晚加班只有十元加班費，而非《勞動合同法》規定的 300%。《勞動合同法》第四十一條規定，每月最高加班不超過三十六小時的規定，而我校教師每月卻要加班五十至一百小時，嚴重違反了《勞動合同法》。

三、學生的問題

教師自身素質有限，終生沒有多大進步，難以跟上時代的發展。出現新問題時，教師受限於自己的素質而不能解決。另一方面，學生受各種思潮的影響，也日益難「管教」了。有些學生顯得不好「管教」，其實只是在觀念上跟教師不同而已。然而，面對學生的變化，教師往往束手無策，怨天尤人，久而久之便對工作生厭，把工作視為了精神折磨。很多教師寧死不願當班主任，跟這點有直接關係。

隨著時代的進步，新一代學生的觀念都會有變化。教師應該保持開放和學習的態度，承認「後喻」文化，做到與時俱進，減少教育工作中的障礙。

四、意識形態的奴役

在《什麼是教育》一書中，雅斯貝爾斯曾指出：「所謂教育，不過是人對人的主體間靈肉交流活動（尤其是老一代對年輕一代），包括知識內容的傳授、生命內涵的領悟、意志行為的規範，並通過文化傳播功能，將文化遺產教給年輕一代，使他們自由地成長，並啟迪其自由天性。」然而，中國教育只是讓學生死記硬背地獲得一點知識，並通過「規訓與懲罰」來實現對學生的奴化。在核心價值上，中國教育顯然已出現了嚴重偏離。

通過高考制度，政府將個體納入到既定框架之中，成為利益集團奴役的對象和利用的工具。本是啟蒙學生的教育，最終卻變成了蒙昧學生的教育。要到達蒙昧學生的目的，教師必須以謊言換取麵包。為了實現意識形態的目標，教師努力地抽空學生的靈魂，把教育簡化成了教學。羅素曾說：「社會制度對於每個人所能做的最重要的事情，就是使他自己的生長又自由又有勁：它們不能強迫他按照別人的模型而生長。」顯而易見，我們的社會制度違背了這點，從而成為了「吃人」的社會制度。

一個極權政府的教育，必是強調奴役和控制的教育。在這裡，學校變成了監獄，教師變成了獄卒，學生變成了囚犯。人的天性是熱愛自由，有誰喜歡監

獄中的奴役？教師沒有了創造的自由，幹的只是看守的工作。學生厭學，教師厭教，這已是必然。

五、工作的穩定

在中國，教師一旦進入教育，便沒了後路，只得硬著頭皮幹下去。大部分教師一生只能從事教育，倦怠便在所難免。一般認為，美國人平均一生要從事七份工作。然而根據《華爾街日報》的報導，經濟學家彼雷特（Chuck Pierret）曾統計過美國人長時期以來的工作穩定性狀況。他的研究始於 1979 年，共有一萬名十四至四十二歲的美國人接受了調查。他的最近資料顯示，這組調查對象在十八至四十二歲之間每人平均從事過 10.8 份工作。換言之，美國人一生中可能不止從事七份工作。

每過幾年就能從事新工作，會不斷給人新鮮感，讓人保持活力。然而，中國官方不斷以鼓吹來捧殺教師，要教師在講台上「燒光」化成灰，這才算得上高尚。教師們別無他路，只能接受這些誘惑和欺騙。

當然，工作的流動變化，意味著要不停搬家。每次有了新工作，美國人便會開始搬家，一生可羈留各地。相比之下，中國教師「生於斯、長於斯、死於斯」，一生居於一隅之地，為倦怠感的產生起了推波助瀾的作用。

目前，教師已成為高危職業，精神病患者在教師群體中佔有相當比例。中國的傳統是流動性小，而且流動後也得「落葉歸根」。除此之外，還有一個重要原因──國家全能主義。在中國，國家在傳統上是全能的，收編了所有行業，尤其是教育。教師若不願意「燒光」，卻仍然無路可逃，極易患上抑鬱症等精神病。

六、工作壓力大

教育應為學生負有多大責任？這個問題從沒人回答。現在的教育，更像是商業活動。家長交錢，教師服務。作為「顧客」，家長便成了上帝。這種情況下，教育沒有了尊嚴，教師難以捍衛教育的價值。家長要分數，教師也只能抓分數。事實上，當教育內部普遍反對分數教育時，社會上對分數的要求反而卻越來越高，這也是教育面臨的尷尬。

還有一點，隨著國內矛盾不斷激化，維護社會穩定也成了教育的任務。目前，安全問題成了學校工作的首要工作。這種情況下，為了不引起安全問題，教師不敢大膽管教學生。責任的無限擴大，使學校成為了全能的服務機構。

　　超長的工作時間、單調乏味的工作性質和無限責任帶來的壓力，為教師的心理健康造成了嚴重的危害。據《羊城晚報》2010 年 5 月 13 日報導，粵東山區的梅州市教育、公安部門經過排查，發現校園內外備受精神疾患人員困擾。據不完全統計，目前教師隊伍中精神病患者竟然超過百人，不得不讓教育主管部門擔心起來。這些病患人員目前尚未危及校園，但可以肯定地講，「精神病總爆發」只是一個時間問題。我們可以想像，在全國範圍內，還有多少精神病患者仍站在講台上？

　　有人會發現，我沒有提及教師的收入問題。確實，教師收入還不高，與承受的壓力和工作的辛苦還不協調。然而，收入只是外在的物質待遇，而倦怠屬於精神上的厭煩，二者之間的直接聯繫並不大。用馬斯洛的理論來講，前者屬於基本需要或匱乏性需要，後者屬於超越性需要或成長性需要。在現在的教育環境下，即便教師的收入翻幾番，也難以從根本上改變教師的倦怠。

　　教師倦怠的產生有外部環境的原因，也有內在的精神追求的原因。通過提高自己的專業化水平，教師便可以找到「興奮點」，讓自己在工作中能不斷有新的追求目標，使自己的生命保持青春的活力。因此，引領教師的專業化發展，重塑教師文化，對於減輕教師的倦怠感大有裨益。對於學校層面來講，理解和認識這點尤為重要。

　　當然，教師自我調節也很重要。不過，調節方式和效果會因人而異。在學校文化無力引領的情況下，教師個體若能意識到自己的職業倦怠，並自發主動地進行自我調節，從工作中找到幸福感，這對教師的職業生涯是大有助益的——畢竟，幸福的人生只屬於自己。

校長，我想跟您說

寫作背景

　　我的精神病發作時，我會感到非常壓抑。此時，我總想找人說說話。然而，在一個「正常人」的世界裡，我這個「瘋子」是沒有對話者的。

　　於是，偶爾我也會找校長說話。無論他是否願意聽，我只管一吐為快。

　　當年，毛澤東搞個人崇拜，讓權力意識無限膨脹，結果釀成了中國的悲劇。權力意識一旦無限膨脹，人便處於一種幻覺或自我意淫之中。此時，人會開始覺得自己無所不能，可以無法無天。然而，這是真實的嗎？若不對權力意識的膨脹保持高度警惕，必然會帶來災難性的後果。

　　我以為，學校的組織構架還存在著一些問題。在基層教師、主任、副校長和校長之間，校長得到的資訊經過了主任和副校長的層層過濾，甚至可能是掩飾。真若是這樣，那麼校長得到的資訊都經過了「包裝」。如此一來，校長得到的可能都是正面的，或對自己有利的資訊。時間一長，校長的權力意識便會開始惡性膨脹。

　　主任和副校長對資訊的過濾，倒不一定是他們的惡意所為，而是人性使然。人性都是「趨利避害」的，每人都想得到別人的讚揚和肯定，害怕上級的處分或批評。資訊若他們不利，他們在向校長彙報時，會選擇有利的視角進行描述，在措詞表達上也會盡量含蓄。

　　T校長在管理中曾對女教師動粗，當時很多在場的人都可作證。不知T校長是否跟校長反應過？他若反應過，我倒想知道他是如何說的？我們可以把此事作為個案，研究一下人性。另外，反正我若是校長，是絕不允許這種事發生的。教師群體很簡單，他們只需要受到尊重——其實，工作安排的麻煩往往也只是尊重與禮貌的問題。相比之下，女教師也更需要受到尊重。整個社會都應關愛女性，更何況學校？

　　我以為，有必要對學校的組織架構進行思考和研究。一個良好的架構，肯定有各種機制，及時消化矛盾。學校若缺乏相應機制，矛盾得不到及時解決，最終可能釀成大禍。鑑於此，我曾建議校長採納談話制，以從教師那兒獲得第一手資訊，而不是經過層層過濾的資訊。今天，我也建議校長公開一個電子郵箱，歡迎教師作為朋友反映問題或進行深度交心。

在中國，隨著社會矛盾的激化，各地經常發生一些惡性事件，如煤礦爆炸、瘟疫蔓延、民眾與政府對抗等。各級政府怕中央的批評，便採用了隱瞞實情的做法。結果，等到「紙包不住火」時，事態已經到了無法控制時，才報告給中央。

對於此類現象，百姓極為不滿。輿論界也猛烈抨擊官方的管理，批評官方的治國不善。官方的資訊都無法暢通，怎麼可能治好國呢？今天，中央已深刻意識到民主治國對構建和諧社會的現實意義。關於這點，溫家寶在多次講話中提到過。

中國政治是一種官僚體制的科層結構，採用的是層級管理，從地方政府到中央，需要層層上報。上報過程需要時間，且會出現資訊的「過濾」情況，比如地方政府對事件的隱瞞。中央也深知，科層制度有些弊端不利於構建和諧社會。今天，溫家寶、胡錦濤等很多國家領導人，在網路上都有電子信箱，專供百姓反映問題。從基層獲得第一手資料，這是做好管理的基本條件。

國家都如此，更何況學校呢？校長得到的資訊，多是經過中層和副校長報上來的。這些資訊，完全可能存在偏差，乃至是不真實。校長根據這些資訊出台的政策，或進行的各種判斷，會不會出現問題呢？設立一個公開的「校務信箱」，有助於校長獲得可能更真實的資訊，也是校園政治民主化的重要舉措。

這學期，已有七位教師連續辭職。校長心裡可能也清楚，她們不是因為生小孩子而辭職。實不相瞞，有人是對學校管理不滿意才辭職的——因為我跟她們部分人有些接觸。校長別擔心她們會餓死，她們在哪兒都能活下去。我以為，校長倒應該為自己的管理擔心一下。且不說連續辭職對工作帶來的壓力和困難，在校的教師也完全可能自殺。富士康的極權主義管理，為公司帶來了很壞的社會影響。實際上，富士康跟本校的管理有相同之處，校長可要對此保持高度警惕。只要有一位教師在校園裡自殺，校長您也就可能玩完，跟校長職位永遠說再見了。

在強勢管理下，教師承受著巨大壓力，工作時間也長，教師有無心理問題？無須調查取證，答案一定是肯定的。同時，有一二十年工作經歷的教師，面對性質單一的工作，多少也有些倦怠感了。然而，學校似乎對這些一直不太關注，沒有引起足夠的警惕。

我以為，關鍵在於讓教師找到「興趣點」、「興奮點」或「生長點」。在漫長的人生中，教師若能不斷地找到生長點，其人生就會充滿著活力，也會積極向上。要到達這點，學校應該重視文化引領，讓教師樹立自己的教育理想，不斷提高自己的專業化水平。這不僅有利於打造高素質的師資隊伍，也有助於教師

消除對工作的麻木和倦怠感。說到具體措施，我曾寫過一系列的建議，但竟被教科室封殺，沒能呈報給校長。

學校不是軍營，也不是工廠，而應該是文化場所。在這個文化場所裡，教師文化關係到校園文化的和諧，關係到教師的精神氣質，關係到教師專業化發展的水平。因此，教師文化最為重要。可以說，高水準的辦學必然會把教師文化放在首位。

教師不是校長用以完成任務的工具，都有著自己的生命軌跡，有著自己的夢想與追求。問題是，學校對此瞭解多少呢？對教師的情感投入有多少呢？毫不誇張地講，教師跟學校只是買賣關係——對於教師而言，你給了多少錢，我做多少事。這種情況下，學校還希望教師主動開展工作，豈不是天方夜譚嗎？F 老師選擇出走，因為他發現自己不是學校的主人，而只是作為工具而存在，沒有找到那份歸屬感。

校長經常要求教師要養成反思習慣，這個觀點固然不錯。然而，反思不是想有就有的。一個不學無術的人，永遠不可能有反思能力。我認為，強化學習和反思應該從中層做起。作為領導，不僅要有業務素質，更要有思想素質。假如領導們沒有頭腦和智慧，又如何領導別人呢？這樣的領導會帶出什麼樣的教師隊伍呢？他們怎能懂得什麼是管理，什麼是管人的藝術呢？恕我直言，以我的眼光和標準來看，本年度教科室沒有充分發揮自己的功能。它本應關注教師的精神和文化，而實際上卻演變成了學校的官僚機構。教科室按文件開展工作，沒能站在學校層面上思考本處室與學校發展的關係而創造性地開展工作。從這個意義上講，教科室有點失職。校長若不想把學校搞成軍營或工廠，那就不妨重新定位和思考教科室的工作。

在我看來，行政管理不是物管，而是「人管」。這就要求，管理者必須對職工進行研究。要達成這點，管理者也必須走進職工的內心和精神世界。物質激勵最適用動物。馴獸員給猴子香蕉，猴子便會跳一跳。物質激勵給人也有一定作用，卻是遠遠不夠的。畢竟，職工不是機器，而是活生生的人。作為人，每個職工都有自己的精神世界。高水準的管理，必須要走進職工的精神世界。

本文完全基於自己的主人翁精神和對學校的一片赤誠，沒有一點私心雜念。所言是否在理，那就請校長思考裁奪了。

校長不是天使

寫作背景

　　在校長的極權之下，教師都很懦弱和恐懼。他們發現校長已是一個魔鬼，卻又由於自己沒有能力反抗，只有對校長無可奈何，任其在校內大耍淫威。

　　我以為，教師必須開始讀書。讀書能找回做教師的尊嚴，更能在啟蒙後以強大的精神力量和有力的思想武器對抗校長的極權。

　　教師讀書，不能使校長變成天使，卻能在最低限度上不讓校長成為魔鬼。

　　我的博客啟用兩年來，經過我的精心打理，現在已基本上走上正軌。且不說人氣越來越好，給我最大的喜悅在於，有幾個人親自對我說過「你啟蒙了我」。前兩天，有博友寫出新文章，矛頭直接指向黨國。坦誠地講，批判教育就須攻擊政治，這點毫無疑問。我戲謔地評論說，你現在簡直太「反動」了。博友見罷，笑著對我抱怨道：「你把我帶壞了，讓我也成刺頭了。」聽罷，我開心得大笑。讓教師成為校長的刺頭，讓國人都成為「壞人」，這才是我的目標。對於我來說，奴才不會造就民主，唯有刺頭和「壞人」才會帶來民主。

　　我們都知道，美國是一個自由和民主的國度。然而，美國的民主不是從天而降的，而是草根民主發展的必然趨勢。當時，新英格蘭幾個州的鄉鎮都是採用經過投票選出人選，組建鄉政府的辦法。美國政府採用民主政治，只是順應了社會現實。中國從上而下搞民主不可能得到成功，只有從基層開始的民主才最有推動力。因此，教師不妨思考如何在學校裡建設民主的校園政治。

　　我曾想成立一個「中國教師刺頭培訓中心」，專門訓練教師們成為「刺頭」。此舉看似有點無厘頭的搞笑，卻真實地體現了我對政治的理解，以及我對社會的希望，對教育的希冀。須知，學校是一個微型社會，校園政治是國家政治的縮影。為了推動中國的憲政，迎接民主與自由，營建民主校園，引領教師文化，教師們應負起作為公民的責任。營造一個民主的校園，受益者不僅是教師自己。往大處說，教師也是在為社會的發展出力。胡、溫要是知道，也會為教師的民主精神感動得淚流滿面。

　　我認為，為了成為刺頭，能制服權力，教師必須不斷學習，組成學習共同體，提高自己的思想水平，促進自身的專業化發展。這是教師自身的尊嚴所在，也是制服權力的基本前提。教師讀書的內容可以無所不包，從法律到管理學，從教育學到社會學，從文科到理科，還必須涉獵文史哲各流派。同時，教師還

必須關心時事，瞭解國家大事，知道社會動態，如一副對聯所云：「風聲、雨聲、讀書聲，聲聲入耳，家事、國事、天下事，事事關心。」

經過幾年的讀書，教師的專業化水平可以得到大幅度提高。教師的學識水平超過校長後，便能夠佔據學術制高點，對權力進行居高臨下的攻擊，破壞權力的防禦體系。當校長者放下架子，與教師進行平等對話時，教師才算馴服了權力，也才可能出現校園民主。不學無術的教師被人欺壓，無法享有民主，只是自己不夠強大所致。

教師們始終要明白一點。權力若無節制，便有被濫用的可能。這是人性使然——我若擁有權力，我也可能濫用權力。孟德斯鳩從洛克那兒繼承了「三權分立」的思想，為美國民主政治奠定了理論基礎。孟氏曾指出：「一切有權力的人都容易濫用權力，這是萬古不變的一條經驗。有權力的人們使用權力一直到遇有界限的地方才休止……從事物的性質來說，要防止濫用權力，就必須以權力約束權力。」[1]這裡說的「權力遇到界限」，是指「權力遇到阻礙才會休止」。孟氏的「以權力約束權力」是針對國家而言；對於始終沒有權力的教師而言，唯有通過膽識和思想才能馴服校長。

也許，有些「善良」的教師會問，有必要這樣對待校長嗎？這樣是不是太「黑心」了？須知，馴服校長是民主的基本前提和條件。在人性問題上，中西方傳統文化是不一樣的。中國的傳統是「性本善」，只要自我修煉，人人皆可為堯舜，這就導致了「人治」社會。西方的傳統卻是「性本惡」，為了制服「人性之惡」，必須有法律才行，這便導致了西方的法治社會。可以說，西方的民主與法制在其文化傳統中有著深刻的根源。

當然，公民需要遵守法規，教師也需要遵守學校制度。但是，我們同樣要強調對政府和校長的權力範圍劃個界限，把權力裝入一個鋼鐵牢籠禁錮起來。否則，它會成為「維利坦」似的猛獸，傷及無數的受害者——農民劉大孬就是一個極好的典型。麥克遜認為，採用制衡的方法「來控制政府的弊病，可能是對人性的一種恥辱。但是政府本身若不是對人性的最大恥辱，又是什麼呢？如果人都是天使，就不需要任何政府了。如果是天使統治人，就不需要對政府有任何外來的或內在的被控制了。」[2]因此，教師不必因為成為刺頭而有道德重負，反而應該有自豪感才是。政府和校長都不是天使，所以我們才必須對其權力實行制衡。

---

[1]　孟德斯鳩，《論法的精神》（上），頁 154。
[2]　漢密爾頓、傑伊、麥克遜，《聯邦黨人文集》，頁 264。

　　在這個世界上，沒有人可以是天使。教師不斷讀書學習，也不能使校長成為天使。然而，在最低限度上，教師卻能讓校長不成為魔鬼。

讀羅素〈社會主義制度下的科學與藝術〉

寫作背景

　　最近，我在讀羅素的《自由之路》時，發現其中一篇〈社會主義制度下的科學與藝術〉頗有點意思。聯想到當下的中國教育，我不禁感歎：大家畢竟是大家，洞察力確實不一般。羅素卒於 1970 年，卻預見了中國的教育現狀。

　　現在，我從〈社〉文中摘錄一些片段，附上我的感想。

　　大多數社會主義的倡導者主要把社會主義看作是增加工人階級的福利、特別是他們物質待遇的手段。因此，在一些不以物質待遇為目標的人看來，社會主義似乎在藝術和理想方面對人類文明的一般進步沒有什麼貢獻。[1]

　　對於社會主義，熊彼待可謂情有獨鍾。波普爾也稱，只要社會主義保證個體自由，他也寧願選擇社會主義。我個人以為，社會主義本來並不壞，它可以通過國家手段增加人們的福利。然而，正因為社會主義是通過國家權力來實現幸福的，這便將其置於了一個危險境地。

　　在其名著《維利坦》中，霍布斯曾主張國家應該擁有強大的權力。維利坦是《聖經》中記載的一種巨大的海獸，力大無窮。霍布斯以此為書名，表明國家權力應該像維利坦一樣強大。

　　然而，維利坦的危害是明顯而巨大的。當國家這頭巨獸的權力無限強大時，社會制度便變成了極權主義政治。在這裡，國家權力的觸角伸向社會生活的每個角落，可任意干預私人空間，使個體完全喪失了自由，包括思想言論和科學藝術的創造自由。

　　羅素曾說：「言論、思想自由是自由社會的偉大推動力，這樣，探索者才有可能隨真理漫遊。」我也認為，一個社會裡，最重要的是自由。這種自由不僅是肉體上的，更主要是思想上的。只有思想自由，才能保證創造者的自由。只有享有創造自由，創造者才能創造出有價值的作品。在〈從「學在民間」說起〉，我也對官方對思想的打壓做了深刻的剖析和批判。

　　思想自由的重要一環，便是教育的自由。然而，從教材、教參，到高考的標準答案，中國教育被意識形態控制，毫無自由可言。中國教育的宗旨，是把學生弄呆整傻，而不是要學生思想自由。

---

[1]　伯特蘭・羅素，《自由之路》，頁 80。

通過競爭而獲取獎學金的制度，雖然有比沒有好，但從許多方面看，它都存在著弊端。它把爭強好鬥的精神帶進了小小少年的奮鬥過程中；它讓他們寧願從對考試有用與否方面而不是從知識的內在旨趣或重要性方面來看待知識。它鼓勵那種過早表現出來的回答問題的機靈，而不鼓勵他們培養出面對困境、獨立解決問題的能力。最最糟糕的是，這種制度會讓年輕人過度勞累，成人以後就精力減退、興趣全無了。毫無疑問，由於這種原因目前許多才華出眾的人都已變得庸庸碌碌的了。

國家社會主義可以很容易地把這種通過競爭性的考試而獲取獎學金的制度推廣開來。如果真是這樣做的話，會貽害無窮的。目前國家社會主義者正醉心於這種制度，同時官僚主義者也喜歡這種方式：有序、簡便，可以培養刻苦的習慣，不浪費社會的大量錢財。[2]

國家社會主義，簡單地說，就是國家主導下的社會主義。這種社會主義融合了社會主義、國家主義和民族主義等思想。國家社會主義這頭巨獸，以國家至上和民族至上的名義，犧牲掉了民眾的自由。當年，希特勒以國家社會主義實現了德國的發展，並最終在這種慣性下發動了戰爭，為德國和整個世界帶來了無法估量的災難。

「他（馬克思）的追隨者們，就其直接目標而言，毫不奇怪地都是徹底的國家社會主義者。」[3]時至今日，中國仍然採用國家社會主義，繼續把民眾視為工具來奴役。這種奴役，在教育中體現得最為充分。

羅素認為，國家社會主義的教育培養的學生有「爭強好鬥」、「只為考試而為求真」、「解決問題的能力不強」和「平庸化」等特點。作為一種競爭性考試，高考培養出來的學生不正是如此嗎？

在中國官方看來，高考制度有「公平」、「效率高」、「簡便」等優點。然而，這不能成為長期堅持高考制度的理由。教育不是為了考試，而是為了培養人。為了「公平」與「效率」而犧牲了人，那只是一種本末倒置。

最簡便易行的解決辦法，也是唯一真正有效的辦法，就是讓任何願意接受教育的男人在二十一歲前免費接受多種教育。[4]

中國教育要真正培養人，須得保證教育的自由。羅素說的「免費接受多種教育」，我認為，可以實現多種教育，儘管不太可能「免費」。多種教育意味著開設多門課程，或辦學途徑的多樣化，而不能僅開設高考科目，或僅有官辦學

---

[2]　伯特蘭‧羅素，《自由之路》，頁83。
[3]　伯特蘭‧羅素，《自由之路》，頁59。
[4]　伯特蘭‧羅素，《自由之路》，頁83。

校。多門課程和多樣化的辦學為學生提供了選擇空間，可以保證學生的自由成長，實現學生的個性化發展。

　　總的來講，我趨向於「自由主義＋社會主義」的政治制度。我以為，先要保證民眾的自由，限制國家的權力，在此前提下才能允許國家適度干預社會生活。否則，國家社會主義只會為民眾帶來災難，而不是幸福。

　　中國引入了市場經濟，實現了經濟的自由，上層建築卻保持著國家社會主義的慣性。相比之下，美國在自由的市場經濟的基礎上，引入社會主義元素後，允許上層建築對社會生活的適度干預。美國政治制度，我認為便是一種「自由主義＋社會主義」。

提高教育質量的背後

寫作背景

　　我換學校時，將孩子也帶來這裡上學，以能對其有點照顧。

　　有一次在家長會上，市教育局給每位家長發了一張題單。原來，這是一次民意測驗。教育局搞民意測驗的目的，是藉此瞭解家長對本校的辦學的滿意度。

　　測試題是一組選擇題，第一道是：「你對本校的教育質量是滿意嗎？」見狀，我沒有答題，而是在旁邊寫了一句：這是一個偽問題，因為教育根本沒有質量的概念。這不算什麼，尚可容忍。畢竟，市教育局還只算是基層，不是國家的高層教育機構，犯點錯誤似乎情有可原。

　　最近，教育部出台了《國家中長期教育改革和發展規劃綱要》。在這個文件中，也有「提高教育質量」一說。這真是一種莫大的悲哀！作為國家的最高教育行政單位，弄不清楚教育與教學之間的關係，竟然還有如此荒唐的提法，足見整個中國教育尚未釐清一些基本概念。

　　可笑的是，中國教育還搞得竟是如此轟轟烈烈！在這轟轟烈烈的背後，除了荒唐與可恥，我們還能看見什麼呢？

　　時常，我們會聽到「提高教育質量」的說法。其實，這個提法混淆了教育與教學，二者屬於兩個概念。畢竟，教學並不等同於教育，反之亦然。教學業績可以用分數量化，而教育是不能量化的。

　　本來，教學與教育應該互為包含，誠如赫爾巴特所說：「沒有無教學的教育，也沒有無教育的教學。」可事實上，這在目前的中國教育現實中並不完全正確。

　　一位老師課堂上精彩紛呈，旁徵博引，深受學生的喜愛。教研上會，某些老師對此進行質疑，說光上好課沒有意義，因為上好課並不等於成績──換句話說，課堂上滔滔不絕，譁眾取寵，博人一粲，這不算什麼好。只有把每秒鐘用於抓成績，夯實重點、難點，把考點記得爛熟於心，這才是課堂效益最大化──這種教學才有可能獲得榮譽和獎金。結果，這位教師被說成是「不注重提高教育質量」。

　　這位教師的情況，最多只是「不注重教學質量」，而不是「教育質量」。在其他教師看來，教學應該是為了追求分數──以教材知識為教學內容，以考試為教學目標，可以有「知識與技能」，還可以有「過程與方法」，然而它卻祛除了「情感、態度和價值」這個維度，因而這種教學對成績可能有效果，在教育上卻有著明顯的缺陷。

　　應該說，較之於教學而言，教育的內涵要大得多。教育不僅包括知識的教學，還包括情感、態度和價值等許多維度。若要「提高教育質量」，那麼「情感、態度與價值」的「質量」是如何核定的呢？分數至上的教學能實現和達到這些維度嗎？顯然，我們的教育已被閹割，已不是完整的教育。

　　教育第一，教學第二。教育塑造人，教學造就機器。問題恰恰在於，教育者們經常混淆不清。本來，教育是目的，教學是手段，而事實上，中國教育已經喪失目的，只有把教學作為目的了。於是，學校成為了教學場所，而不是教育場所。學校不再是一個育人的文化場所，而只是一個生產「螺絲釘」的工廠。

　　總之，「提高教育質量」的背後，有著「教育即生產」的隱含前提，而教育是一種生產嗎？官方的教育宗旨，只是軟硬兼施地要民眾作為工具和產品來被加工生產。李鎮西曾悲歎道，教育是一場悲壯的堅守。你若懂得教育，那就要堅守教育的尊嚴和底限──哪怕是有點悲壯。中國教育，需要全體教師的堅守。

文理分科之我見

寫作背景

近來，文理是否應該分科的事，在網路中被炒得沸沸揚揚。儘管中國教育長期以來都是採用分科教學，我對此卻一直是持批評態度。在我看來，分科的做法實在是愚不可及。這不僅會給學生帶來畸形的發展，更會為世界和人類帶來災難。

眾所周知，人的大腦分為左右半腦。右半腦分管藝術、情感等，採用的思維方式是直覺與頓悟；左半腦分管邏輯、抽象等，採用的思維方式是邏輯與理性。顯然，過早的分科不利於學生的發展，會造成學生在思維上的畸形──學理科的沒有直覺和感性思維，學文科的沒有抽象和邏輯思維。

據說，在美國理工科大學，學生都要接受嚴格的文科訓練，以更多地開發大腦資源。目前，一些企業缺乏創新，也開始嘗試著請文學家參與生產管理。文學家的思維，屬於文科思維，即有發散性和跳躍性的特點。既然如此，文學家的思維方式沒準會為企業創新提供一點靈感。須知，創新是企業的生命線。只有不斷創新，企業才能在市場中生存下去。

形象思維和直覺思維包含著出乎意料的新思維和新創造的思想火花，有助於從總體上把握事物，有助於啟迪直覺，誘發靈感。很多科技發明，都不是靠邏輯發現的，而是跟靈感和頓悟有關。一個典型的例子就是做夢。據說，門捷列夫在夢中發現了元素週期表。德國科學家庫勒也幾乎是以相同的方式解決了化學分子苯的結構問題。一天，當他坐在火爐邊取暖並進入半睡眠狀態時，突然為眼前出現的原子飛動、互相靠近最後出現環狀連接的情景驚醒。受此啟發，他提出了苯分子的環狀結構。後來，他還說了一句：「讓我們學會做夢吧。」

愛因斯坦是一名很好的小提琴家，音樂對他的思維有不可替代的作用。有人對他這樣評論道：「愛因斯坦的相對論是從小提琴裡『拉』出來的。」玻爾非常喜歡文學和詩歌，還曾把德文詩歌翻譯成英文。此外，普朗克也是出色的鋼琴家。

為大家所熟知的曾獲得諾貝爾文學獎的羅素，同時是一位傑出的數學家和哲學家。羅素為何這樣智慧？簡單地說，他的左右半腦開發得比較好。

下面我要說的一點更為重要，那便是：人文精神與價值判斷。文科指涉著人的覺解與啟蒙，指涉著自由思想與獨立人格，指涉著生命的價值、意義和幸福。文科可以提升民族的人文精神，為人們提供價值判斷。

　　理科主要運用邏輯理性，訓練出來的人只配作工具。什麼是文科？我以為，文科就是價值判斷！假如理科是匹野馬，文科則是牠的韁繩；假如理科是飛船，文科則是它的方向盤。野馬和飛船可以有很快的速度，卻不能沒有方向。核能是用來為人類謀福利，還是用以製造核武器來屠殺？這當中，就有價值判斷的問題。

　　一個傑出的理科人才，應該有深刻的人文關懷和精神。在這方面，愛因斯坦和羅素的故事被廣泛傳為佳話。

　　「二戰」接近尾聲時，美國在廣島、長崎投下了原子彈。愛因斯坦知道後，感到非常悲哀，警告世界說：「原子彈的殺傷力已改變我們的思想方法以外的一切。這樣，我們會陷入空前的大災難之中。」之後，愛因斯坦一直極力反對武器的產生與使用，還與羅素發表聯合聲明，反對核軍備競賽。

　　總之，分科的弊端是明顯的。分科會造成思維的短板，不利於人腦資源的開發。同時，分科會造成價值虛無和道德淪喪，不利於人文精神的培養。我以為，鑒於分科造成了思維訓練的缺乏，有必要在中學開設哲學課程。作為一種思維訓練或「思維體操」，哲學，尤其是一些橫斷學科的哲學思想，可以打破文理思維的局限性，培養學生的綜合性思維。

　　寫到這裡，一位朋友告訴我，他的電腦中了病毒。我馬上想到，既然駭客有這種技術，為何不開發有用的軟體來造福於人類呢？有人說，中國的高科技犯罪80%為青少年所為。那麼，這些青少年利用高科技犯罪，跟我們的文理分科有沒有一點關係呢？！

我看《教師教育標準》

寫作背景

　　據悉，課程改革專家小組組長，華東師範大學教授鍾啟泉領銜起草了《教師教育標準》。鍾啟泉教授表示，按照標準的要求，當下絕大多數教師不合格。他還認為，中國中小學教師存在三個主要問題：不讀書、不研究、不合作。

　　消息傳開後，教育界一片譁然。廣大教師紛紛表示不滿，為自己鳴冤。然而，教師有冤嗎？何冤之有？教師應為教育的問題負全部責任嗎？

　　得知《教師教育標準》後，不少教師紛紛撰文，對《標準》和鍾教授本人表示了批判和質疑。對於教師們的不滿，我表示同情和理解。然而，我也認為，若只從教育內部看教育，教師們必然會抱怨種種改革措施成為了自己的枷鎖。若將教育置於更廣闊的背景之下，我們會發現教育是一個很大很大的話題。

　　鍾教授說的教師「三不現象」，以及大部分教師不合格等，都確屬無可辯解的事實。然而，若想針對教師現狀來制定標準，也未免太理想化了。

　　「教師三不」現象，表面上是教育問題，然而卻又不是簡單的教育問題。在我看來，「教師三不」現象跟中國的政治、經濟、文化都有關係，甚至跟整個人類的文明進程都有關係。我不打算寫一篇長文，只想簡單地說說自己的看法。

　　說政治吧。意識形態遲遲不肯退出教育，仍然牢牢地控制著教育。2010年1月，福建省公佈了《中小學教師職業道德考核辦法（試行）》。《辦法》第十條規定，「在學校向學生宣傳宗教的」，第十一條規定，「在學校散佈反動言論，或向學生傳播有害身心健康的思想和資訊的」。據此，教師若欲吃這碗飯，就只得向學生宣傳政府的偉大、光榮和正確。這表明，意識形態滲入教育仍然很深。教育不能獲得自由和獨立，高考把教師綁死在教材上，教師飽讀群書也沒用武之地。

　　目前，教育管理也沿襲了官僚體制的弊端。學校領導只會上傳下達，僅起著一般官僚的作用。學校領導們不學無術，自己都不懂教育，卻要進行教育管理，或指導教師的工作。在這些情況下，學校不可能是真正的學校，只能是一個官僚機構。

　　說經濟吧。中國的經濟發展很快，而教育投入始終不夠，教師一直屬於低收入群體。為了改善生存狀態，不少教師便在業餘搞家教或其他「副業」。這些

教師連生活費都欠缺，不可能去讀書研究，追求一點精神生活。在我批判教師的層次很低的同時，我也必須承認，客觀上講，教師在生存上也確有難處。

以我自己為例。我每月的收入僅有兩千多，勉強可以滿足基本消費。本來，我也可以去追求物質生活，而我卻更看重追求精神層面的東西。當然，這只是我個人的選擇，並無指責他人之意。就收入而言，我仍然屬於低收入群體。

說文化吧。從本質上講，讀書是一種精神啟蒙。然而，中國人已被專制愚弄得不成樣子，至今也尚未完全啟蒙。官僚體制中的教育，很難促進教師的啟蒙。同時，伴隨中國的現代化的，是消費主義、拜金主義等追求物欲的潮流。在這些潮流的衝擊下，價值真空、道德淪喪等現象便隨之出現。這不僅是中國，也是整個人類共同面臨的問題。

以我校為例。我校教師每天白天、晚上都要坐班，沒有時間讀書。週末時，教師們卻忙於補課掙錢，以提高自己的生活水平。目前，我校教師一般有車有房，有的擁有兩輛車，有的擁有幾套房子。教師們從早忙到黑，很滿足於這種靠體力多掙錢的生活。在這種情況下，我校已經完全變成了「文化沙漠」，滿校園都是不學無術的教師。在一篇舊文中，我稱我的同事為「廁所裡扒屎吃的蛆」。這不是羞辱他們，而是客觀事實。

總之，中國教育問題很多，這是有目共睹的。然而，這些問題不能簡單地歸結是教師問題，也不能單從教育內部來解決。可以講，教育問題是社會問題的集中反映。

我膚淺地認為，中國教育要取得發展，非得有兩個條件不可：一是意識形態從教育中撤出，二是教育投入的增加。然而，這兩個條件絕非易事。教育投入可能增加，而意識形態不可能淡出。意識形態這東西，是某些人用來使自己欺壓民眾合法化的理論體系。要求意識形態退出教育，無異於與虎謀皮。

杜牧曾有「丸之走盤」的比喻。他說：「丸之走盤，橫斜圓直，計於臨時，不可盡知。其必可知者，是知丸之不能出於盤也。」[1]這是什麼意思呢？此話的意思是，若不突破原有的基本格局，那就只有像「丸之不能出於盤」。中國教育不斷改革，新舉措層出不窮，都不過是「盤中之丸」罷。任憑你怎麼改革，始終不能突破意識形態這個框架。

我斷言，《教師教育標準》絕對會流於形式。你規定教師必須讀書，教師會從網上複製《讀書心得》；你規定教師搞研究，教師會請槍手來寫。因此，《標準》可能有點效果，但絕對微不足道，不會從根本上改變中國教育。

---

[1] 杜牧，《樊川文集》卷10，〈注孫子序〉。

　　幾年前，我讀過鍾教授的多部教育論著，不懷疑鍾啟泉教授的學識，也不懷疑他希望藉《標準》來推動教育的良好動機。同時，我也相信，鍾教授非常清楚此舉的實際效果非常有限。然而，作為體制內的專家，他能怎麼做呢？他不能顛覆意識形態，因為他還要在其卵翼下過日子。

　　說到底，中國的教育水平和教師的專業化水平，是由中國社會的發展水平決定的。溫總理曾說，中國離真正的現代化還需要一百年！人的現代化才是現代化的最重要的尺度，也就是說，中國人的文化思想離現代化還需要一百年，中國教師的現有素質比現代化國家落後一百年！如此看來，教育是急不來的，教師們就慢慢熬下去吧，熬到退休就是自己的勝利。若能熬到政治體制改變，熬到收入大幅度提高，那才是教育的勝利。

第二部
教育・學術

社會主義是通向奴役之路。因為社會主義只有公平，而沒有自由。然而，只有自由才是人類的僅次於生命的最高價值。

面對這樣的恐懼，教師要生存下去，必然會採取「用謊言換麵包」的策略。

極權的特點，就是不分公私領域，權力可恣意涉入私人領域，將個體的一切納入公共領域。

人文環境是一個文化生態。將校園文化視為一個封閉框架，只會把校園文化置於死地。

在普羅克路斯忒斯的鐵床上煉成的「紅色教育」，為民族的未來帶來的必然是平庸。

後現代：教育·女性

寫作背景

　　隨著課程改革的深入進行，國內興起了一股教師的反思之風，寫教學箚記或教育日誌已成了一種時尚。事實上，李鎮西的成名就是通過這種途徑。

　　寫反思日記，有助於教師養成反思的習慣和提高教師的專業化水平。只要學校認識到寫教學箚記或教育日誌的重要性，也就會重視校園文化的營造和教師文化的提升。

　　在我校，校長也經常號召教師要學會反思。然而，學校只會侵佔教師的時間，包括私人時間也被迫用來上課（寫此文時，正值「國慶日」七天大假，全市只有我校還在加班補課），校長也沒有認識到教師文化需要有計畫、有步驟地引領，而不是幾句話就能改變。

　　自然，校長的號召最終只能成為空話。

一、反思性實踐──教育的後現代性

　　人類進入現代社會後，文藝復興運動和啟蒙運動解放了人類思想。從此，人類開始在理性大旗的指引下走向成熟，人類社會進入了跨越式發展的階段。在培根「知識就是力量」的現代主義旗幟下，生產力得到了不斷的提高，知識的客觀性、普遍性和中立性的特點開始被確立起來。

　　二十世中葉，人類進入後現代社會後，知識觀發生了根本性的變化。「絕對主義」、「客觀主義」的知識觀開始成為歷史，「歷史主義」、「相對主義」的知識觀開始凸現出來。知識的普遍性也開始隱退，取而代之的是知識的境域性。人們也開始認識到，知識並無中立性，它有的僅是價值性。

　　在知識觀出現巨大變化的背景下，哲學家波乃尼區分出了兩種知識：顯性知識和緘默知識。對此，波氏有個著名的「冰山比喻」：「顯性知識可以說只是冰山的一角，而緘默的知識則是隱藏在冰山底部的大部分。緘默的知識是智力資本，是給大樹提供營養的樹根，顯性知識不過是樹上的果實。」通俗地講，顯性知識可以表達，而緘默知識卻難以表達。對教師而言，工作經驗即屬於緘默知識。經驗豐富的教師處理問題時，不一定非得套用某個宏大理論，而是根據自己的經驗做出判斷，而且往往有「藥到病除」的效果。年輕教師想套用老教師的經驗時，效果不一定好，而且可能是弄巧成拙。須知，教師的緘默知識

是自足的，不可外傳的。一位經驗豐富的教師，其緘默知識是由知識結構、經驗背景、性格特徵、思維模式、情感意向等綜合而成的，而這些方面是因人而異的。

波氏對兩種知識的區分，肯定了經驗性知識或實踐性知識，承認了知識的相對性的合法性。這種不被現代主義承認的知識，受到人們的普遍認同後，為專業技術的培訓帶來了變革。

一般來講，專業技術人員的培訓模式多採用「理論基礎－方法學習－實習教學」的模式。這也是醫學界採用的模式，因此也可叫「醫學模式」。這種模式強調生產效率，追求解決的問題，漠視了人的存在，淡化了問題的發現。顯然，這是一種線性化的技術理性的培訓模式。師範大學對師範生的培訓，採用的正是這種模式。師範生畢業成為教師後，其教育工作必是技術理性的再現。

「技術性實踐」一詞源於馬克斯‧韋伯的「技術理性」這一概念。技術理性否定了實踐主體所親身體驗的真實世界，容易導致科學主義和技術至上的傾向，造成人的精神貧困、人性貶損和道德墮落。技術理性沒有了人，便成為了冷冰冰的概念。技術理性一旦進入教育，教育實踐便成了一種「技術性實踐」，缺少人的主體性和能動性。教師們在線性課堂上的教學，不正是一種技術操作麼？

在這種背景下，美國麻省理工大學教授舍恩（Schon. D）提出了「反思性實踐者」理論。舍恩的「反思性實踐」理論對教育產生了極大的影響，立即成為了教師行動研究和教學研究的理論基礎。所謂行動研究，即教育在行動中研究，再把研究成果應用於行動。換言之，行動研究是一種「反思性實踐」。「反思性實踐」要求教師不斷豐富自己的緘默知識，通過反思使自己長期處於「形成性」過程之中。一句話，教師的專業化發展是一個沒有止境的過程。

現代主義製造著神話，追求某種宏大敘事。現代性的宏大知識觀只相信知識的絕對性、普遍性和價值無涉性，不承認知識的相對性、情境性和價值性，抹殺個體的緘默知識，必然帶來技術理性至上的後果。與此相對，後現代主義不相信宏大知識觀，力求對其進行瓦解。後現代的知識觀承認知識的相對性、境域性和價值性，而且也使個體的緘默知識的合法化。後現代主義的尊重實踐主體的知識觀，廣泛地影響了社會社會的各個領域。

在這種背景下，倡導教師進行「反思性實踐」成為了流行主調。教師只能將問題視為特定的、個人的和不穩定的個案，而不能將問題簡單地視為某種宏大理論的複製。從知識觀來看，教師的「反思性實踐」可以增加教師的緘默知識，提高教師的專業化水平。目前，教師們進行「反思性實踐」的方式，一般

是寫反思箚記或教育日誌。關於這種女性化的行動研究，我在下文〈女性與課程〉中還有論述。

誠然，後現代主義為社會帶來了很多積極的東西，卻有一個最致命的問題：極端的相對主義。此文以博客方式發佈，我就以寫博為例吧。時下，人人都在寫博，人人都在言說，人人都成了作家，可真正的優秀作品有多少？它們又在哪兒呢？作為一種後現代的生活方式，博客充分體現了後現代主義的相對性。

緘默知識得到承認，必然會對顯性知識帶來衝擊。宏大敘事不一定絕對正確，可全盤否定宏大敘事也是同樣危險。每個教師若只相信自己，一些宏大的理論總結失去應有的價值時，我們是否又會陷入經驗主義的泥潭呢？當世界只有緘默知識時，我們還能言說什麼呢？

二、女性與課程

反思教育事件，寫教育日誌這種行動研究，有著深刻的思想背景。這跟方興未艾的女權主義運動及其理論，即「酷兒（Queer）」理論有關。從上世紀九〇年代起，西方那些在性領域的少數邊緣分子，如同性戀者、雙性戀者、易裝者、虐戀者等，開始自稱為「酷兒（Queer）」。自此，「酷兒理論」從女性主義、性學等領域中開始傳播開來，進入了各個領域之中，包括課程研究領域。

自啟蒙運動以降，理性得到高度重視和倡導，代表理性的父權也隨之統治了世界。父權的話語方式是男性化的，或者說是陽性的。它建構出了一整套宏大敘事，將女性視為缺乏理性，使女性從話語空間中消失。理性帶來的科技發展，卻並沒有為世界帶來和諧，人類並沒有享受到幸福。在世界的思想舞台上，一批思想家，如尼采、車爾尼雪夫斯基、馬爾庫塞和福柯等，發起了一場反啟蒙運動。

啟蒙運動代表的科技理性，只是突顯了工具理性。它直接造成了女性在話語體系中的結構性缺席，致使女性被邊緣化，從一些語彙使用上就可略見一斑。女權主義的傑出代表西蒙波娃曾說：

> 女人不說「我們」，除非是在女權主義者的某個重要集會或正式的示威遊行上；男人們說「女人」，而女人也用同樣的詞指呼她們自己。她們不會自動採用一種主觀的態度……

在《女性主義和科學》中，伊夫斯‧福克斯‧凱勒認為，某些語彙「把對自然的統治和自然作為女性的一貫形象結合了起來，這種做法在弗朗西斯‧培

根的著作中顯得尤為突出。在培根看來，知識就是力量（權力），科學的允諾就是『把你引向自然和她的孩子們，讓她保證為你服務，並成為你的奴隸……。』」

不過，二十世紀期間，女權主義運動風起雲湧，在世界範圍取得了驚人的發展。九十年代以來，女性主義開始進入課程研究領域。女性主義課程研究，是對一直佔主導地位的「男性課程」的反動，它標誌著在課程研究領域中不再沉默，「躊躇的低語正在成為一個大合唱」。女性開始發出聲音，要求分享話語權了。

我以為，女性主義進入課程研究有兩點意義：一是肯定了女性的理性。作為人類的一種性別，女性也肯定有理性，雖然可能不及男性。二是肯定了女性主義課程研究的方式，打破了課程領域被男性化的理論研究所壟斷的局面。相比之下，第二點是我要重點闡述的。

在女性主義課程研究中，一個最重要的特點就是寫自傳體的日誌或日記。女性主義課程專家甘妮特（Cinthia Gannett）認為，日記或日誌「是一個變幻的寫作場所，在主導的與無聲的話語之間、寫作與文學之間、傳統與自我建構之間流動，為追溯社會性別與其他社會建構通過話語的折變提供了獨特的機會」。

父權建立起的話語體系中，話語方式都是理性化的，屬於一種「公共寫作」。它沒有激情與溫柔，沒有自我與感情，一切都是高度抽象的，概念式的，和冷冰冰的演繹。在這裡，日誌被看作是「軟性的」、「特例的」和「私人的」，當然也是沒有理論的。

女性自傳是一種邊緣化和私人化的文本，是後現代語境中對傳統的反擊和解構。作為一種課程研究方式，它充分肯定了隱含的意義、自我出席和自我的存在。把教育事件視為文本進行解讀，其目的是構造過去的我，發現我的「無縫」成長，為將來的我創造出某種可能性，「帶我們到從來沒有去過的地方」。

書寫自傳，可以反思自己的教育工作。也就是說，在特定的時間與地點中，自傳的主體及其記憶的過程與歷史進行對話。過去不再是靜態的，而是不斷變化的。自我也變成一個反思性計畫，一個連續不斷的敘事計畫。在這個過程中，自我也建構著自己的未來。

我以為，教育工作是個性化的，體現著教師的個體文化，甚至包含著教師的大量的「緘默知識」。這意味著，他人的任何經驗都不可能建構出新個體，個體只有被自己不斷建構出來。從這點來看，把女性主義引入課程研究是有積極

意義的。通過書寫日誌，教師就能夠不斷地創造著自我，在專業發展水平上走向一個更高的層面。

我們的教育目的是要培養出人格完整的人，全面發展的人。僅把追求分數作為教育目的，只是一種片面的教育觀。為了學生和自己的成長，教師們不妨拿起筆寫點隨筆日誌。這會讓教師擁有教育機智，讓教師發現人生的意義，人生與教育才會和諧地統一起來。

三、另一種科研

在傳統的課程觀中的「時間即效率」，是一種工業生產的思維模式。然而，學校畢竟不是工廠，而是一所「文化療養院」。佔用師生過多的自主時間，勢必使師生喪失自由。當人沒有自由時，人的尊嚴亦即喪失，人的存在便毫無意義了。也就是說，「時間即效率」的教學觀，沒有尊重師生作為人的存在。這樣的教育，只是一種物化的、奴役性的、工具化的教育。

教學效果的提高，主要有兩個途徑：增加教學時間和改進教學方法。在布盧姆那裡，時間是單向的線性物，增加時間就會提高教學效果。這個觀點至今還是中國現實中的主流思想——補課、加課、提前上課等，都是司空見慣的做法。不少學校還開始實施所謂的「精細化」管理，大搞「月考」、「週考」，要求教師不斷拿出考試成績，並藉此對教師進行考核。這種經過「任務分割」，把考試要求分配到各學年、各單元的做法，依據的是「泰勒原理」的「任務分析」。這種觀點認為，教學是個機械的框架，把教學分解到最小部分，累加起來後就可得到整體。考試任務被分解到最小單位，故曰「精細化」管理。「精細化」管理所肢解的，不僅是教學內容和任務。在更深層次上講，它也是對人性和人格的肢解。

「精細化」管理的思想根源在於「還原論」。在課程領域，泰勒原理是「還原論」的具體體現。它旨在追求效率與控制，以單位時間為基礎，使教師牢牢地依附於各階段的任務，致使教師沒有時間進修學習，無暇顧及教育科學的研究。況且，人生的時間有限的，即使師生二十四小時不睡覺，能供支配的時間總是有限的。既然如此，最根本的辦法不是剝奪師生的自主時間來抓教學，而應該是在保證師生有時間來全面發展的基礎上，依靠科學研究來提高教育質量。

一般認為，科學研究有兩類：一類是專家教授在書齋裡完成的理論研究。這類研究旨在建立一套完整的理論體系，要求嚴格按科學的方式來進行。這種「理論－理論」的研究，絕非一般教師所能達到。另一類則是一線教師在教育

實踐中的研究。它不需要教師具備高深的理論知識，只是要求教師反思自己的教育實踐，達到改善行動品質的目的。這是一種「實踐－實踐」的研究，或稱作「行動研究」，即要求教師立足於教學實踐以改善教學實踐。這種研究實際上主要是一種個案研究。教師的行動研究，改變了教師只是課程「旁觀者」的角色。教師在行動研究中，不斷地創造出屬於自己的課程，這就肯定了教師在課程中的主體地位。

行動研究也有兩種情況：一是單純地思考教學問題，如備課、講課，其根本目的是提高學生的學業成績。另一種是教育反思，解讀教育事件中所蘊含的意義，一般的做法就是寫教學箚記、隨筆和沙龍討論。如果說前者僅是側重於教學，後者則主要側重於教育。人是理性的動物，人的實踐活動都是理性的，我們的教育實踐活動總是含有理性思考或研究。反過來講，也沒有獨立於行動之外的研究。勒溫的名言：「沒有無研究的行動，也沒有無行動的研究」，清楚地闡明了研究與行動之間的辯證關係。

我認為，行動研究的兩種方式都應該受到重視。反思教育事件的第二種方式，它對教學業績的作用不是直接的，也不一定是明顯的，但是真正的教育是必不可少的。它通過重述教育事件，發掘在教育實踐過程中湮滅的主體意識和存在價值。對教育事件的回憶和反思，能獲得對事件意義的重新理解，也能對「過去的再建構」。這種把教育事件視為文本來解讀的方法，是一種「人文－理解」的方法，而不是科學實證的方法。這樣的研究結果，能讓教師睿智地從一句話裡「聽出」一顆滾燙的心，從一個錯誤中發現一個瓦特，一個愛迪生。

論「高考的平等」

寫作背景

作為國家主義的產物，高考是摧殘個體的機器。對於這架吃人的機器，官方肯定會用各種說辭來證明它的合理性。比如，「公平性」便是官方最常用的藉口。乍一聽，高考確實很平等，能讓百姓上大學。於是，百姓也開始認為，高考應該堅持搞下去。

然而，高考背後有個巨大的政治陰謀，需要我們去思考和揭露……

> 所有的人生而自由，但不平等。社會的目標就是維持這種自然的不平等，並從中找出可能的最好的方法。
>
> ——英國哲學家格蘭特‧艾倫

> 自由比平等更重要，試圖實現平等就危及目的，而如果失去了目的，那麼不自由的人中間也不會有平等。
>
> ——波普爾[1]

對於教育，我一直有自己的思考。時常聽人說，高考很公平，所以應該堅持高考。今天，我寫了一篇跟教育有關的文章，要求官方取消高考。然而，一群庸眾又開始振振有詞地談起高考的公平，認為有必要堅持高考。終於，我不得不想說幾句了。

不少人認為，高考應該堅持，因為「除了高考外，還找不出更加公平的辦法」。確實，從表現上看起來，高考確實似乎是很公平。不論學生家境如何，只要考試成績達到，均可上大學。持這種觀點的人只看到表象，沒能看到本質的東西。

庸眾們說高考公平，其實高考並不公平。北大招生在北京的錄取分數，跟其他省分就不同；少數民族的考生，錄取分數跟漢族也不同；高考閱卷場上，不同的閱卷老師，打出的分數也不同。這個世界沒有絕對的公平，高考也不會有絕對的公平。

然而，問題還遠不止如此。公平的背後，還有著更為重要的東西。為了實現平等，人類在歷史上付出了慘重代價。為了追求公平的理想社會，人類犧牲

---

[1] 波普爾，《無盡探索》，頁 36。

了最寶貴的東西──生命和自由。生命是肉身存在的前提，自由則是生命的最高價值。

　　無產階級奪取政權後，社會確實實現了平等。然而，「無產階級專政」和「人民當家作主」後，中國出現的卻是「對人民專政」──人民是平等的，卻是被「平等地」專政。須知，一味地追求平等，卻往往要付出自由的代價。1949 至 1978 年期間，中國人享有過多少自由？

　　「社會主義倡導最為廣泛的改造計畫，其目標主要在於公平，即目前財富上的不平等是不公平的，而社會主義將要消滅這些不平等。」[2]中國搞社會主義的幾十年裡，確實消滅了財富的不平等。然而，這種平等是以貧窮為代價的。幾十後的今天，當經濟發展起來後，意識形態仍然是社會主義思想，如「建設具有中國特色的社會主義」。追求公平與平等，是社會主義的典型思想。波普爾有一個著名論斷：社會主義是通向奴役之路。為什麼？因為社會主義只有公平，而沒有自由。然而，只有自由才是人類的僅次於生命的最高價值。

　　以賽亞・伯林曾說：「自由不是為了達到更高政治目的的工具，它本身就是最高的政治目的。」[3]一切政治活動的最高目的，更應該讓民眾享受自由，而不僅是平等。赫爾岑也曾說：「自由何以可貴？因為它本身就是目的，因為自由就是自由。將自由犧牲於他物，就是活人獻祭。」當教育是為把學生「培養為共產主義接班人」時，那便沒有了自由，我們的教育也就成了拿活人獻祭。此時我們還講平等，就是拿活人平等地去獻祭。

　　即使高考體現了平等，我們也千萬不能忘了一點：我們若只追求平等，教育也不會再是教育了──高考制度已成為吃人的機器，教育已成為屠殺時，我們追求的教育公平，只是讓學生平等地成為奴隸或被屠殺。此時，教育還能是教育嗎？

　　假如中國足球隊要跟英國足球隊進行一場比賽，為全世界展現足球的魅力。比賽中，裁判有點不公，將中國隊一名隊員罰下場。此時，中國隊是為堅持比賽，讓觀眾欣賞足球的魅力，還是為了追求公平而中止足球比賽，要求開始一場更為公正的籃球比賽？此時，公平更為重要，還是目標更重要？

　　我們的目標，是恢復教育的本來原貌──讓教育享有自由。就教育的本質而言，教師應有自主解釋教材的自由，學生有個性化發展的自由，師生都共同享有思想的自由。庸眾們執意要堅持教育的平等，忘卻了教育的本質是什麼。是平等嗎？不是！教育的本質，應該是讓師生自由！

2　羅素，《自由之路》，頁 204。
3　以賽亞・伯林，《自由論》，頁 20。

當然，民主是自由的保障。要保證自由，就需要有民主。說到民主，也有自由民主和極權民主之分。不過，我不打算在此繼續討論自由和民主。這已超出了本文的討論範圍，我得趕緊回到正題。

為了達到控制民眾的目的，政治意識形態必然會控制教育。可以講，高考制度是控制和愚化民眾的最佳方式。官方聲稱高考制度公平，如同聲稱社會主義制度很公平，背後都是為了控制民眾——紅色極權主義時代有公平，卻沒有自由，你願意回到那個時代嗎？

在《動物農場》裡，奧威爾對極權主義的公平進行了深刻的批判。書中有句話說：「凡動物一律平等，但是有些動物比別的動物更平等。」[4]這是什麼意思呢？這句話與題記中波普爾的話相互映照，揭示出了一個重要的事實：假如只有公平而無自由，最終也會是一個不公平的社會。奴隸之間是平等的，而奴隸主之間卻更加平等！我們呼籲平等，只是奴隸之間的吵鬧而已。奴隸們都忘了，自己身上的寄生蟲——奴隸主更加平等。難道不是嗎？無論高考制度多麼平等，都跟奴隸主的利益無關。奴隸主炮製出高考公平的概念，只想保護好自己的利益，觀看一場「狗咬狗」的鬧劇。

其實，就教育論教育並無實際意義。教育受政治控制，教育問題就是政治問題。在我看來，只有民主才能救教育，因為民主能保證自由。有了自由，才會有真正的教育。

有人說，即使取消高考制度，保證了教育的自由，那麼高校享有自主招生時，豈不是高校更加腐敗？我以為，這種擔心有點道理，我們卻不必過於擔心。腐敗是任何國家都有的，中國有腐敗也正常。高校享有自主招生後，政府和社會可以加強監督，增加招生的透明度，把招生腐敗控制在最低水平。

當然，我必須說明一點：高校招生的根本目的，是讓教育逐漸擺脫政治的控制，為教育的自由創造條件。官方若是統管招生，更容易危害自由，危及教育。若把招生權分解到各高校，就會瓦解官方對師生的「奴役權」，最終讓師生逐漸獲得自由，直至一個民主社會的到來。

總之，我本人對公平非常警惕。托克維爾在《論美國的民主》中曾指出：「專制所造成的惡，也正是平等所助長的惡。專制和平等這兩個東西，是以一種有害的方式相輔相成的。」歷史上的極權專制，多是為了追求公平的理想社會而引起。高考制度的公平，使教育嚴重脫離了其宗旨，演化成了屠殺。此時，我們是要教育，保證教育不脫離正常軌道，還是要為了追求教育的公平呢？哪個問題，更涉及教育的本質核心呢？

---

[4]　奧威爾，《動物農場》，頁107。

　　為了便於大家理解，我還是做個小結吧。高考屬於教育，而教育屬於政治。以「社會主義公平」為由，官方把高考作為了奴役民眾的手段。我要求取消高考，其背後真正的目標是政治的進步——民主和自由。大家要求堅持高考，如同奴隸們認為大家都是奴隸，這很公平，所以要求繼續被奴役下去一樣。

　　最後，鑒於庸眾們的頭腦過於簡單，我還是告訴庸眾們一個簡單的邏輯吧。范美忠曾說：「我黨撒謊成性。」這就意味著，對於官方說的任何話，你應要朝相反的方向去理解。官方要代表你的利益，即使你不懂得這是「家長專制」，你也要說：「我不需要你來代表。」同樣地，官方告訴你「高考很公平，所以要堅持」時，你只需要求取消高考即可——即使你不懂取消高考的意義何在，但你至少把握住了教育的正確方向。

論教師作惡

寫作背景

　　我時常懷疑，我是在搞教育，還是在迫害學生。我以教育為生，卻對自己是否在搞教育沒有把握。經過多年的讀書思考，我終於明白了，我不是在搞教育，而是在助紂為虐，充當著劊子手。

　　當年，魯迅曾說中國社會是人吃人的社會，這點至今未變。在這裡，人人都在吃人，同時也在被人吃。這，便是極權主義社會的特點。

　　通常，革命都會基於某種理想，且常以解放或自由為旗號。不過，革命可能帶來解放，也可能導致新的奴役。正如法國大革命後，一位法國人對革命這樣評價說：「我們已迅速地從奴役走向自由，但是我們正在更迅速地從自由走向奴役。」在極權主義那裡，奴役走到了極端。改革開放以來，極權主義並沒有消失，而是轉為了「後極權」或「新極權」。

　　新極權統治不再是面目可憎的「鐵籠政治」，而只是表面上給民眾一點自由的「絲絨牢籠」。它不再是血腥的暴政，卻有著哈威爾所說的「隱蔽暴力」。徐賁先生認為：「新極權主義是一個權力和物質欲權強烈而道德和價值感極麻木的退化型特權寡頭專制，是一個貪得無厭的權貴資本主義等級制度，一個對國家民族未來的自由理想毫無反應的專制政權。」這種專制不同於老式的寡頭政治，它的一切政治和理想僅有一個目的──千方百計維護自己的專制統治。我們可以看到，這種體制下的教育仍是國家主義話語體系的一部分。在這裡，「意底牢結」（英文「ideology」的音譯詞，即意識形態）滲入教育，將民眾的意識底層牢牢地「結紮」起來，致使教育已嚴重異化，失去了本真的面目。

　　我周圍的教師們個個純樸、善良。為了學生的學業和成績，他們日出而作，日落而息，可謂晨露沾衣，披星戴月。面對這樣辛勤工作的人，我絕不會說教師是壞人。教師是好人，可好人也會作惡。不顧學生個體生命的需要，用權力來實施某種暴力，以謊言換取麵包，這本身就是一種惡。缺乏思想和判斷的教師們，或半推半就地，或「衝鋒陷陣」地，不同程度地扮演了作惡的角色。

　　社會心理學家贊巴杜在〈當好人作惡的時候〉一文中總結了權威引誘普通人作惡的十個特點或條件因素。下面，我對這十點做個簡單說明。

一、營造束縛性的契約關係

　　教師被要求忠誠「黨化」教育，還要堅持什麼基本原則。這種話語成為法律後，對教師產生了嚴重的束縛性。國家與教師之間，形成了勞資契約關係。這種話語背後的潛台詞就是：教師不准在課堂上說不利於官方的話，否則就是「違法」行為，甚至會失去工作。這樣，教師就被牢牢地束縛在三尺講台，成為「共產主義機器」的螺絲釘，每日的工作只是對學生撒謊，甚至是變相迫害學生。

二、設計「有意義」的角色

　　不斷給教師灌輸「培育祖國棟樑」的思想，讓教師有種光榮感，時有「瞧，我多偉大！」的一種近乎於意淫的幻覺。教師也用同樣的話語方式來「教誨」學生：「你們要努力考大學，為國家做貢獻。」這種「導師」角色，使教師感到了自己的存在，感到了工作的意義。

三、制定保證服從的基本規則

　　這點非常簡單。國家是教育的唯一雇主，教師不服從國家意志，那就意味著失掉飯碗。從這個意義上講，教師人格不獨立，也就沒有獨立思想，學生也隨之失去獨立思想。國家主義的一切宗旨，可以歸結為一句話：把個體納入到國家的框架，個體只是為國家而存在——再加一句：順我者昌，逆我者亡。

四、裝飾起冠冕堂皇的說辭

　　國家主義話語這樣告誡教師：教育就是抓分數，抓分數是為學生考大學，學生考上大學，國家也才有希望。教師要拚命抓分數，要苦幹加蠻幹，才對得起學生，才對得起國家。學生考上大學，國家得以發展，這才有教師的功勞。抓不好分數的教師，應該少拿獎金，甚至是解聘——這是全國各校考核教師的通用方式。

　　為什麼必須要採用高考制度？國家主義話語答曰：高考是選拔人才，且是公平的選拔。科舉制度讓貧民子弟走上仕途，進入上流社會，也堪稱公平的考

試。奇怪的是，我們在講科舉制度的害處的同時，也強迫學生參加高考這一現代科舉考試。

五、預留推卸責任的後路

教師若問，犧牲學生個體生命的需要來抓分數，這是不是在迫害學生？國家主義話語說，你別管那麼多，培養學生是為了國家利益。只要能培養對國家有用的學生，教育就是正確的。你只管幹活，少廢話，出了問題，有國家負責，你又不負責。

六、誘人步步陷入

可用名利來把人抬高，達到「誘敵深入」的目的。他們會將榮譽桂冠，連同職稱一起戴在教師頭上。評上高級後你會被告知：高級上面還有特級，快努力爭取評上特級吧！你評上特級時，特級之後還會有教育專家，教育專家之後還會有教育家……榮譽桂冠只是一堆名詞，而名詞的發明是免費的。只要你樂意接受奴役，發明名詞永遠不是問題。

七、加害程度逐漸加強，不知不覺地一點一點增加

據說對付青蛙有一個最佳辦法：先將牠放裡冷水裡，然後來慢慢升溫。隨著水溫逐漸暖和起來，青蛙覺得水裡非常舒服。待水溫非常高時，青蛙已經無力掙扎，唯有被活活煮熟的命運了。這就是所謂的「青蛙效應」。要想制服青蛙的最好辦法，不是直接索取其性命，而是慢慢用溫水使其麻木。國家不斷強化應試教育，同時也不斷吹捧教師，讓教師聽到冠冕堂皇之詞時，不自覺地沉浸於喜悅之中，內心裡還會油然升起一種神聖的感覺，甚至是犧牲自己的生命來高尚一把。

八、悄悄從「正」轉「邪」

在冠冕堂皇的說辭下，教師的工作看似崇高偉大，教師儼然是正義之方。然而，當教育演化成對學生生命的扼殺時，就已從「高尚」隱蔽轉移為「邪惡」──維護專制統治。此時，教師們還是保持著「正義的慣性」，始終認為自己是

「為了全人類的解放」，自己的職業非常崇高。這樣崇高而偉大的事業，怎麼可能會是錯的呢？

九、高築有進無退的門檻，不讓參與者有退出的機會

國家是教育的唯一雇主，只要你進來了，就休想逃出去——除非你辭職。辭職是可以的，表面上也是自由的，可是讀師範專業的教師，有多少人有較高的學歷和較好的專業呢？對一般教師而言，辭職無異於自砸飯碗。表面上給了教師退出的機會，教師卻絕對不敢輕易退出。上了教育這條「賊船」，你就別想下去。

十、強調宏大的高尚理想：以「宏大謊言」為合理後盾，強調行為的最終高尚目的

教師職業太高尚了，高尚得無法言說。從「為共產主義事業培養接班人」到「為共產主義事業培養建設人才」，無一不非常高尚。這類「宏大謊言」，不知讓多少教師圓了一場「偉大」夢。有多少教師，辛苦工作了一輩子，表面上是「桃李滿天下」，從另一角度來說卻是「罪孽滿天下」。

國家主義通過各種途徑，軟硬兼施地強迫教師作惡。國家主義的教育，培養的學生有規範、守紀、奴性強（這是國家主義的最愛）等特點，能為國家所支配或利用。不過，這種學生也有天生的不足：人性枯萎、缺乏個性、缺乏獨立性、沒有創造力等。站在國家主義利場上，哪怕用「欺騙＋威脅＋誘惑」的方式，也要把學生馴化為工具。這種環境中的教師，必然是國家的附屬品，也必然會喪失獨立的尊嚴。教育的不獨立，使得師生的思想不自由，人格也不會獨立起來。

好人也會作惡，尤其是在組織化的社會環境當中，最容易出現集體作惡。德國納粹、日本法西斯和中國「文革」中出現的暴行，都是一種組織化的集體作惡。個體在這個環境之中，很難從中擺脫出來。在集體狂熱中，個別很容易喪失理解和判斷能力，最終與集體一道作惡。當然，這裡也有「從眾」心理的驅動——如果被處罰，也不是我一人，大家都參與了。

1946 年，納粹戰犯艾克曼逃過了美軍的追捕，潛逃到阿根廷定居下來。1960年 5 月以色列秘密機構將他捕獲，次年在耶路撒冷將他審判並送上絞架。為此，米爾葛蘭翌年設計了一個實驗，又稱「權力服從研究」。為了測試「艾克曼以及

其他千百萬名參與了猶太人大屠殺的納粹追隨者，有沒有可能只是單純地服從了上級的命令呢？我們能稱他們為大屠殺的兇手嗎？」，這個試驗的結果表明，人性「在權威下達惡意命令時，無法讓公民不做出殘忍和非人的行為來。只要以為命令來自合法的權威，就有相當多的人會按命令去行事。他們不會顧及行為的內容，也不會受到良心的制約」。簡而言之，好人也會作惡。

　　1961 年阿倫特以《紐約客》雜誌報導員的身份見證了艾克曼的審判，並先後寫出五篇文章。阿倫特認為，艾克曼犯下罪行，其動機卻僅是平常的服從命令和盡忠職守，他只是以自己的「平庸之惡」實現了納粹的「絕對之惡」。

　　雅斯貝爾斯曾說：「政治意識越開明，人們越能感受良心的責任。」我們也可以將此話反說：「政治越是專制腐敗，人們就越不在乎道德良心。」人有了自由意識，也就有道德意識。在極權專制制度下，人的自由意識被監視和剝奪，人的道德意識也就隨之消失。所以，雅斯貝爾斯才有了這樣的吶喊：「一個國家如果不自由，一國所有的人民都得為他們政府的專制付出道德代價。」

　　想想文革時期，人們相互之間的殘害達到了令人髮指的程度，幾個人為此受到了良心的譴責？看看教師對學生的迫害，誰不是打著高尚與美德的旗幟，有多少人受到了良心的拷問？……在今天這樣一個「有文字無觀點，有嘴巴無言論，有身體無自由，有雜誌無資訊，有報紙無新聞，有學術無思想」的社會裡，當我們面對道德淪喪與價值真空時，我們應該做何思考呢？

　　一個極權時代，必是一個好人作惡的時代。作惡源自人的不自由，尤其是思想的不自由。在一個好人作惡的時代，只有自由思想才能對抗外界的奴役。

從「學在民間」說起

寫作背景

目前，中國的學術已被經嚴重地「官僚化」和「政治化」，腐敗可謂無所不在。以北大物理系為例，最近五十多年培養的二十二位院士中，有十八位都有官位。2006年7月，中國社會科學院評出的四十七名院士中，有四十四名是各所所長或黨委書記。

毫不過分地講，當下中國的很多科研僅是在製造垃圾，這在教育科研中表現尤為突出。

在一個學術腐敗的社會裡，教育科研能有多少成果呢？官方包裝出來的教育家們，如魏書生、李鎮西之流，不過是優秀的教書匠，沒有教育家的思想深度和視野廣度。

本來，科研有著其內在的邏輯，不能用外在的力量來壓制。然而在中國，政治管制學術，書記領導校長，不可避免地造成了科研的異化。真正的學術，已轉入了民間，形成「學在民間」的格局。

分析「學在民間」的形成原因，指出科研發展的恰當路徑，便是本文的初衷。

> 在自由的國家裡，一切都充滿著活力和發展，而在不自由的國家，所有的東西，都似乎在靜止不動。
>
> ──托克維爾，《論美國的民主》

> 言論、思想自由是自由社會的偉大推動力，這樣，探索者才可能隨真理漫遊。
>
> ──羅素

時下，學術界普遍認同一種現象：學在民間，而不在官方──學術已不在官辦學府，而是轉移到民間中去了。中國的思想家，與其說在官辦學府，毋寧說在民間。那麼，「學在民間」這一現象，是怎麼產生出來的呢？

按一般的理解，「學在民間」的出現，是因為官方強行收買了學術，造成學術不自由。學術無法在官府生存，只有逃離到民間的寬鬆環境中去。現在的官辦學府中，只剩下一些「有機知識分子」或「雅各賓型」知識分子。他們只為稻粱謀，其工作是為官方炮製意識形態。

這種解釋看到了現象，還沒有對現象進行高度抽象。對於「學在民間」現象，我們也可以從哲學層面，從世界觀的角度來探討分析。

大家知道，牛頓理論是近代科學的開始。牛頓的哲學是機械唯物主義，認為宇宙也是封閉式的。物理是科學的傑出代表，其方法可用以揭示物質世界的本質。於是，孔德便將牛頓的力學引入到社會學，提出了「社會靜力學」和「社會動力學」的社會學理論。作為一名社會工程師，他創造出了「社會工程學」。馬克思將社會工程學和黑格爾的歷史精神和規律結合起來，創造出了共產主義理論體系。可以看出，共產主義理論體系，必然把社會視為封閉框架。它強調控制，必然實行閉關鎖國政策。它認為混沌和干擾具有破壞性，應該被消除、克服或消滅。一句話，它們威脅到社會系統的運行，妨礙社會進入更高階段。

到了十九世紀，世界思想在經濟學中出現了變化的契機。亞當‧斯密認為，自然的經濟秩序是自發的，逐漸演進的。達爾文接受了斯密的這個觀點，進而認為世界也是這樣進化而來的。達爾文《物種起源》的意義是跨時代的，具有「哥白尼革命」的意義。在二十世紀初的瑞士，生物學家皮亞傑還提出了圖式的「同化」與「適應」概念，為認知心理學提供了理論基礎。這一切都表明，物理學已讓位於生物學，由其來主導哲學了。生物學的世界是開放的，整個世界是一種自發秩序，或自組織結構。

生物學認為，生命的基本單位是細胞。從單一的微觀生殖細胞成長為高等有機體。通過胚胎發育的過程，每個細胞追求其自己的生命，同時每個細胞又在不斷地調整自己的生長，以符合其相鄰細胞的生長，結果就是產生了和諧結構的整體。

根據生物學的世界觀，挑戰和干擾是組織和再組織的理由（也就是皮亞傑的趨向再平衡化的「驅動力」）；從系統論來看，開放系統的運動需要干擾，只有混沌和干擾才能出現再組織。每一次再組織，生命就會進入又一個高水準階段。「整個物種的進化，可以認為是產生於生命物質在外部的複雜環境下，持續達到的內在均衡的過程。」[1]意即，生命物質會根據外部環境進行不斷的自動調節，持續達到一種內在均衡的過程，實現生命體的發展與進化。

無疑，哈耶克的自發秩序思想也屬於生物學的世界觀。哈耶克從經濟領域的角度切入，通過自發秩序和人為秩序的概念來剖析封閉社會和開放社會，得出了作為人為秩序的計畫經濟必然是「通往奴役之路」的結論。其實，自發秩序的觀點也可以解釋學術自由。

什麼是學術自由？學術自由是指，學者或科研者可以自由地選擇探究的問題和自由地從事研究，以及可以在各種場合自由表達自己的見解。也就是說，每個學者能夠自己選擇研究領域，並能夠自由地發表或講解自己對該領域的觀

---

[1] 邁克爾‧博蘭尼，《自由的邏輯》，頁 169。

點。學術有自己的內在邏輯和目的，不應該受外界的人為控制或影響。然而，在被強行收買後，學術自由便失去土壤，開始自發地進入民間，重新尋找生存環境。

學術的領域有很多，我們現僅以科學為例。眾所周知，科學可以分為兩類：純粹科學和應用科學。前者主要是理論研究，後者主要是應用研究。搞理論研究的科學家，都是純粹地「為科學而科學」，「為真理而真理」。然而，他們有各自的經驗背景、知識結構、性格特徵、精神氣質及個人偏好等等。在這種情況下，最好的辦法就是給予科學以充分的自由。有了這種自由，個人可視自己的實際情況（包括學術前沿的動態等）來選擇研究領域，大家的合力就會帶來一個和諧的研究隊伍。這個過程，如同細胞的生長，市場經濟的出現，屬於一種自組織過程。

哈耶克認為，在很多人看來只有通過決策才能做到的事，可以通過個人之間的不自覺的自發努力而做得更好。「如果人們想發揮他們自己的天賦，那麼他們的責任範圍的確定或界分就必須出自於他們自己的活動和計畫。」[2]一旦成為官方的奴婢或御用槍手，學者便不可能有研究的自由。然而，卓越的學術成就不是依靠指派任務或劃分責任，而是讓每個學者都有發揮天賦的自由來取得的。

官辦的研究機構，以計畫性為其顯著特點。一個計畫性的研究機構，一年到頭都會填寫研究計畫的表格，分派研究任務，規定研究領域。但是，分派的研究任務可能並不適合承擔任務的個體。集中力量雖然也能搞出一些研究，但這不能解決根本問題，也不是長久之計。以「戰時共產主義」為例。蘇聯曾採用過「戰時共產主義」政策，集中資源發展支柱產業，為打敗德國奠定了工業基礎。蘇聯的「計畫性經濟」帶來的短時高效的發展，曾給世界吹來一陣清新的風。人們以為找到了社會發展的新途徑，整個世界都曾為之一振。然而，共產主義實驗的慘敗，讓人們看到了「戰時共產主義」的危害。它只能用於戰備或戰爭期間，否則會貽害無窮。「二戰」期間英國也使用過類似於「戰時共產主義」的政策，但畢竟英國不是計畫經濟國家，不可能永遠堅持「戰時共產主義政策」。總之，控制，只能是小範圍的。大範圍的控制，只能是暫時的。在科學研究領域，長期實行大範圍的控制，其結果只會殺死科學。

「對於科學追求之組織唯有一種方式，那就是給予一切成熟的科學家以完全的獨立。這樣，他們會把自己分配到可能發現的整個領域，每個人都把自己的特殊能力運用到對他而言最為有益的任務上面上。」[3]通過集中力量搞計畫性

---

[2]　哈耶克，《個人主義與經濟秩序》，頁 24。
[3]　邁克爾・博蘭尼，《自由的邏輯》，頁 98。

的研究，蘇聯搞出了氫彈等先進武器，甚至率先發射了衛星，但其科技水平永遠不可能趕上美國，這是蘇聯的計畫性科學研究所決定了的。我確信，羅素大概說過這麼一句話：蘇聯若是這樣搞下去，我敢打賭，蘇聯三百年不可能有什麼進步。蘇聯模式不利於社會進步，羅素對此顯然是嗤之以鼻的態度。

學術被收買後，也就沒有了科學理論的研究，只剩下了應用科學的研究。中國沒有理論研究成果，只能把別人的理論成果應用工農業生產。中國只能或買或盜別人的理論成果，這樣怎麼可能成為強國呢？中國沒有世界級的思想家和科學家，與其說是主要是教育的問題，不如說是一個政治問題——因為意識形態破壞了學術自由的內在邏輯。

生物系統中的自組織概念，對適應和進化的生物學概念、皮亞傑的平衡理論以及普利高津的混沌概念來說，都是非常關鍵的思想。我們也可以將學術圈視為一種生物系統，其基本特徵便是各部分相互作用和聯繫，動態並自主地調整與系統整體的關係。學術圈內的個體，都會依照具體情況進行自組織。這種自組織，是個體無意識的，但卻是世界的本真面目，因而也是最合理的一種狀態。

為什麼第二次工業革命會發生在德國？為什麼德國能夠開始崛起？因為德國統一後，政府致力於搞開放教育。當時，德國政府辦學的宗旨是：僅為大學提供資金，從不干預學術。難怪有人說，德國的崛起早已被寫進了教科書，早已由教育所決定。研究者個體不能付擔昂貴的科學實驗設備，官方有必要為其提供獎金與設備，卻不能以「指令性計畫」來干預學術。大規模的干預，只能培養出平庸，浪費掉公共資金。中國的科研經費大得驚人，可是卻沒有帶來先進的科技水平（這當然也有傳統文化的問題）。以教育研究為例。意識形態控制了教育，讓教育成為政治的奴婢，致使教育研究不自由。這樣，上級每年撥發的研究經費所產生出的，可能僅是垃圾，而不是真正的學術成果。

如前所述，共產主義社會強調控制與干預，這不僅會遏制經濟的發展，也必然會給學術帶來災難，給科學發展帶來障礙，使社會不可能得到發展——世界上出現過的共產主義國家，哪個不是貧窮落後的國家？羅素曾引用科爾的論述：「貧窮只是症狀，而奴役才是病根。富與貧這兩極是壓迫和被壓迫這兩極的必然產物。許多人不是因為貧窮才受奴役，而是為因為受奴役才貧窮。」[4]因此，中國要想進入強國之列，必須讓學術和思想擺脫奴役，讓意識形態永不染指學術。

最後，我們還是來思考一個問題吧：為何發達國家一般都是民主自由的國家？為何貧窮國家往往都是獨裁專制的國家？

---

[4] 伯特蘭‧羅素，《自由之路》，頁94。

校園中的後極權主義

寫作背景

　　一個極權社會，是一個充滿著謊言的社會。在這裡，「瞞」與「騙」是人們的行為常態，都成綁架上了謊言機器。面對漫天的謊言，即使有人心裡明白，可沒人能在現實中逃脫「瞞」與「騙」的浸染。

　　2008 年，四川發生八級地震。在地震中，范美忠老師受到驚嚇，倉惶逃離教室。事後，他將此事公開，以作為反思人性和道德的素材。然而，他遭到了道德綁架。衛道士們聲稱，自己一定會捨身救人。顯然，這只是衛道士們的一種「瞞」與「騙」。

　　為什麼會這樣？這個社會裡有著什麼樣的機制，可以讓所有人習慣「瞞」與「騙」？在一個充斥著謊言的社會裡，教育又會是怎麼樣的呢？

　　我深深地感覺到，這是一個人吃人的制度。教師吃著學生，校長吃著教師，上級吃著校長……

　　這個制度的運行機制是什麼？──謊言。

　　教師如何才能避免吃人？──活在真實中。

　　真實（生活）的細胞逐漸浸透充斥著謊言的生活的軀體中，最終導致其土崩瓦解。

──哈威爾

　　大多數教師甚至還從來沒有懷疑過制度所強加他們的這項「工作」，更糟糕的是，他們用最先進的意識（著名的新方法！），傾注自己的全部身心和聰明才智來完成這項「工作」。他們很少懷疑這項「工作」，因此他們的忠誠就有助於維護和滋養對學校的意識形態表述，這種表述使今天的學校對於我們當代人來說，顯得那樣的自然、必需，甚至有益，就像幾個世紀前，對於我們的祖先來說，教會也是那樣的自然、必要、慷慨大度。[1]

──馬爾庫塞，《哲學與政治》

　　高考來臨之際，教室四面到處貼滿著標語。「衝刺高考」、「迎接國家選拔」、「高考代表國家意志」等陳詞濫調，充盈了學生的視線。對於師生來講，這些標語只是符號。通過張貼這些標語，學校和教師掩蓋了自己的價值判斷和

---

[1]　馬爾庫塞，《哲學與政治》，頁 347。

權勢者的不可告人的目的。它用某種高尚神聖的符號遮蔽了真實的現實，而這個符號便是意識形態。

馬爾庫塞曾經區分過兩種國家機器：鎮壓性國家機器和意識形態國家機器。前者大量並重點地運用鎮壓，包括了員警、軍隊、監獄等機構，「構成了一個有組織的整體，它的不同組成部分受到一個統一體的集中指揮」；後者「是多樣的、彼此各異的、『相對獨立的』」，包括教育機器、宗教機器、家庭機器、文化機器等。顯然，教育是一種沒有血腥暴力的國家機器，屬於意識形態國家機器。作為現代版的教會，教育承擔著灌輸意識形態的重任。馬爾庫塞說，學校給人傳授用意識形態包裹起來的「本領」，「無非是以保障人們對佔統治地位的意識形態的臣服或者保障他們掌握這種『實踐』的形式進行的。所有那些你們事生產、剝削和鎮壓的當事人，更不用說那些『意識形態專家』（馬克思語），為了要『憑良心』恪盡職守，都必定以這樣那樣的方式『浸染』在佔統治地位的意識形態當中。」[2]

馬爾庫塞指出，個體的「觀念就是他的物質的行為，這些行為嵌入物質的實踐，這些實踐受到物質的儀式的支配，而這些儀式本身又是由物質的意識形態來規定的——這個主體的觀念就是從這些機器裡產生出來的。」[3]馬爾庫塞所說的「物質的」，包括了不同的形態：跪拜、祈禱、凝視等各種物質性。顯然，意識形態的運作，是通過權力制度內部的儀式交流來實現的。校園裡的交流儀式，包括標語、口號、集會、班會、升旗等，使權力運作得以實現，同時也使意識形態開始生效。觀念的存在被納入了實踐的行為，而實踐都受到儀式的支配。因此，這些儀式歸根結柢又是由意識形態機器來規定的。

意識形態是極權主義和後極權主義的劊子手。哈威爾認為，後極權主義時期，「權極主義的原始動力」已經衰竭，「革命的總發條已經鬆動」。在後現代社會裡，拜金主義、消費主義也開始滲入意識形態，控制著民眾思想意識。後極權主義依靠極權主義的慣性運轉著，意識形態仍然維繫著社會的穩定。這種意識形態以恐懼和謊言為核心，使整個社會成為一種專制制度。所謂專制，哈威爾認為是指「一小撮用武力攫取政權的人，他們的權力是公然的、直截了當的，專制者們隨心所欲地使用手中的權力，他們與大多數統治者之間的分野涇渭分明。」專制制度依靠各種官僚體制、等級制度和種種間接手段來實現整體運轉，其代價必然是巨大的：民眾必須犧牲自己的理性，良知和責任感——中國歷史和現狀，已確鑿無疑地證明了這點。

---

[2] 馬爾庫塞，《哲學與政治》，頁362。
[3] 馬爾庫塞，《哲學與政治》，頁359。

意識形態的運作，必須通過權力運作來實現。根據福柯的觀點，權力的運作來自話語權，即「真理即權力」。當某種話語道出「真理」時，它便藉此享有了權力。福柯認為，龐大的權力機器會伴隨著意識形態的生產。意識形態總是權力通過知識的生產而產生，這樣在權力、知識和意識形態之間，便形成了一種三角關係。正如福柯在《必須保衛社會》中指出：「權力，當它在自己細微的機制中運轉時，如果沒有知識的形成、組織和進入流通，或者毋寧說沒有知識的工具便不能成功，那麼就不需要意識形態的伴隨和建構。」

同樣地，教師的「真理的擁有者」的身分，賦予了教師在教室中的權力。作為一個完全自閉的文本，官方意識形態話語只是單向傳遞，不允許民眾質疑和挑戰，也就阻斷了官民之間的互動。通過壟斷的媒體，官方用納稅人的錢，將其強行地灌輸給民眾。根據這個文本，官方代表了世界的普遍真理，代表了歷史發展的規律，代表了民眾的一切。這種「真理擁有者」的身分，賦予官方以權力。

權力的開始運作，先是從外部引入。在〈當好人作惡的時候〉一文中，社會心理學家贊巴杜總結了權威引誘好人作惡的十個條件因素，這十個條件因素軟硬兼施，威脅和誘惑俱下，同樣適用於教師。比如說，他們起初會用一些高尚的目標來誘惑和壓制教師，如「教師是人類靈魂的工程師」、「培養社會主義建設的接班人」，云云。教師認可這些目的，同時也開始面臨威脅（比如失業）。此時，權力運作便宣告形成。權力開始轉向由內部產生，人們變成權力的活躍的一部分。

當權力從內部產生後，權力開始滲透到社會各個角落。在這裡，人人在不同形式和程度上都成了制度的支持者和受害者，包括國家最高領導人。教師天天抓分數，日日念高考，表面上都成了高考制度的支持者，不過同時也是受害者。河南某中學每日強迫學生學習十八小時，這就意味著，不僅學生要學習十八小時，教師也要在教室裡守足十八小時。校長監督教師工作十八個小時後，也總會有人來監督校長。這樣推論，人人都成了支持者和受害者。控制他人的結果，自己卻成了欲達目標的工具，整個社會也就充斥著控制和受控制。

我說恐懼，想必教師們都已體驗。國家搞高考制度，教師若不配合，就會面臨尊嚴的喪失，甚至是失業，至少也要受到經濟上的處罰──獎金和津貼的發放肯定要少一些。四川省綿陽市的學校，每次考試下來，都會把成績不好的教師張榜公佈，進行當眾嘲諷和傷害。毫不誇張地講，教師每天都是活在恐懼與壓力中。

　　面對這樣的恐懼，教師要生存下去，必然會採取「用謊言換麵包」的策略。教育的核心是高考制度，教師若不抓高考，就是反對我黨的教育。我黨永遠「偉大、光榮而正確」，代表了國家和民族利益，反對我黨就是反對民族與國家，所以不抓高考者就是人民的死敵──槍斃了也不足惜！「天衣無縫」的邏輯可輕易制服教師，讓教師犬儒化起來。於是，教師便會開始哄騙學生，說什麼「你要努力學習，為國爭光」，或「你要考大學，我可是為你好啊！」通過這些瞞和騙，人格已經異化的教師使學生的人格也異化。做穩奴隸的教師，也強迫學生學會做奴隸。

　　這樣，通過權力的運作，師生都被圈入權力範圍之內。其結果，師生難以實現他們的人性，只得放棄自我和人性，受制於整個系統，變成系統的螺絲釘和權力的僕人。在這種制度下，官方不是僕人，而是民眾的家長。全民失去了自我，成為了服務於少數統治者的工具。至此，隱秘的專制統治已宣告實現。

　　那麼，教師如何在這種恐懼與謊言的生活？既然社會生活以謊言為主，那麼在真話中生活就是對它最根本的威脅與瓦解。所以，良知未泯的教師應做到「生活在真實」中，勇於面對來自權力的恐懼，盡可能「用真話換取麵包」──儘管麵包可能會少點，也應該學會真實地生活。自己的努力微不足道，可每個人的努力會成為瓦解專制統治的巨大力量。一個有責任感的教師，會通過盡自己的微薄之力，來促進社會的變革與進步。

多爾「5C」後現代課程觀

寫作背景

目前，中國正在進行第八次教育改革。在這之前的每一次改革，僅是停留在教材內容的變更的層面，因而不能從根本上改變教育。

從二十世紀以來，隨著知識爆炸和資訊社會的到來，整個世界開始進入後現代社會，使知識觀、世界觀等都發生了巨大變化。此次國內的課程改革，吸收了世界上先進的教育理念和課程思想，在課程開發、實施和評價等各個維度都有所突破。這是中國教育的一次真正的「哥白尼革命」。

課程改革專家小組中的鍾啓泉和張華主編的《世界課程與教學新理論文庫》，對世界的最新課程思想做了很好的譯介，是一套教育工作者不可多得的好書。此套叢書中的《後現代課程》，在我看來更是教育論著中的精品。

讀完《後現代課程》後，我頗有感觸地寫下此文，嘗試著對「5C」課程觀做一個梳理分析。

二十世紀五六〇年代，西方世界開始進入後工業社會。在文化藝術領域，後工業社會又稱為後現代社會。二十世紀七〇年代，「課程概念重建運動」開始，課程領域開始由「開發範式」進入「理解範式」，課程被置入更為廣泛的政治、經濟、文化背景之下，作為文本被各種話語體系解讀。後現代主義作為一種思潮和話語體系，匯集了後現代主義、解構主義和後結構主義等哲學流派。多爾在《後現代課程觀》中，提出了「4R」原理以取代泰勒原理。在《後現代課程觀》的「譯後記」中，此書的譯者、多爾的助理研究員王紅宇說，多爾最近還出了「5C」的後現代課程觀——過程性（currene）、複雜性（complexity）、宇觀性（cosmology）、會話性（conversation）和社區性（commnunity）。由於「5C」課程觀僅是散見於《後現代課程》中，所以本文擬對「5C」後現代課程觀做一次嘗試性的梳理分析。

一、「5C」課程觀

（一）過程性（currene）

課程不是一種自然的事物，而一是種文化創造的過程。

——派納

　　1949 年，阿爾夫‧泰勒寫成《課程與教學的基本原理》。泰勒所處的時代背景是一個追求「效率」與「控制」的工業化時代，儘管此書被看作是傳統課程的「聖經」，但其課程思想是基於舍恩稱作的「技術理性」，有著濃厚的行為主義色彩。在泰勒的目標模式中，課程只是作為「跑道」，有著很強的「規定性」和「預設性」的性格，使教學成為灌輸知識的「銀行儲蓄式」教學過程。在這個過程中，教師是知識的擁有者，學生的角色是知識的接受者，教學評價也僅是停留在檢測學生對知識的接受程度的層面上。這種性格也使傳統課程有了明顯的「線性化」的結構主義的特徵，使傳統課程成了「流水線化」的課程。這種封閉的課程的框架下，教師只是按照教學大綱或教參「忠實地」操作，喪失了在課程中應該具有的創造性，被這種課程塑造成了教書匠。在後現代課程思想框架下，課程不僅是跑道，它還指向「跑步的過程，以及跑步過程中形成的模式」。學生與自己對話，與文本對話，與教師對話和與同伴對話，通過探究、討論和反思，使自己的經驗得以轉換，意義就被創造出來了。事實上，正因為有了過程性，課程才具有了開放性、轉變性和創造性。「課程將不再被看作是一種凝固的（set）、先驗的（priori）跑道，而是個人轉變的軌道。」[1]

（二）複雜性（complexity）

　　上帝不玩骰子。

　　　　　　　　　　　　　　　　　　　　——赫森伯格

　　亞里斯多德通過為宇宙論中的數學體系引入物理學證論，從而開闢了宇宙論中的物理學研究，建立了完備的物理學宇宙論。這種以物理學為導向的宇宙觀視太陽為宇宙的中心，太陽系是由齒輪和滑輪組成的「一架機器」。這種宇宙觀作為一種隱喻，傳統課程就具有了機械性、簡單性、序列性的特點。這就意味著，教師以「直線的」方式從起點跑到終點。從達爾文到皮亞傑的生物學宇宙觀認為，生命體系本質上是開放的、進化的系統。如果將生物學宇宙觀作為隱喻，課程就具有複雜性、不確定性、轉換性、開放性等特點。同時，大腦具有非常複雜的結構，如同一個複雜的互聯網路，依靠節點來傳遞資訊，而不是像現代主義認為的「機械裝置」一樣。那麼，與大腦複雜性的結構化一致的課程，也就應該包括一種複雜性。對於教師而言，就需要洞察學生的「潛在發展區」，並將其轉變為「最近發展區」。後結構主義則努力尋求分解、揭示變化和

---

[1]　威廉‧F‧派納，《理解課程》（上），頁 519。

偶然性，因而在後現代課程中，課程不是靜止的，而是轉化性的，變成了「隨我們注意力的轉移而不斷變換中心的複雜的馬賽克。」[2]

後現代主義還認為，秩序和混沌不是對立的，而是彼此相互聯繫的。混沌這種「起伏的、複雜的、多層面的秩序」，被看作是秩序的先兆和夥伴。而且，混沌意味著發展，混沌與複雜是必不可少的「驅動力」。後現代課程的這種開放性、轉換性使得現代主義的控制消失了，正如多爾所說：「控制是課程鐘錶運轉的魔鬼，是該讓這一魔鬼休息的時候了。」[3]

（三）宇觀性（cosmology）

> 宇宙學是涉及科學、哲學、神學和文學等四個領域的大概念。
>
> ──多爾

從詞源角度來看，cosmology 是從 cosmos 演變而來的。cosmos 一詞最早由畢達哥拉斯學派使用。畢達哥拉斯學派從數的和諧中領悟中宇宙的和諧，第一次用代表和諧與秩序的希臘詞 cosmos 來指稱宇宙。宇宙觀除了描述現象和建立宇宙的實在結構理論外，還反映著人類的意識形態或形而上學的思維方式。假如傳統哲學被視為「科學的科學」，那麼多爾告訴我們宇宙學是「哲學的哲學」。這樣，宇宙學就可以看作是處於人們的形而上學的最上層。因此，當我們用宇宙學的觀點看待宇宙（這裡，世界只是宇宙的一部分）時，也就有了我們的宇宙觀。西方的宇宙論的發展，曾經歷過三個時期。第一是柏拉圖的「宇宙有限論」，第二是哥白尼的「宇宙無限論」，第三是愛因斯坦以來的「大爆炸宇宙論」。其中，「大爆炸宇宙論」把有限與無限留待進一步的觀測和探究上，體現出有限與無限的深化和發展。

將現代宇宙觀作為一種隱喻，課程就是有限與無限的有機統一。課程的有限性表現為，課程在知識內容的數量、價值承載等方面是有限的，即通過一定數量的知識內容，使其承載的一定的價值觀念在一定程度上成為現實，使學生無論在知識與技能，過程與方法，還是在情感、態度、價值觀等方面在一定程度上實現課程的目標。課程的無限性表現在，課程處於不斷轉換和生成的過程中。它沒有起點和終點──因為，每個終點都會變成起點，重新納入到課程的無限發展之中。與封閉的傳統課程框架不一樣，後現代的課程框架是開放的，這是後現代課程具有無限性的基礎。

---

[2]　小威廉姆・E・多爾，《後現代課程觀》，頁 52。
[3]　威廉・F・派納，《理解課程》（上），頁 523。

（四）會話性（conversation）

> 沒有人擁有真理，而每個人都有權利要求被理解。
>
> ——多爾

眾所周知，笛卡爾為近代哲學奠定了「二分法」或「二元論」的基礎。這種認識論統治人類的思維長達幾百年，成為現代主義的典型思維。這種思維折射在課程領域中，我們就可以看到傳統教學中師生的關係是主客體對立的關係——教師是知識的絕對權威，享受著「話語霸權」，而「失語」的學生只是被灌輸的對象。解構主義哲學力圖廢除傳統哲學中的主體與客體絕對對立的「二元論」，動搖笛卡爾為近代哲學奠定的基礎。解構主義思想反映在課程領域中，就是要解構教師的「話語霸權」。同時，哈貝馬斯的交往行為理論建立交往理性的概念，強調相互理解和溝通，倡導批判和反思。這樣，會話性也可理解為一種交互理性，這是技術理性課程所不具備的一個重要特徵。當我們將解釋學引入課程領域時，會話已經遠遠超出了師生之間的對話，會話成為了經驗的轉化和意義的創造，從而將會話的內涵大大地擴展了。多爾也提出過「舞蹈課程」的概念——學生與其他舞伴，包括文本、教師、同伴和自己，進行合作、互動的活動。「舞姿」在學習過程中反映出來，就是表現為「討論」（與同伴跳舞）、「探究」（與文本跳舞）、「質疑」（與教師跳舞）和「反思」（與自己跳舞）。

（五）社區性（community）

> 學校即社區。
>
> ——杜威

後現代課程中的「社區性」，最早可以追溯到杜威那裡。杜威早就設想過一個具有批判性和支持經驗構建的社區。社區概念應用到教育，就是指課堂社區。懷特海認為：「自然的最終構成不是固體粒子，而是進化過程的結構。」而且，「實在自身是處於過種之中——形成和滅亡的過程。」既然經驗是我們存在於其中的實在，那麼經驗也就成為了一個開放的生命系統，也就具有了形成和滅亡的過程。學生在一個社區裡，將自己的經驗與同伴交流和會話，進行民主的、批判性的討論，將自己原來的經驗與同伴和教師的經驗進行聯繫、比較，在結合自己的「履歷情境」的基礎上，通過「視界融合」來摒棄自己原來的經驗，並形成新的經驗。這個經驗既是自己反思的成果，也是將來反思的對象或被拷

問的對象。在這個樣一個社區裡，教師的知識權威也會接受挑戰，教師的地位僅是作為「平等中的首席」，跟學生享有同樣的「話語權」。在後現代課程觀中，課程文化是由師生共同創造出來的。這個課堂社區裡的師生，享有一種民主的生活，創造出一種民主的文化。

二、結束語

多爾提出的「5C」後現代課程觀，從多維角度考察了後現代課程。不難發現，「5C」之間互為聯繫，互為補充，互為因果，渾然一體地構成了後現代課程的立體畫面。

值得一提的，基礎教育改革所倡導的新課程，也明顯體現出了許多後現代課程的特徵。譬如，新課程旨在用「用教材教」取代「教教材」，體現出了後現代課程中以「混沌」為特點的複雜性。「用教材教」意味著創造，師生的創造性和主體性人格獲得解放，而「創造性是指由混沌與秩序之間的相互作用而產生的，是在自由的想像與受過訓練的技能之間產生的。」[4]

新課程改革也對教師提出了更高的要求。在線性的傳統課程中，教師只知道進行照本宣科地教學。假如將教師比作駕駛員，這類教師也只是低級駕駛員。一個高級駕駛員必須能夠在「非線性」的跑道上做出判斷和選擇，他還必須懂得汽車的工作原理，以便在出故障時自己能夠進行修理；同時，他也應該懂得急救知識，以便在事故後能進行救治或自救。那麼，在一個後現代的開放性的課堂上，教師必須具備足夠的素質來適當處理可能出現的「混沌和干擾」。作為課程這一開放性「跑道」上的駕駛員，教師當然應該考慮乘客（學生）的舒適與安全，還要懂點急救知識，以便在事故後還有能力進行救治。因此，後現代課程的特點，要求教師不斷提高自己的專業化發展水平，使自己具有智慧和創造力。這種專業發展，是通過持續不斷地改造自己來實現自我成長的過程，而這個過程是一個開放的和終生的過程，正如鍾啟泉教授所說：「教師即課程。」

杜威曾意味深長地說過：「我們已經習慣了我們所戴的鎖鏈，一旦被拿去時我們還會想念它。」[5]那麼在後現代課程中，當我們沒有了那走著「精確控制」作用的鎖鏈時，當我們獲得了自由人格來發揮我們的創造性時，我們還會懷念那個被奴役的時代嗎？

---

[4] 小威廉姆‧E‧多爾，《後現代課程觀》，頁88。
[5] 威廉‧F‧派納，《理解課程》（上），頁102。

資訊加工理論對文科教學的啟示

寫作背景

　　文科的學習，很大程度上涉及記憶。然而，如何才能實現高效的記憶？高效記憶有什麼樣的策略？諸如這些問題都是文科教師應該關心的和懂得的。記憶屬於心理學內容，但是否具備一定的心理學知識，卻是教師專業化水平的重要方面。

　　希望此文對文科教師有所啓發。

　　資訊加工理論作為一種學習理論，揭示了資訊進入大腦後被加工的過程，以及人腦記憶系統的工作機理，給我們的文科教學以深刻啟迪。本文根據資訊加工理論比較強調的概念——「固定點」和「組塊」，結合筆者多年的教學經驗，提出了在教學實踐中文科教師應該注意的一些教學策略，同時也強調了文科教學實踐中，教師應把學習策略教給學生。

一、資訊加工理論簡述

　　資訊加工理論吸收了行為主義和傳統認知理論的優點，是一種「認知－行為主義」的折衷理論。它不僅把環境刺激作為學習行為的來源，而且認為學習和行為是環境刺激與學習已有圖式（schema）的相互作用。資訊加工理論流派紛呈，內容十分豐富。為了使本文更具針對性，本文擬從資訊加工和貯存角度來探討該理論對文科教學的啟示。

　　資訊加工理論主要關注人類記憶系統的性質和記憶系統中知識表徵和貯存方式。關於人的記憶性質，一些心理學家認為，記憶資訊加工模式由三個結構成分組成：（一）感覺登記；（二）短時記憶；（三）長時記憶。如圖 1 所示：

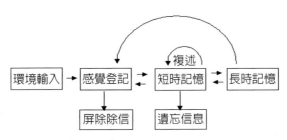

圖片來源：《學習論》

圖1

　　加涅（Robert M. Gagne）也提出過一個資訊加工模式，如圖 2 所示。從該圖中我們可以看出資訊的加工系統。該加工系統中的期望事項是指學生期望達到的目標，它具有一定的目標導向作用。學生對學習有某種期望，教師給予的資訊反饋才會具有強化作用。執行控制是指控制過程決定哪些資訊從感覺登記進入短時記憶、如何進行編碼、採用何種策略等。可見，期望事項與執行控制在大腦對資訊的加工過程中具有非常重要的作用。

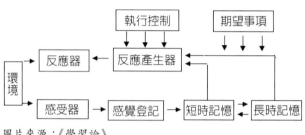

圖片來源：《學習論》

圖 2　加涅的信息加工模式

　　可以看出，儘管不同的心理學家對資訊加工及貯存過程有著各自的理論模式，但對資訊加工的一些方面已取得了共識。人們普遍認為，資訊加工一般分為注意、編碼、貯存、提取、轉換、使用等幾個過程，其中主要有下列三個方面。

（一）注意刺激

　　當實體信號被感覺登記時，大腦記憶系統就開始工作。這些資訊只停留非常短的時間。對感官施以影響的大量實體信號有一部分被選擇出來進一步加工，其餘的資訊則被剔除掉。

（二）刺激編碼

　　資訊加工理論認為，短時記憶處理資訊的能力是有限的。資訊進入大腦後，必須由感覺登記進行短時記憶。我們在短時記憶中對其進行加工時，其他資訊由於得不到注意就會遺漏掉。若希望對短時記憶中的資訊進行長時記憶，我們就必須進行編碼（encoding），即要轉換刺激，以便於貯存和日後提取。使用記憶取決於編碼，這是資訊加工理論非常強調的一點。所謂編碼，實際是一個涉

及覺察資訊、從資訊中抽取一種或多種分類特徵，並對此形成相應的記憶痕跡的過程。一般認為，編碼有兩種策略：維持性策略（maintenance rehearsal）和精緻性複述（elaborative rehearsal）。

編碼中有個非常重要的組塊（chunks）概念。所謂組塊，就是在記憶中把許多單位組合成較大單位的資訊加工過程。把資訊編碼成組塊，有助於增加資訊攝入量，也有利於保持記憶。

（三）貯存與提取資訊

編碼是為了把資訊貯存在長時記憶中。資訊的回憶，很大程度上取決於資訊貯存的方式，以及資訊與長時記憶中以往的內容的關係。這一點，有點類似奧蘇貝爾（David P. Ausubel）的「有意義學習」。奧蘇貝爾認為，學習內容對學生有潛在意義，即能夠與學生已有的知識結構聯繫起來，是有意義學習的兩個先決條件之一（另一個是學生的心向）。但奧蘇貝爾的「意義學習」主要是指新舊知識在知識鏈條上的邏輯關係，而在資訊加工理論中，新舊聯繫不僅是新舊知識在邏輯上的關係，也包括新舊知識在任何維度上的聯結關係，其根本目的是達到對資訊的長時記憶。在闡釋這個問題時，資訊加工理論引入了另外一個重要概念：「錨」點（anchorage）或「固定點」。所謂錨點，是指為了控制新資訊的漂移而從記憶中消退（decay），將長時記憶中的某個舊資訊作為固定點，以使新資訊與固定點之間建立起聯繫，最終使資訊在長時記憶中得到長期有效地保存。

綜上所述，當大腦接收到刺激資訊時，首先是感覺登記。經過短時記憶之後，如果沒有適當的策略，資訊就會被遺失掉。「只有那些經過精緻複雜的或較深層次的認識分析的產物，才容易得到貯存」，即只有那些經過像編碼這樣的深度加工的資訊，才有可能保持在長時記憶中。編碼中的維持性策略，只是通過機械地、無意義的重述來記住資訊；精緻性複述則主要是指對資訊進行適當加工，以提高記憶痕跡的強度，有助於對大腦中所貯存的資訊進行檢索，最終獲得長時記憶。加工方式有兩種，一是圖式中尋找與新資訊能夠建立聯繫的固定點，二是把資訊的「比特」集合成較大的協調的整體，或「記憶單位」即形成一個知識的組塊，以提高大腦對資訊的「庫存」量，提高記憶效果。如圖 3 所示。

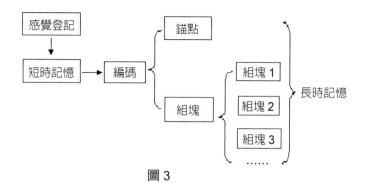

圖3

二、資訊加工理論對文科教學的啟示

資訊加工理論就要涉及記憶，而記憶在文科學習中佔有非常重要的地位。由於文科科目很多，筆者僅以英語為例進行論述。筆者所談及的英語教學方法，其實皆可用在所有的文科科目。

英語學科的教學內容十分繁雜，但就英語學科的知識而言，主要有辭彙和語法知識兩類。干擾理論（interference theory）認為，隨著資訊越來越多，如果沒有有效地進行編碼、歸類，提供線索失敗就會失敗，最終導致遺忘。由於編碼中的維持性策略是指通過反覆機械操練（如反覆朗讀）來避免消退，從而失去了本文探討的意義。所以本文重點討論精緻性策略對我們英語教學的啟示。

啟示一：每節課中新知識不能太多

資訊加工理論對長時記憶與短時記憶的劃分，主要是基於能量的差異。資訊加工理論認為，長時記憶貯存資訊的能量是無限的，而短時記憶加工資訊的能量是有限的，且一次只能記住五到九個專案。這就給我們的教學提出了一個警示：新知識的多少，一定要考慮學生有沒有課餘時間複習（編碼）。學生若在課餘沒有時間，新學內容則不能過多，不宜超過十個項目。新學內容得不到複習和鞏固，在大腦中完成了感覺登記和經過短時記憶後，很快就會被遺忘掉。

當然，針對學生沒有時間複習消化這一現象，我認為文科教師就應該在每節課開始時複習上節課的教學內容，以最大限度彌補知識的丟失。

啓示二：組塊

1. 歸類策略

所謂歸類，「就是要對分別對待各種相同的事物，對周圍的各種物體、事件和人進行分類，並根據它們這一類別的成員關係而不是它們的獨特性對它們做出反應。」（J‧S‧布魯納，1956）。實際上，凡是高水準的學生都會有意識地或無意識地運用這一策略。在詞彙學習過程中，組塊一般可以根據辭彙的音、形、義（包括同義和反義）來進行組塊編碼。通過使用這種策略，可能大大減少學生記憶的負擔。如，要求學生掌握八千辭彙，若採用組塊策略，記憶量便可減少到二三千，甚至是幾百。組塊的重大意義在於，它將雜亂的辭彙，通過音、形、義維度進行編碼，使每個單詞在長時記憶中找到自己的「歸宿」，從而得到長久的保持。

那麼，英語教師除了讓學生明白組塊在記憶中的意義之外，同時也還應該有意識地給學生講授記憶之術，或設計一些練習來訓練學生的學習策略。如：

Sort the following words into groups and put each group in a different box：
contemn，disparage，condemn，disparate，denounce

組塊 1（音）	組塊 2（形）	組塊 3（義）

可能的答案：

condemn contemn	disparage disparate	condemn denounce
組塊 1（音）	組塊 2（形）	組塊 3（義）

需要說明的是，同一個詞可以從不同角度進行編碼，因而被編入的組塊可以是不同的（如上例中的 condemn）。所以實際上，每個組塊之間不可能是完全獨立的，而呈現出一個交叉的關係，如圖 4。正如布魯納所說，編碼系統就是「一組相互聯繫的，非具體性的類別。」（J‧S‧布魯納，1973）

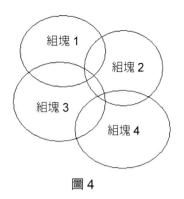

圖 4

2.順口溜策略

在教學中運用組塊策略的另一個辦法是順口溜。順口溜易讀上口，可讓學生非常容易地記住教學內容。在實際運用時，順口溜最好是押韻的。例如要求記住副詞 so、how、as、too 後面所跟的詞類，就可採用「how、too、so、as；形容（詞）冠（詞）名詞」（如 so good a book）這一順口溜。當然，有些教學內容不便採用押韻的方式，此時也可不採用押韻。例如，要學生記住一些不用冠詞的情況，可讓學生記住「三星『月季節』」，以表徵不用冠詞的場合：一日三餐、星期、月份、季節、節日等。

啓示三：固定點（參照物）的選擇

固定點的作用是通過選擇參照物來實現的，主要是運用於容易引起混淆的教學內容。參照物的作用主要是起「固定點」的作用，即大腦首先對新資訊進行動作、肖像或符號的表徵（J·S·布魯納），通過將新資訊與大腦中的某個圖式聯繫起來，使其進入長時記憶之中。例如，要教給學生 renounce 和 denounce 兩個詞語。這兩個單詞極其相似，學生一般會不同程度地混淆二者。此時，如果教師提示詞綴「de-」的涵義（表示「降低」之意），學生便會把 denounce 和大腦中的「de-」聯繫起來，記憶效果會大大提高。

在實際教學中，學業優秀的學生經常有「吃不飽」的現象，這是因為他們的大腦中的圖式要比學困生豐富得多。在學習過程中，優生更容易把新知識與舊知識建立起聯繫，自然降低了記憶的負擔，因而他們對新知識的攝入量要大得多。相反，學困生經常會感到「腦子已經裝不下了」。現代腦科學的研究表明，人腦可以儲存 1015 億比特的資訊，一般人一生只能用到大腦潛能的 10%。所以，「裝不下」的現象是沒有科學依據的。這種現象主要是由於學困生在圖式

的「原始積累」並不成功，不易將新知識與舊知識聯繫起來。他們的學習經常是學到新知識後，由於無法進行有效的編碼加工，因而很快就遺忘掉了。學困生努力一段時間後，他的大腦中的圖式逐漸開始豐富時，他的學習也會隨之變得有了意義。此時，學困生會越學越有勁，越學越有效。

有點需要說明。在學習過程中，編碼中的「組塊」與「錨點」並不是截然分開的兩種方式，經常是「我中有你，你中有我」的關係。編碼過程在某種意義上可以被看作是一種「錨」點過程，反之亦然。作為教師，最重要的是要千方百計讓學生掌握「新舊知識建立聯繫」這一要領。

三、結束語

文科學習很大程度上屬於記憶學科，其知識表現出零散、非結構化的特徵，這就對學生記憶方面的要求比較高。除了在心理品質和元認知策略方面的原因外，學困生也可能有學習策略的問題。所以，教師不能像「壺杯」理論（the jug-and-mug theory of education）中的「壺」一樣，只顧把水倒給「杯」一樣的學生，而忽視了學生的認知心理、認知結構、認知策略和認知效果等。教師應該把教會學生學習策略視為己任。唯有如此，教師才能有效地大面積提高學生的學業成績。

「水」課堂：教學的最高境界

寫作背景

豐老師教語文，而我教的是英語。儘管如此，我倆有很多可分享的東西。我們經常一起喝茶，暢談教學、教育。我們嘗試過為課堂教學建模，研討教材、教師和學生「課堂三元素」之間的關係，卻苦於沒有扎實的數學功底，最終只得忍痛放棄。我們後來才知道，有三個元素的課堂已具有複雜性，不能簡單地用建模的方式，而必須用複雜科學來描述。

我倆「教研」時，他向我講過他的「如水」課堂。他一直在思考如何從文學角度描述他的課堂，而我卻力圖用理論證明這是一種先進的教學思想。對於豐老師的「水課堂」，很多教師都能體會到，或者是有相同感受，儘管他們難以從理論上論述清楚這種課堂的合理性。

終於有一次，在「衝動」的驅使下，我試著寫出了下面這篇文章。從系統科學和複雜科學的角度，我試圖為「水課堂」奠定堅實的理論基礎。

謹以本文作為話語支持，獻給那些保持著生命活力，在課堂上自由創造和盡情揮灑的教師們。

豐老師是一位非常優秀的語文教師。在我看來，他的教學出神入化，已達到「水」的境界。他的專業基本功扎實，知識視野廣闊，課堂上與學生的互動親切自然。用他的話來說，在課堂上他與學生是在打「太極推手」——學生「推」來問題，他將其「推」給學生，學生反過來「推」向他，如此循環，構成了「教學推手」。他的教學可謂「風生水起」或「行雲流水」，堪稱課堂教學的最高境界。

我以為，太極拳可能來源於道家思想，或者說，道家思想是太極拳的理論基礎吧。比如，太極拳講「以柔克剛」或「四兩撥千斤」，讓人想到「水利萬物而不爭」和「攻堅強者莫之能勝」。太極拳動作看起來行雲流水，連綿不斷，呈現出水的特徵。太極拳主張一切從客觀出發，「隨人則活，由己則滯」。太極拳中有「聽勁」之說，即準確判斷對方來勢，據此做出相應的反應。想像一下，這是不是課堂的最高境界呢？

「水」課堂只是率性而為的結果嗎？其背後有沒有科學依據呢？其實，「水」課堂有著複雜而深刻的科學依據。下面，我們就來討論這種「水」課堂的合理性，探索其背後的思想基礎吧。

二十世紀七十年代，課程領域的「概念重建運動」開始，課程由「開發範式」開始進入「理解範式」。在課程被置入更為廣泛的政治、經濟、文化的背景

之下，課程作為文本被各種話語體系解讀。作為一種思潮和話語體系，後現代主義匯集了後現代主義、解構主義和後結構主義等哲學流派。根據後現代課程觀，課堂不再是一個封閉的死系統，而是一個開放進化的生命系統，具有複雜性、不確定性、轉換性等特點。

眾所周知，課堂教學主要包括三個要素：教師、學生和教材。傳統課堂是以行為主義心理學為基礎，強調「刺激－反應」，必然走向教師「一言堂」或「滿堂灌」的教學模式。這種課堂忽略學生作為主體的存在，不允許學生解讀文本，便阻斷了師生之間的互動。學生這個元素「死」去後，課堂上便剩下兩個元素：教師和教材──教師將教材原封不動地「搬運」給學生，或是「儲存」在學生大腦裡。同時，教參也牢牢地束縛著教師，不允許教師作為主體來解讀和闡釋文本。從這個意義上講，教師與教材之間也沒有互動關係。

具有兩個元素的系統，只是一個平衡系統。三個以上的元素進行互動的系統，才可能成為開放和進化的系統，即所謂的「週期三產生混沌」。「在數學上，兩個要素的作用是一種線性作用。線性作用在原則上是無法產生放大、漲落和湧現現象的。……換句話說，『二』不能生萬物。……在這裡，『三』聯繫宇宙之初和萬物之始的演化涵義頓時躍然紙上。」[1]這是什麼原因呢？

老子說：「道生一，一生二，二生三，三生萬物。」為何「三」能生萬物，而「二」卻不能？原來，複雜系統的複雜性是從「三」開始。漢語中很多字都包含「三」的複雜性：三人為眾，三木為森，三日為晶等等，這些包含「三」的字，比「一」要複雜。三個臭皮匠組織起來，其智力比一個要複雜得多，可以跟諸葛亮媲美；陽光從三面照射到晶體上，晶體看起來才會晶瑩剔透。

牛頓定律很好解決了兩體之間的引力問題，卻沒有涉及三體之間的引力問題。十九世紀，法國數學家彭加勒發現，在三體問題中，方程的解的狀況非常複雜，以至於在給定的初始條件下，沒有辦法預測時間趨於無限時物體的運行軌道。彭加勒的這一理論，被普遍視為混沌理論的起源。可見，「三」是混沌現象的根源，它決定了宇宙的複雜性和萬物的生長演化。

什麼是系統的複雜性？在《複雜性科學探索》中，成思危對系統的複雜性做過很好的描述。他認為，系統的複雜性主要表現為：系統各單元聯繫廣泛而且密切，構成網絡；系統具有多層次、多功能的結構；系統在發展過程中能夠不斷學習並對其層次結構和功能進行重組及完善；系統是開放的，與環境聯繫緊密，並能向更好適應環境方向發展；系統是動態的，處於不斷發展變化之中。

---

[1] 吳彤、黃欣榮，〈複雜性：從「三」說起〉，《系統辯證學學報》，2005 年第 1 期，頁 7-8。

一個複雜性系統，應該包含三個以上的元素。傳統課堂喪失學生要素後，便沒有了系統的複雜性，只能是一種簡單機械的系統。

相比之下，後現代課堂是一個複雜性系統。在這裡，不僅教師和學生互動，教師也能教材互動，即教師享有解讀教材的空間，是「用教材教」，而不是傳統課堂的「教教材」。

教學三個要素之間的互動，使課堂教學具有了生命系統的特點。生命的生長需要不斷地進行新陳代謝，穩定地從外界獲取物質和能量並將體內產生的廢物和多餘的熱量排放到外界，還必須能根據外界刺激來進行自組織，實現自我調整和演化。「生命極為脆弱：自出生之日起，開放的存在或生命就與死亡近在咫尺，只能靠不間斷地積極主動的經常性重組和外界補給的支持來避免或逃脫死亡。它是一個不確實的過渡性存在，時刻需要重塑自己，一旦它不能再重組和被重組，一旦失去了外界的給養和維護，它就支持不住了……。它的生命只能在平衡與不平衡之間搖擺，二者都在對它進行瓦解工作。」[2]

根據外界的刺激，生命系統會自動做出反應。這種反應，是一種反饋。眾所周知，反饋有兩類：正反饋和負反饋。鄧尼斯·米都斯指出：「正反饋回路產生失去控制的增長，而負反饋回路則有助於調節增長，並使這一系統保持在某種穩定狀態之中。……在負反饋回路中，一個因素的變化是環繞著這個圓圈傳播的，直到這個因素回到與最初的變化相反的方向為止。」[3]正反饋會產生失控。在我們的生活中，最為典型的現象就是麥克風離喇叭太近而產生嘯叫——喇叭裡的聲音進入麥克風，被放大後進入喇叭，從喇叭又進入麥克風，如此循環，最終我們就會聽見喇叭的嘯叫。此時，我們一般會將麥克風遠離喇叭，或不正對著喇叭。所以，正反饋不利於系統的發展，而負反饋卻像一個恆溫器，有穩定系統的作用。簡單地說，系統的生長需要的是負反饋，而不是正反饋。

在系統論中，有個「漲落」的概念。從自然界到人類社會，所有看起來恆定不變的量實際上都是在隨機變化著，這種變化就叫「漲落」。普利高津有過「長距關聯」的概念，意指漲落的放大。系統中的漲落經逐級放大，能夠成為改變系統的決定性力量，這便是洛倫茲提出過著名的「蝴蝶效應」。南美的蝴蝶的翅膀煽動，經各種條件的放大，完全可能成為美國佛羅里達的風暴。負反饋的作用在於控制漲落，使系統的變化維持在一定水平上，不至於被無限放大後而造成無法控制的局面。

---

[2] 愛德格·莫蘭，《方法：天然之天性》，頁 212-213。

[3] 鄧尼斯·米都斯等著，《增長的極限——羅馬俱樂部關於人類困境的報告》，頁 6-10。

漲落是對系統的穩定的平均狀態的偏離，可以在破壞系統的穩定性後，使系統獲得新的穩定性。可見，漲落是系統發展的有利因素，它使系統得以從無序發展到有序，從低級有序向高級有序進化。按照協同學的觀點，系統要發展，必須有隨機的漲落。

通過不斷地與外界交換物質和能量，一個遠離平衡態的開放系統可能通過「漲落」發生突變，由原來的混沌無序狀態轉變為有序狀態。為了便於理解，我從拙著中擷取一段略加說明。

教師：$3 \times 2 =$？

學生：不知道。

教師（心裡想）：不懂？這可怎麼辦？

此處，便是一個非線性的無序混沌狀態。如果教師不知所措傻了眼，整個課堂系統便會到此停頓，出現無序的不平衡狀態。在這個轉捩點上，有智慧的教師會靈機一動，繼續推動系統的生長。

教師：$1 \times 3 =$？

學生：3

教師：$2 \times 3 =$？

學生：6

教師：$3 \times 2 =$？

學生：6

教師：這就對了。

這樣，經過無序的不平衡後，通過自組織的漲落，課堂系統又恢復到有序的平衡態，得以繼續發展下去。

課堂中，還可能出現下面這類情況：

教師：咱們用圓周率來解這道題吧。

學生（好奇）：老師，圓周率是誰最先發明的？

教師：祖沖之。

學生：祖沖之是誰啊？你能講講嗎？

教師（心裡想）：這不是今天的內容啊！

在這個案例中，祖沖之不是教學內容。然而，在這個無序的轉捩點上，教師完全可以動態地生成教學內容，給學生講講祖沖之的好學精神，鼓勵學生將

來為科學做出貢獻。若能這樣，教學的「情感、價值和態度」的維度不僅得以實現，而且非常好地體現了後現代課堂的生成性。

與傳統課堂強調「預設性」相反，複雜的和非線性的後現代課堂有著無數的轉捩點。這些轉捩點，使後現代課堂有了動態性和生成性的特點。這種生成性自身就是教學目的，正如杜威所說：「在過程之外沒有目的，過程就是目的。」杜威還將課堂中的轉捩點稱為「圖景中的目的」，用以指教學圖景是不斷生成目的。[4]

「自組織的非平衡系統可以是不穩定的，但通過進化卻可生存下去。只要子系統間的種種過程充分快，足以抑制較小的和中等的漲落，並將系統維持在過穩態上，那就足夠了。……沒有一個複雜系統真正地處於穩定狀態之下：只要它維持著其結構，它就總是過穩定的。這種方式的存在，使得複雜性的大大增加成為可能。隨著結構的永久穩定性的消失，進化變得開放，變得沒有限制，從而看不見終極，沒有永恆性，也沒有盡頭。」[5]

在一個自組織課堂中，時刻都充滿著不確定性。這些不確定性，在系統論中就表現為「漲落」或「突變」。教師的作用遠不是機械地傳遞知識，而是審時度勢地選擇生成點，使課堂得以不斷地進化。「沒有限制，看不見終極，沒有永恆性，也沒有盡頭。」這是怎樣的教學啊？課堂上沒有了「一言堂」的教授，教師的教案也被廢棄，一切都取決於教師的智慧和學識了。

系統論的另一個原理，是「總體大於個體之和」。一個自組織的開放系統，還有「湧現」特性。所謂「湧現」，是指系統內部各要素的相互作用，賦予了系統以新的特徵。傳統課堂中，各要素不能互動，系統只是各要素的簡單相加。在後現代課堂中，各要素的互動使課堂系統不斷產生新問題，從而出現「湧現」。後現代課堂強調的生成性，便是課堂作為生態系統的一種「湧現」特性。

這裡有必要說一句，傳統課堂和後現代課堂的政治蘊義是不同的。在傳統課堂上，教師完全享有「話語霸權」，成為了獨裁者。學生只能接受，不能反詰或質疑，從而失去了主體性。這種傳統課堂，在政治上是一種極權主義。在後現代課堂中，學生的主體被重新確立起來，有資格與教師與教材互動，課堂上也體現出民主趨向。系統論的創始人貝塔朗菲深諳這點。論及組織理論時，他曾說道：「我認為組織理論所給出的最高格言只能是：不要給任何派別的獨裁者以指南，使他們能科學地利用『鐵的紀律』去更有效地征服人類，而要警告他

---

[4] 鄭偉，《教育苦思》，頁 46。
[5] 埃里克・詹奇，《自組織的宇宙觀》，頁 287-288。

們，極權主義的組織怪獸要是吞沒了個體就必定自判死刑。」[6]在一個封閉系統裡，必然會出現獨裁和奴役。只有在開放狀態下，系統才得以發展，生命才能獲得解放。在我看來，教育與課堂本來就蘊含著政治意義。

可以發現，後現代主義視野下的系統具有一定的結構主義特徵，卻是一種流變的結構主義。整個系統富有彈性和靈活性，能根據環境進行自組織和演化。這種特徵，讓人聯想到水，因為水的本質特徵是流動性。無論是遇到高山峽谷，都不能改變水終歸大海的命運。水可能改變形態，卻只是臨時性的。它服務於整個過程，不會影響水的最終歸宿。這就是說，水有很強的適應性和流動性。在「水」課堂上，儘管課程的內容可能是無限的，課程形成也可能是多樣化的，然而課程的方向卻始終不會變。也就是說，「水」課堂也有很強的適應性和流動性。

老子說：「上善若水，水善利萬物而不爭。」蘇軾在〈畫水記〉也說：「畫奔湍巨浪，與山石曲折，隨物賦形，盡水之變，號稱神逸。」如此看來，課堂教學形態的最高境界便是水的形態。

「水流碰到障礙會產生漩渦，也就是一種穩定的被組織的形式，它本身會不斷地自我建構。」[7]河道中湍流是無組織的秩序，看似一片混亂。然而，當湍流遇到障礙（如橋拱）時，就會產生一種有組織的秩序——漩渦。複雜性系統的一個重要特徵是「兩重性原則」，即有序性和無序性共同產生了複雜系統。作為一種複雜系統，「水」課堂是「湍流」和「漩渦」的統一，也是有序性與無序性的統一。

最後還有一點要說明。在新課程改革的背景下，課堂的開放性和生成生將對教師的專業化發展提出更高的要求。幾天前，教育部專家、湖北省教科所研究員史紹典先生主持了本市語文年會。在會上，史先生說：「范美忠就是最優秀的語文教師嘛。」這句話沒有言過其實。范從不寫備課本（他用一生在備課），課堂上使用蘇格拉底的「助產術」，充分體現出了後現代課堂的特點。

朝菌不知晦朔，蟪蛄不知春秋。老師，你若追求教學的最高境界，那就開始讀書吧。假如傳統課堂是一種奴役，後現代課堂則是一種解放。在解放的課堂裡，你會擁有一片自由的天空。你若是一隻鯤鵬，那就去「水擊三千里，搏扶搖而上者九萬里」吧。

---

[6] 貝塔朗菲，《一般系統論》，頁49。
[7] 愛德格‧莫蘭，《複雜性思想導論》，頁62。

再往遠處看看

寫作背景

　　人的自信，往往始於無知。無知的人所知有限，以為他知道的那些東西便是全部，於是便會自信起來。

　　一個不學無術的教師，在教育中會是什麼樣？除了靠出賣體力而成為「教育民工」外，他懂得什麼是教育嗎？他知道教育的真諦在哪兒嗎？

　　一個不學無術的領導，在管理中會是什麼樣？他能站得高，看得遠嗎？他能指明組織的發展方向嗎？

　　對於這些問題，我們都應該打上一個大大的問號。

　　不學無術的現象，對教育是莫大的藝瀆。然而，這在中國教育中卻是事實。

　　最大的無知，不是缺乏知識，而是拒絕知識。

——波普爾

　　一位高中物理教師對我說：「我最反感玄之又玄的東西，我只喜歡樸實簡單的東西。你那些理論有何用？全是胡扯蛋！物理說起來很簡單，就是牛頓的三大定律。物理哪有那麼深奧神秘的東西？」聽罷，我只有苦笑。玄之又玄？微粒子和電子玄不玄？無際的宇宙又玄不玄？這些可都是物理學要研究的問題，難道只有肉眼看到的才屬於物理學的領域？如果不是，此公的物理專業水平或專業意識是否有點問題？不幸的是，此公還是領導。此公寫幾句打油詩後便聲稱自己是詩人，卻又不知徐志摩是哪個時代的人。他的膽子也夠大，經常在各種場合表達對理論的反感，有一種明顯的反智主義趨向。當然，這位領導斷然不去讀書，所以才敢這般大放厥詞，正所謂「無知者無畏」。

　　我教的學科是英語，卻對物理有點興趣。只要涉及哲學，就不可能擺脫物理——作為哲學的一個分支，科學哲學跟所有科學都有聯繫。有句話說，科學的盡頭是哲學，哲學的盡頭是宗教。誠然，我不能像物理教師那樣解出課本上的習題，但我時常會眺望物理的盡頭，並以一種帶著宗教情愫的哲學眼光來看待這個世界。

　　我以為，物理學有兩部分：知識和思想。此公混上了「特級教師」，也發表過幾篇所謂的論文，只不過這些論文全是「鳥兒飛行速度有多少？」之類的物理計算題。此時，你不禁會還疑此公的素養和水平，懷疑中國的「特級教師」

是否是「特級蠢才」的代名詞。此公以這樣的水平教學，教給學生的最多只是知識，而不可能是物理學的思想。

有感於這位物理教師的話，我現在斗膽以英語教師的身份來講講物理學的思想與哲學。我對物理的理解和看法可能有誤，尚希物理教師斧正。

牛頓理論是近代科學的集大成者，一直影響著整個科學和社會科學。「社會工程師」孔德認為，物理學作為科學的傑出代表，既然可以揭示整個物質世界的本質，那麼物理方法也應該適合於社會科學。牛頓認為時空是絕對的和有限的，這決定了他的世界觀是封閉的。孔德將牛頓理論的力學和封閉的世界觀引入社會學，提出了「社會靜力學」和「社會動力學」的社會工程學。通過把社會工程學和黑格爾的歷史精神和規律結合起來，馬克思創造出了共產主義理論體系。歷史上的共產主義運動，為人類帶來了巨大災難，這是有目共睹的事實──請注意，我們已從物理跳到政治學科，從理科涉入文科了。

眾所周知，唯物主義的發展經歷了三個階段。第一個階段是樸素唯物主義，這主要是古希臘時期的哲學思想。泰勒斯、普羅泰戈拉、巴門尼德等，都認為世界的本質只是一種物質，如水、火等。第二個階段便是牛頓的機械唯物主義。牛頓認為，整個宇宙只是一架機器，星體的運轉如同機器上的齒輪。這種唯物主義，便是機械唯物主義。第三個階段是馬克思將辯證法置入唯物主義，創造出辯證唯物主義。從這點來看，馬克思的辯證唯物主義跟牛頓定律也有關係，二者是兩個連續的發展階段。

也許，物理教師會認為我扯遠了，跟教育工作毫無關係。好吧，我還是用牛頓理論談談教育。

某些學校喜歡把教師「往死管」，要求教師每日坐班十餘個小時，認為如此才能辦好學校。無論領導是否意識到，這種管理實際上把學校作為了一個封閉的微型社會。這背後的指導思想，其實是一種典型的物理學思想。這種管理模式下，整所學校會形成極權、暴政和獨裁的特點。一些學校非常迷信「高壓管理」，往往採用極權主義的管理方式，領導對女教師無端動粗時有發生。在這種學校裡，作為校長豢養的「狼狗」，行政領導的任務只是執行校長的獨斷命令。顯然，這種學校已成為一座集中營或極權主義工廠，在這裡工作的教師僅是被奴役的對象。這種學校沒有教研科研，沒有校園文化，不可能讓教師實現有個性的發展──教師沒有個性時，「讓學生有個性地發展」的辦學方針也成為了空洞的口號。

生物學思想則不同。這種思想認為，人文環境是一個文化生態。將校園文化視為一個封閉框架，只會把校園文化置於死地。只有享有一定的空間，像野

生植物那樣自由生長，教師中才可能出現「參天大樹」。以生物學思想為指導的管理，會為教師營造出比較寬鬆的人文環境。

若用物理學世界觀管理學校，學校便是一種封閉的框架。在這裡，沒有像樣的教研科研，教師個體被嚴格操控。領導為教師分派各種任務，以實現學校的「宏偉藍圖」。然而，只要以行政命令搞讀書活動——無論是執行上級指示，還是學校自主搞的——均不能達到預期效果。作為控制手段的行政命令把讀書變成任務，把內在的需要變成外加的強迫，使讀書最終成為了一種負擔或奴役。在強迫狀態下讀書，教師們採用應付對策也在情理之中。這樣的讀書活動，肯定不會有多少實效。

若要讀書活動有實效，領導們就不妨把學校視為生物世界，通過自己帶頭讀書來影響教師們。這種方法，是一種「草根式」的發展模式。如同細胞分裂一樣，一個人讀書會帶動另一人，即一變二，二變四，直至讀書蔚然成風。「一切細胞都來自其他細胞」，這句話應用於校園文化就是「教師讀書來自他人讀書」。「草根式」的讀書活動，必然會讀書的星火燎原之勢。

系統論中的「成核現象」，包括形成「氣化中心」或者是「結晶中心」。前者指液體分子在該固體物質上面（固體物可以是不溶雜質，或者是容器壁上的粗糙部位）聚集，分子不斷的碰撞而能量聚集，形成一個氣化的中心。後者指不斷地用玻棒摩擦容器壁，或者加入少量的結晶，使得局部的溶質濃度升高，增加晶體碰撞，加快結晶的晶形構造，從而形成結晶中心。從系統論的角度來看，學校也就是一個系統，讀書活動是一種「成核現象」。也就是說，讀書先得有一個核心，然後才能在其基礎上進行凝聚。

領導們必須清楚，以行政命令搞的奴役式的讀書，是不會走進教師心靈的。領導們應該積極扶持民間的讀書活動，將其作為「細胞」或「星火」，把行政權威下的「要我讀」變成在周圍教師影響下的「我要讀」。當讀書融入了教師們的生活，完全走進教師們的靈魂時，文化引領即宣告大功告成。

有了讀書氛圍作為基礎後，教育科研也會容易得多。那麼，搞科研課題時如何選題呢？是強迫教師在規定的範圍內選題，還是發動教師自發組織選題好一些？答案不言自明。

再來看看課程。傳統課程的思想根源，也可以從牛頓原理中找到。上面說過，牛頓的哲學是機械唯物主義。在課程中，這種機械唯物主義便體現為課程的封閉性和機械性。傳統課堂是封閉的和線性的，教師霸佔了話語權，單向地為學生傳遞知識。後現代課堂則是非線性的，教師單向傳授知識的結構被完全

打破，它要求教師、學生、教材互動，三者不斷地交換資訊，整個課堂呈現出「混沌」。不過，混沌創造著課堂的生長點，應該受到鼓勵和提倡。

這兒講的混沌，涉及到耗「散結構」理論。伊里亞‧普利高津對非平衡熱力學，尤其耗散結構理論的貢獻，使他榮獲了一九七七年諾貝爾化學獎。「耗散結構」意味著，一個遠離平衡態的非線性的開放系統通過不斷地與外界交換物質和能量，在系統內部某個參量的變化達到一定的閾值時，通過漲落，系統可能發生突變即非平衡相變，由原來的混沌無序狀態轉變為一種在時間上、空間上或功能上的有序狀態。這種在遠離平衡的非線性區形成的新的穩定有序結構，需要不斷與外界交換物質或能量才能維持，被稱為「耗散結構」。「耗散結構」理論具有劃時代的意義，在自然科學和社會科學的很多領域都產生了巨大影響。

前文所說的共產主義社會及學校裡的極權管理，採用的是牛頓的封閉的世界觀。在這裡，民眾沒了思想和肉體的自由，也沒有了民主。為了保證實驗條件的穩定性，整體主義者必然會牢牢控制民眾，減少干擾工程的混亂，以實現他們設定的「社會工程」和「校園工程」的宏偉藍圖。對於那些懷疑者或反對者，統治者／管理者也必然會不擇手段將其清除。可見，一旦被應用於社會方面，物理學思想必然會帶來「獨裁」、「愚民」和「暴政」。一九七八年開始的改革開放，使中國融入國際社會，才有了今天的飛速發展。若用生物學的「耗散結構」來解釋改革開放，那就是，中國開始逐漸遠離平衡態，不斷與外界交換物質或能量，才得以實現了發展和生存。

同樣地，我們也可用「耗散結構」來解釋後現代課堂。假如說傳統課堂是牛頓世界觀的縮影——封閉，機械，單向，後現代課程便體現了一種「耗散結構」——開放（多向），混沌，生成，交換能量。熱力學，是物理－化學的邊緣學科。誰說物理跟教育沒有關係？

現代科學追求確定性，但受到德國物理學家海森堡的挑戰。一九二七年，海森堡提出了「不確定原理」。「不確定原理」又名「測不準原理」、「不確定關係」，它反映的是微觀粒子運動的基本規律，是物理學中的一條重要原理。這個原理的基本意思是：物質中電子的勢能、速度等是不可測的，因為測量必有儀器，而儀器會改變被測物質中的電子特性，讓人不知道被測之前的特性。這條原理已為變化奠定了基礎，預示著後現代時代的即將來臨。用這個原理來透視課堂，課堂也就充滿著不確定性。這個不確定性，便是後現代課堂中的混沌。

有一次，教導主任去一位物理教師的課堂聽課。這位物理教師正津津有味地講著力學，跟學生舉例說：「假如我打你一下，你會覺得痛，這是為什麼呢？

這是因為，我給你施加了一個力。」一個學生接嘴問：「老師，我打了這個桌子，給它施加了一個力，桌子會不會痛呢？」教師頓時不知所措，木訥地站在那兒。對於學生的問題，很多教師會把學生臭罵一頓，或者只能搪塞過去，說桌子沒有生命。

在後現代課堂中，這個混沌之處是一個典型的生長點。教師只要處理得好的話，完全可以借題發揮，把課堂引向更高更遠。比如，用叔本華哲學來解釋（桌子有意志無意識），為學生增加一點哲學素養。當然，這對教師的要求就明顯高得多——難道物理教師能做幾道習題就行了嗎？這點可以引發出很多問題：教學中有沒有教育？如果有，如何體現教育？教師只是經師嗎？教師如何成為人師呢？

對於海森堡，我不指望每個物理教師都知道。物理教師們天天忙於做習題，視野還遠遠沒有觸及到物理學的盡頭——哲學。做習題對於物理教師是必要的，然而卻只是最低要求——它無法讓物理教師有更高的智慧和更深刻的思想。物理學思想和方法能夠「幫助學生瞭解人類對自然界的認識發生發展的基本規律，瞭解物理學家認識和發展物理定理、定律的基本方法，以物理學家認識世界本來面目的方式去認識世界，從而使個人的智力、智慧和創造力的發展與科學知道、科學體系的形成過程之間達到基本平行和同步。」[1]因此，缺乏了物理學思想和方法的物理教學也是不完整的，只會把學生訓練為只會做題的機器。

除了完成日常的事務外，管理者們也不妨抬頭看看遠處，把自己的思想滲入到管理中，為學校的發展把握住方向——前面那位領導不崇尚知識，必然會反對讀書學習，反對教研科研。埋頭苦幹的精神固然可嘉，可我們的工作若沒了方向，越苦幹就會越錯誤。

老師，每日忙完後，抽點時間讀書思考吧！在知識面前多一份謙卑和敬畏，你才能走出「無滋（知）無味（畏）」，開始「有滋有味」地生活、「有知有畏」地學習和「有智有慧」地工作。

再往遠處看看吧，你會發現另一片天地。

---

[1] 朱宏雄，《物理學方法》，清華大學出版社，頁3。

私立學校實施教師發展性評價的研究

寫作背景

又是一個「課題申報年」。

在一篇文字中，我曾稱中國的教育科研只是「垃圾生產」。然而，教科室卻要我代表學校申報一個省級課題。

想到學校缺乏文化根基，單方面突出強勢管理，我最終把課題的研究方向定位在教師的發展性評價上。應該說，無論從新課程改革，還是從教師文化的建設，本課題都有很強的現實意義。

我以為，要改變學校，首先必須改變校長的觀念。於是，我建議拉校長「入夥」，擔任課題研究人。校長「入夥」有幾個好處。一方面，課題研究動用人力物力都會方便很多，無人能在這些問題上跟校長唱反調。另一方面，作為研究人，校長不用做具體的事，但起碼也得看看研究報告吧。只要校長能看報告，就能或多或少地被課題思想影響。時間一長，校長的觀念也可能改變一點。一句話，改變校長也得有點策略。

然而，本課題寫成後，教科室沒有同意上報，原因大概是課題揭露了學校的「陰暗面」。是啊，一所欣欣向榮的學校，怎麼可能會有這麼嚴重的問題？況且，學校只需抓分數賺錢，搞科研沒有多大意義。

課題申報表篇幅巨大，足有一二十頁。在此，我只擷取了論證部分。這個部分，也是整個申報表中最為重要的部分。

課題論證部分

- 本研究的意義：目的、教育改革價值（300 字以內）
- 相關研究述評：

  省內及國內教育改革領域內的研究現狀、本研究的創新點（700 字以內）
- 擬研究的問題：

  相關教育現狀（問題情景）、擬實施的教育改革任務與教育現狀間的差距或矛盾、由此形成的基本問題（1200 字以內）
- 改革方案概述：

  針對擬解決的問題，本改革方案設定的基本主張與措施（在什麼樣的先進理論、優秀經驗認識的支撐下開展改革；準備以什麼樣的策略、途徑、方式、措施展開教育改革活動，對教育現狀進行改革干涉）（1800 字以內）

■ 預期改革效益：

在與課題的相關方面，學生發展，或者教師發展，或者教育活動方式體制的變化（800 字以內）

關鍵字的界定

所謂私立學校，是指國家機構以外的社會組織或者個人，利用非國家財政性經費，面向社會依法開辦的學校或其教育機構。作為一所私立學校，我校於二〇〇〇年開始籌畫創辦。從運營性質來看，我校是「民辦公助」，即教師來自公立學校，相當一部分教師是佔編教師。

從受評價者來劃分，教育評價可分為學生評價和教師評價。概括地說，教師評價有兩種目的不同的方式：一是獎懲性教師評價，二是發展性教師評價。我們的研究的問題在於，如何結合這兩種評價，改善和提高教育管理水平。

教師評價屬於管理範疇。從一般管理學角度來看，麥格雷戈的管理理論──X 理論和 Y 理論認為，管理者對員工的不同看法或人性假設，會導致管理方法截然相反──換句話說，不同的人性假設導致不同的管理思想。X 理論認為，人的本性是好逸惡勞，因此人需要懲戒手段來強制、監控或威脅。與此相反，Y 理論認為，人都有精神追求，願意通過自身的努力來獲得成就感。可見，獎懲性教師評價體現的是 X 理論，而發展性教師評價體現的卻是 Y 理論。

獎懲性教師評價以獎勵和懲處為終極目標，通過對教師的評定，作為解聘、晉升、降薪、獎勵等決定。這種「外部評價」將教師視為需要層次很低的動物，從外部採用福利性的激勵因素，輔之以恐嚇威脅的手段，因而不能真正進入教師的心靈，無法從根本上解決教師的問題。嚴重的情況下，這種評價還可能引起教師的牴觸。

歸納起來，獎懲性教師評價的主要特點有：

一、控制學校管理的權力，強化教師的服從意識；

二、強調幹勁、成就、效率和效果；

三、頻繁使用獎勵、表揚、處罰等手段；

四、確立教學目標，最大限度地實現教學目標；

五、經常對教師進行評價。

發展性評價以促進教師的專業化發展為根本目的。它建立在相互信任的基礎之上，和諧氣氛始終貫穿整個評價過程。這是一個連續的、系統的過程，旨

在幫助教師規劃自己的教育生涯，使教師的「個人願景」與學校發展的「共同願景」結合起來，實現學校的可持續性發展。跟獎懲性評價相比，發展性評價可以讓教師發現自己、認識自己和改造自己，在教師與學校之間建立起一種內在的、牢固的和長久的精神聯繫。

歸納起來，發展性評價的主要特點有：

一、重視教師的終生發展，將教師的發展與學校發展結合起來。

二、關注教師的個性發展，承認教師的主體性和能動性。

三、採用教師互評和教師自評方式，打破由領導評價的單一模式。

四、評價雙方配對，制定雙方認可的評價計畫，雙方共同承擔發展目標的職責。

五、提高教師的參與意識，擴大交流渠道。

學校現狀評述

我校也是一所寄宿制學校。教師在學校待的時間長，坐班時間也長，有利於師生之間的交流與對話，有利於教師對學生的教學和輔導。幾年來，我校在管理上狠下功夫，使辦學業績每年穩中有升，辦學品牌不斷提升，取得了良好的社會效益和經濟效益。

然而，這樣辦學的問題也是明顯的。首先，由於教師的業餘時間用來教學和輔導學生，使得教師沒有多少時間進行研修，造成了我校教師的專業化水平不高，校園文化的氛圍也不夠濃厚。其次，為了在市場中得求生存機會，我校一直採用獎懲性評價，激勵機制單一。儘管收入相對較高，教師們卻沒有多少安全感，終日生活在恐懼之中，談不上有歸屬感。由於缺乏安全感和歸屬感，教師的人心不穩，流動性太大，每年要引進有二十多位教師，且大部分是大學生畢業生。單一的獎懲性評價暴露的問題越來越多，不利於教師實現穩定的專業化發展，不利於引進優秀教師，不利於校園文化的沉澱，不利於學校實現可持續的發展。從國內情況來看，私立學校在教師評價上都有類似的問題，都面臨著如何實現可持續發展的問題。因此，研究教師如何利用時間進行「充電」，如何恰當運用教師的發展性評價來提升教師的專業化發展，如何通過營造健康的校園文化來吸引人才，有著其深刻的現實意義。

在馬斯洛的「需要層次論」中，安全感居於第二層，往上依次是歸屬和愛的需要、尊重需要和自我實現的需要。

馬斯洛需要層次

如圖所示，人的生理需要是最低需要，自我實現是最高的需要。可以發現，隨著需要層次的提高，人在精神層面的比重也逐漸增加。僅重視教師的生理需要，難以讓教師有理想或精神追求，真正做到愛崗敬業或「以校為家」。

毋需贅述，文化需要沉澱而成。缺少文化，對學校品牌是一個致命的缺陷。學校可將教師發展性評價方式提到日程上來，採用「X＋Y」管理理論，逐步引入教師發展性評價，以利於實現學校的可持續性發展。

本研究的意義

今年是四川省的「課改年」，全省將全面推動新課程改革。新課程改革突破了以前只對教材進行改革的做法，從教材、教法、課程開發、設置、評價等都帶來了全新的變化。這次全新的教育改革，對教師的專業化發展提出了前所未有的要求。教師必須樹立終生學習的觀念，適應不斷變化的社會的要求。重塑校園文化，提高教師的專業化發展水平，這是每所學校面臨的最為迫切的重大課題。教師評價體系必須做做相應變化，以適應這種需要。

為了適應新課程改革的要求，教師的專業化發展水平必須不斷提高。實施教師的發展性評價，可為教師的專業化發展提供有利和制度保障，保證課程改革的順利實施和實效性。

本研究擬立足於本校實際，探索符合新課改的理念，符合本校實際的教師評價方式，本課題研究擬在沿用傳統評價的部分方式的基礎上，積極引入新的教師評價方式，探索促進教師專業化發展，提升校園文化，打造學校品牌的新途徑，對傳統的教師評價制度進行適度調整和改革，總結提煉出有代表意義的操作經驗或評價體系。

相關研究述評

發展性評價是八十年代以後發展起來的一種教育評價。發展性評價的要旨在於通過系統地蒐集評價資訊和進行分析，對評價者和評價對象雙方的教育活動進行價值判斷，實現評價者和評價對象共同商定發展目標的過程。

英國最早開始實施教師發展性評價，且取得了相當的成功，引起了全世界的廣泛關注。二十世紀九十年代中期，美國在反思傳統教師評價弊病的基礎上，把教育教學的保證與教師專業化發展結合起來，聚焦於學生學習，形成了發展性教師評價理念。

專門從事教師發展性評價的英國薩福克（Suffolk）研究小組認為，發展性評價要取得較好的效果，必然與獎懲性評價脫鉤。我們認為，考慮到我國的教育現狀和我校現有師資情況，有必要保留獎懲性評價的部分評價方式。

從我們在網路中查閱的資料來看，國內已有不少地區或學校已對領域做過探索。一般都採用交流評議法、案例分析法、表現性評價法和檔案袋法，一些研究已形成一套可借鑑的操作經驗。然而，這些經驗主要局限於傳統的操作方式，某些課題的研究成果有研究者的本土特色，對我校的針對性不是很強。本課題研究的要義在於針對我校的實際情況，為同類學校探索出一條教師發展性評價的新路。

總的來講，目前國內少有人關注教師評價的內容，對評價方法的研究也很不夠，構建教師發展性評價體系的研究尚不多見。如何評聘教師、如何幫助和促進教師的專業成長成為一個重點和難題。在這樣的背景之下，本課題試圖從評價的角度來促進教師的發展。

改革方案概述

教師的專業化發展是終生的，教師一生都在「成長」。形成性評價能正視教師的不足，通過督促和幫助來促進教師的不斷發展。這種評價試要求杜絕「一次考核定終生」，給教師終生貼上標籤。

在教師評價上，在搞好常規的師培和科研工作，沿襲傳統評價方式和借鑑他校的經驗的基礎上，課題研究將依據教師發展性評價的主要特點，將兩種不

同評價有機結合起來，設計出一套有創意的評價量表，有針性地、創造性地採取一些措施。這些措施可以包括：

（一）建立教師「成長檔案袋」

內裝教師的教案、個案反思、獲獎證書、文章、課件等各類反映教師綜合素質的材料，作為教師形成性評價的依據。

對於檔案袋的評價，可以結合「學校評定」和「教師互評」。

（二）領導談話制

建立領導談話制，校長、副校長、教務處主任、教科室主任包幹，定期找教師進行談話。談話內容主要是瞭解教師的思想動態、專業發展的目標、個人研修的進展情況、專業化發展中的困難等。領導紀錄談話主要內容，作為下次談話的參考內容和進行發展性評價的依據。

自評是促進教師反思能力的很好方式。因此，談話時領導不能先給教師貼上標籤，而應允許教師先自評，為自己「畫像」。領導也要注意保持民主與協商態度，既要指出缺點，又要熱心幫助。談話目的不是恐嚇或威脅教師，而是要通過交流，幫助教師反省自己，促進教師的專業化發展。

（三）開發網路資源

加大對校園網的利用，開展網上交流和研討，以利於教師思考和學習，如開設教師博客點、教師論壇、教師論文徵集等版塊。

（四）建立工作室

為名優教師建立「個人工作室」，以此帶動師培工作。鼓勵教師的個性發展，提倡教師成名成家，營造多元化校園文化。

（五）建立榮譽室

開設「教師榮譽室」，陳列教師的成長檔案袋，通過對外開放和展示，培養教師的榮譽感，確立教師的自我意識。此項工作也可以在網路平台上開展。

（六）輕個體重團隊的評價

學校設立一些團隊獎項，如「最佳合作獎」、「最佳團隊獎」等，注重團隊建設，注重團隊的評價與獎勵，讓教師在團隊評價中找到歸屬感和榮耀感，從而減輕獎罰性評價造成的巨大心理壓力，搞好教師的心理健康，促進教師的愛崗敬業。

（七）開展「百家講壇」活動

聘請校內外名優教師主持「百家講壇」活動，對教育教學進行交流。提倡教師的反思精神，豐富教師的文化生活，引領教師文化的發展。

要說明的是，依據操作過程中出現的問題，某些措施將會是動態的，每個措施可能有所變化，甚至可能有替代方式。同時，我們將分期分批、有計畫有步驟地開展，注意在過程中進行調整和補充，並在每一階段進行總結和提煉。綜合來看，以上措施的研究目標有如下兩個主要方面：

（一）構建多層次的教師發展性評價體系

教師發展性評價指標體系包括一素列相關評價量表，如教育反思評價量表、聽課紀錄量表、教師互評量表、教師自評量表、學生評價教師量表、領導評價教師量表、教師師德修養評價表等

（二）建立促進教師專業化發展的機制

要求教師制定個人願景，建立多元激勵機制，探索名師、骨幹教師和青年教師成長的規律

預期改革效益

經過四年的實驗、研究、探索和完善，使我校在傳統的教師評價的基礎上有所突破，構建一套多層次的教師發展性評價體系和促進教師專業化發展的機制，摸索出一套有效培養名師、骨幹教師和青年教師的措施，初步形成具有私立學校特色的、操作性較強的、具有代表意義的和可推廣運用的教師評價模式，使我校的校園文化有較大提升，教師的專業化水平也踏上更高更新的台階。

本課題研究提煉出來的教師發展性評價模式，能為同類學校所借鑑和運用，發揮出更大效益。

「紅色教育」是怎樣煉成的？

寫作背景

剛來本校時，有人告訴我說，你們校長身上有很深厚的「文革」氣息。一段時間後，我發現此話不假。

校長以嚴格和權威「著稱」，聘請的手下個個都很兇狠。在選聘教師方面，校長也喜歡聘用那些黨員教師。在我校，黨員教師佔教師總數的比例高達 43%。那些「忘我」地工作，將學生「往死裡教」的教師，大多是黨員教師。根據我的觀察，班主任大多是黨員，而班主任每天晚上十一點才下班。他們身先士卒，甘為應試教育「浴血奮戰」。為了升學率的節節攀升，黨員教師們正進行著「艱苦卓絕的努力」。

在學校裡，校長兼任了黨支部書記。一個教師給我講，兩年前校長曾有個提議，要求教師宣誓效忠校長，結果遭到了教師的質疑和反對，最終只好悻悻收場。這讓人不得不想起了毛澤東。當年，他叫秘書在文件上寫的一句「毛主席萬歲！」，不幸地成為了全體中國人的誓言。

我剛來此校時，有人曾跟我提起他，說他身上「文革」氣息濃厚。我也發現，他身上還有封建帝王的思想。他喜歡在下屬面前自稱為「主」——言下之意，他的下屬都只是他的「僕」或「奴」。他建立的學校管理體系，充其量不過是一個「君臣」和「主僕」的秩序。

在校長的辦學目標中，有一條是「培養領袖」人物。校長也經常以此為榮，到處吹噓他的辦學理念如何先進。然而，且不說學生是否今後都能成為領袖，這點足以說明，在校長的潛意識中，他一直把自己當成了帝王領袖。在學校裡，他儼然是一個領袖，一個在「文革」中穿著紅色聖裝的領袖，一個自稱是「秦始皇＋馬克思」的封建帝王——毛澤東。

當「文革」思想重返校園時，極權思想便死灰復燃了。在學校裡，思考只是校長一人的事，教職員工必須服從。可以說，我校是「紅色教育」的典型樣板。極權管理、分數至上、文化沙漠、物化師生等等，這些都是「紅色教育」的典型特徵。

在世界上獲得大獎的華人，都沒有接受過「紅色教育」。為何出現這種現象？「紅色教育」有什麼樣的本質？它的思想基礎是什麼？它培養的是什麼樣的人才？它何以無法培養出大師？追求「紅色教育」的思想根源，有助於加深我們對中國教育的認識。同時，「紅色管理」為何具有極權性質？極權管理下的教師是什麼樣？在「教育·管理」中，我對這些問題做出了回答。

經過多年的思考，我斷定，「紅色教育」的思想根源應該追溯到牛頓和達爾文。

先從達爾文說起吧。

1859 年，達爾文的《物種起源》問世。此書在二十年前早已寫成，出於種種顧慮，達爾文一直不敢出版。我猜想，達爾文有兩個顧慮：一是西方宗教是一種目的論，即上帝創造出人類，而達爾文卻認為人類是猿猴進化而來，這無疑會「將上帝殺死」，引起人們的驚恐和反對；二是那個時代是物理學世界觀佔主導的社會，達氏的理論必然會對這種世界觀帶來衝擊。在這種時代背景下，達爾文若是出版《物種起源》，不知要面對多少學術辯論和民眾責難，甚至可能是宗教迫害。

然而，《物種起源》是偉大的，它開創了生物學世界觀的先河，堪稱是思想史上的一次「哥白尼革命」。我們要理解《物種起源》的意義，最好是先來看看兩門學科的不同特點。

物理學認為，預測是必需的，而且預測要準確。比如，水在一個氣壓的狀態下，溫度達到攝氏一百度時就會沸騰。這兒有兩個條件，即氣壓和溫度。只要滿足和控制好實驗條件，任何人都能讓水沸騰，實驗結果可以精確預測出來。生物學卻認為，以自然選擇為機制的進化是偶然的，不是能預測的。人類的出現也不是必然的，而只是自然選擇而產生的或偶然的結果。

物理學的誕生先於生物學，成為了科學的傑出代表。牛頓物理學，改變了人類對世界的認知。以孔德為代表的社會學家，認為物理方法既然是科學方法的代表，那麼它也應該適合於社會。以牛頓物理學的思想為基礎，孔德創立了社會學，成為社會學的開山鼻祖。最為典型的是，牛頓的力學原理中有「動力學」和「靜力學」，孔德也依樣畫葫蘆地創造了「社會動力學」和「社會靜力學」兩個概念。

牛頓的世界觀是封閉的，這就意味著，以這種世界觀來改造社會，必然把社會弄成一個封閉社會。封閉結構只會增加熵量，使系統趨於無序或「熱死」。在生物世界裡，新陳代謝是生命的標誌，它要求生物與外界交換物質和能量，以從外界吸收養分來維持生命。新陳代謝要求生物必須是開放的，否則生物體必然會死亡。因此，生物學世界觀是一種開放的世界觀。開放系統的特點是它會進行自組織，降低熵量尋求生存。

表　兩種世界觀的差異

物理學世界觀	生物學世界觀
預測	偶然
人為控制	自然進化
封閉	開放

　　社會學第二號人物，繼孔德之後的社會學家是馬克思。他沿襲了孔德的思想，認為整個社會只是實驗對象。共產黨只要控制實驗條件，便可通過改造社會，最終實現共產主義社會──這種思想的內核便是物理學上的預測。然而，把社會作為實驗對象，這種思維會引發一系列問題。

　　為了便於理解，我舉個例來說說。我在班上搞「狂歡節」，以應付上級檢查。我規定所有學生必須載歌載舞，不想笑也得大笑，跳不動也得跳。若有學生睏極了，趴在桌子上睡覺，這會影響我的狂歡效果，我只有把他趕出教室。若有人對此提出異議表示反對，我也會將其趕出去──領導看見有人沒有狂歡，會對我的工作評價大打折扣。對於不合作，干擾我搞狂歡的學生，我也可以將其殺掉──只要領導允許。

　　把這種思維放大到整個社會中去，由此而生的悲劇是顯而易見的。為了實現共產主義，人民不得亂說亂動。為了迎接新社會的到來，每個人的道德還必須提高，於是便有了「大公無私」、「狠鬥私字閃念間」等高尚道德──這種無條件的利他也不符合「物競天擇，適者生存」的生物學原理。在這種社會裡，個體都必須規矩和服從，甚至連做愛也被監管──反正不能影響共產主義的實驗條件。若有人反對或拒不執行領導的指示，結果就是被批鬥後蹲牛棚或被拉出去槍斃。發現沒有？共產主義打著「解放人類」的旗幟，不惜犧牲人類最寶貴的東西──生命和自由，必然會成為反人類的「紅色法西斯」。

　　物理學是研究物質世界的學問，一旦用於人類社會，必然將人視為物質，將人物化後變成自己欲達目標的工具。共產主義的本質，是以物理學世界觀來改造社會，而不是以生物學的眼光看待社會，並讓其遵照自己的邏輯自行演化。物理學世界觀是一種「理性的氾濫」，必然會為人類帶來災難。這已被人類的歷史所證明。

　　生物學世界觀將世界視為自動進化的結果，無論是社會還是自然都是這樣的。在哈耶克看來，市場經濟只是一種自發秩序，是一種進化的結果。亞當・斯密是市場經濟的理論提供者，而他卻是植物分類學家林奈的弟子。由此觀之，市場經濟的理論可能受到生物學理論的影響。不過，這不足為奇。自然界和人類社會不屬於物質世界，應該由生物學世界觀來主導。

　　牛頓開創了現代主義，達爾文將其基礎破壞，為尼采將其全面顛覆奠定了基礎。自尼采開始，整個世界逐漸進入後現代社會。尼采之後的哲學思想，無論是佛洛依德的利比多，還是柏格林的創造進化論，或是存在主義的生命擴張，都有著一個共同的主題：生命的激情，非理性主義，等等。在這裡，「上帝死了」，個體價值受到尊重。個體開始發出聲音，解構著宏大敘事。後現代主義的世界觀，是一種生物學世界觀。

共產主義社會，或者社會主義社會，採用物理學世界觀，這是共產黨的老祖宗馬克思種下的禍根。中國的共產主義歷史無須贅述，我們瞭解物理學世界觀後，可將目光投向中國教育，看看「紅色教育」是如何煉成的。

前面說過，要實現共產主義，必定以控制社會為前提。在這種社會裡，每個社會成員不得成為自己，必須達到當政者的要求。現在，不同政見者不會被拉去槍斃，卻不可能允許全體人民表示異議。表示異議只能是私下的，這就是要控制媒體的原因。當然，當政者不斷表達自己的「善意」，聲稱自己比民眾還懂得他們自己，聲稱一切都是為了帶領民眾進入人間天堂。相應地，教育必然會要求學生成為「社會主義建設人才」、「共產主義接班人」等，不可能讓學生如自然界的生命一樣自由成長，而是要把人改造為工具，以實現某些人的美麗新世界。

臭名昭著的共產主義運動迎來了慘敗，使其落得反人類的「紅色法西斯」或「紅色專制」之惡名。然而，這些意識形態還沒有退出教育，師生仍然是被利用的工具。中國特色的社會主義意味著，師生都是被控制和奴役的對象——在我看來，社會主義的最大特徵就是國家的「控制與干預」。在這種環境下，師生都不能逃脫被奴役的命運。考試制度讓學生無法逃逸，教師退出教育也沒有飯碗。生物學世界觀允許師生作為生命有成長的自由，對中國教育有著極其重要的意義。我們說民主可以拯救中國教育，其實民主社會又何嘗不是民眾獲得解放，可以自由成長和表達的社會呢？

以生物學世界觀來看，這個世界本是多樣化的世界。每個個體都是獨特的，都是不可替代的。個體的這種獨特性，要求教育尊重學生的個性化發展。然而，在封閉的世界觀看來，錯落有致是邪惡和罪過，而整齊劃一才是和諧美麗，因此教育應該控制——要麼揠苗助長，要麼削足適履，來產生整齊劃一的「美景」。目前，分數教育將每個學生「整齊化」或「平均化」，其結果必然是使民眾平庸化。

在古希臘的神話故事中，有個叫普羅克路斯忒斯的強盜。他終日守在路邊，將被捉到的人按住躺在鐵床上量一量。凡是身體超過床長者均被他用斧子砍去腳截短，而不及床長者則要被他硬拉成與床一樣的長度，以便使他們的身體與鐵床的長度相等，從而符合自己的標準。結果，被他「取長補短」的人全部一命嗚呼。

「紅色教育」又何嘗不是普羅克路斯忒斯呢？這種教育，怎麼能培養出世界頂級的人才呢？

朝窗外看看吧，參天大樹只可能生長在荒郊野嶺。那兒的多樣化世界，才是生命可以自由生長的環境。普羅克路斯忒斯的鐵床，是破壞和摧殘生命的絞

架。被「取長補短」的生命是什麼樣呢？在普羅克路斯忒斯的鐵床上煉成的「紅色教育」，為民族的未來帶來的必然是平庸。

被譽為「現代管理學之父」的德魯克，曾是經濟學大師熊彼特的弟子。熊彼特的創新經濟學理論，是以生物學世界觀為基礎的。德魯克強調經濟管理中的創新，認為只有不斷創新才能生存，也有著明顯的生物學痕跡。儘管世人稱其為「經管學之父」，德魯克卻說自己的學術是「社會生態學」。

受德魯克的啟發，前兩天我跟朋友說，我希望能創建一門「教育生態學」，把教育與生物學結合起來，為新教育提供一套理論。我篤信，只有「教育生態學」的觀念被普遍接受時，教育中的「紅色」才會隱退。中國人的個體生命不再被奴役和壓迫，「紅色教育」轉變為「綠色教育」時，中國人才有可能走上諾貝爾領獎台。

課件的神話

寫作背景

　　新來乍到，學校要求新來教師上一節公開課。教研組長把公開課的時間安排通知了我，要求我必須在公開課上使用課件。

　　課件？曾經，我是多麼喜愛製作課件，還差一點誤入 IT 行業，跟人開辦公司，從事多媒體開發，亦可為教師製作課件。然而，如今我不再迷信課件。在繼續使用課件的同時，我還對其多了一種批判態度。

　　上了公開課後，我不得不想就課件說幾句了。

一、神話時代

　　古代時候，人類對世界的認識非常模糊。人類只有靠神話來解釋世界，以慰藉惶恐不安和好奇的心靈。神話只是人類處於幼兒時期的產物。

　　人類早過了神話時代，而我們的教育還處在神話時代。這個神話，便是課件。對課件的頂禮膜拜，使課件成為了我們的偶像。對課堂教學認識不夠深刻，而我們的心靈卻又需要慰藉。此時，多媒體課件的出現，恰好迎合了我們的心理。心中擁有一個神話，我們便能繼續自我陶醉，讓心靈在蒙昧和恐懼中得到幾許慰藉。

　　對課件的強調，不是一個簡單的事件，背後有著獨特的思想根源。對此做個梳理，有助於加深我們對新課程改革的理解，使我們對課件有比較正確的認識。

二、思想根源

　　回顧世界思想史，哲學曾被幾門學科主導過。十七世紀時，數學統治著哲學，出現了笛卡爾和斯賓諾沙。前者以數學方法得出「我思故我在」，後者則用幾何方式論證了上帝的存在。之後，牛頓開創了現代科學的先河，讓物理成為了哲學的主導學科。

　　現代科學認為，知識具有確定性，於是將不確定的知識趕出了知識大門。在牛頓那裡，整個宇宙也就只是一架巨型機器。這架機器有規律地運轉著，其運動是可以預測的。根據彗星運行的軌跡，人類可以清楚地預測出彗星下次光臨地球的準確時間。在歷史上，人們也依據知識的確定性發展了現代科學。比

如說，一些科學家在宇宙中找到天王星後，發現它在運行到某處時軌跡有些不正常。他們根據萬有引力，斷定在它偏離軌道處的附近還有一顆行星。經過一些觀察研究，他們在其附近果然發現了另一顆行星──海王星。現代科學認為，宇宙背後隱藏著某些規律。只要掌握了這些規律，人們便能夠更好地瞭解和認識宇宙。

確定性是牛頓之後現代科學的重要特徵。這種世界觀思想擴展開來，影響到整個社會生活中的各個領域。在管理上，強調精確管理的泰勒的科學管理理論問世。隨著班級教學的出現，在授課方式上，教師主導教學的「一言堂」模式逐漸成為主流，教師成了一種「機械操作師」。當然，在這種模式後面還有追求效率的目的──當時資本主義在世界範圍內開始興起，對效率的追求已成必然。

到了十九世紀，世界思想史在經濟學中找到了變化的契機。亞當‧斯密認為，自然的經濟秩序是自發的，逐漸演進的。達爾文接受了斯密的這個觀點，進而認為世界也是這樣進化而來的。一八三一年，達爾文搭乘「小獵犬」號帆船環遊世界，考察全球的物種，檢測觀點的正確性，並出版了《物種起源》。達爾文《物種起源》是跨時代的，具有「哥白尼革命」的意義。在他之後，生物學開始代替物理學，成為哲學的主導學科。生物學開始進入各個領域，有力地推動了科學研究的發展。比如，二十世紀初，瑞士生物學家皮亞傑提出的圖式概念──「同化」與「適應」，為認知心理學提供了理論基礎；哈耶克突破馬克思主義的物理學世界觀，以生物學意義上的「自發秩序」解釋了市場經濟，並預言社會主義的計畫經濟必將失敗；在其創新經濟學中，熊彼特採用生物學的「自組織」概念來解釋經濟危機，指出只有不斷創新才能走出經濟危機。

值得一提的是，德國物理學家海森堡於一九二七年提出了「不確定原理」。「不確定原理」又名「測不準原理」、「不確定關係」，它反映的是微觀粒子運動的基本規律，是物理學中的一條重要原理。只要我們對那個時期做個梳理，我們就會發現一點：十九世紀末和二十世紀初的世界思想中，已經埋下了一個變化的種子，預示著一個新時代的即將來臨。

這個種子，便是後現代主義。無論思想家們是否已經見證，人類確實在二十世紀五六十年代左右進入了後現代社會。後現代科學具有反基礎、反本質、反中心、反表象、反理性和反價值中立等特徵，這就決定了後現代主義有「解構」、「斷裂」、「多元」、「不確定」等特徵。其中，不確定性特徵已為十九世紀和二十世紀的思想家們早已所預言和揭示。

根據現代科學，課堂教學必須是封閉的、線性的框架，這樣才能保證教師傳授知識的確定性。現代主義的課堂教學，強調課堂教學的預設性，其目的是

實現教師所傳遞的知識的確定性和高效性。在後現代主義那裡，「知識」不再僅是確定性的知識，也包括了「不確定知識」。比如，後現代知識觀把個人難以言喻的經驗也納入到了知識的框架內，將其叫做「緘默知識」。在福柯那裡，知識甚至成了權力的附庸品。當話語權被某種霸權控制後，知識就會被「生產」出來。當知識變得不確定，甚至成了話語權的產物時，強調知識傳授的確定性和高效性也就失去了意義的根基。

二十世紀後期，匈牙利科學家普利高津在研究偏離平衡態熱力學系統時發現，當系統離開平衡態的參數達到一定閾值時，系統將會出現「行為臨界點」，在越過這種臨界點後系統將發生突變，進入到一個全新的穩定有序狀態；若將系統推向離平衡態更遠的地方，系統可能演化出更多新的穩定有序結構。普利高津將這類穩定的有序結構稱作「耗散結構」，並因此獲得了諾貝爾化學獎。

普利高津的「耗散結構」理論指出，系統從無序狀態過渡到「耗散結構」有幾個必要條件，一是系統必須是開放的，即系統必須與外界進行物質、能量的交換；二是系統必須是遠離平衡狀態的，系統中物質、能量流和熱力學力的關係是非線性的；三是系統內部不同元素之間存在著非線性相互作用，並且需要不斷輸入能量來維持。

以生物學的視野透視課堂，課堂就是開放的框架，師生之間通過不斷對話來「交換能量」。它要求課堂應是這樣一種循環：平衡→不平衡→平衡。它並非總是線性的，而是要遠離平衡狀態，進入一種非線性，然後再回到線性，以維持一種耗散結構。同時，師生之間、生生之間都需要對話來生成生長點，維持課堂的動態平衡。總之一句話，有生命的課堂，應該是一種「耗散結構」。通過不斷經歷突變、混沌和自組織，課堂才得以持續生長。

所以，後現代的課堂是一個開放的、非線性的和混沌的框架。一個生態的課堂，它具有很強的動態性。這種動態性，賦予了課堂的生成性。生成性所引發的混沌，這個在現代主義竭力規避和反對的洪水猛獸，在後現代課堂中卻成了最受歡迎的，甚至是力求創造出來的「生命線」。對於後現代主義來說，混沌隱藏著生長點，決定著課堂的生成性。

三、課堂關鍵

新一輪的課程改革，吸收了世界思想的先進觀念。只要稍加分析研究，我們就會發現一個事實：新課改主張的背後，無不折射出後現代主義的影子。新

課改強調課堂的生成性、非線性和耗散性，降低課堂的線性、預設性和封閉性，對教師必然提出了更高的要求，使教師的專業發展成為了後現代課堂的關鍵所在。

目前，各校大力開展公開課活動時，均要求教師使用課件授課。然而，這種要求仍是對課堂的預設性的強化。課件作為一個程式，將教師要講的內容納入進去，並以一定順序編排起來。一堂使用課件的公開課，其效果仍然只是表面的，沒有體現教師素養及其專業化水平對於課堂教學的至關重要性——教師不需要什麼素養，只需要下載課件，授課時按滑鼠，運用大量的「聲光電」，把課堂弄鬧熱就可算是「優質課」了。須知，這種評選優質課的方法，很難說是符合了評選優質課的精神。在這種評選機制下，能不能下載到好的課件，竟然成了能不能評上優質課的關鍵所在。此時，教師的專業化從何體現呢？一個課件可以承載很多資訊，卻難以承載教師的專業化水平和教學機智。所以，在很大程度上講，過分強調課件的使用是對教師的一種誤導。

四、雜感隨想

我曾寫過一篇〈課堂教學：留一半清醒留一半醉〉。文中講道，在後現代的語境下，知識觀發生了很大變化，給課堂教學帶來了衝擊。此時，生成性成為了課堂的生命線，也使教師「不必備課」更有必要。一字不漏地備課，認認真真的上課，強調備課的預設性和教師一言堂的權威性，這只是現代主義的做法。在後現代主義語境中，這種做法受到了質疑和批判。在文中，我甚至「大逆不道」地提出，教師不必有備課本。當然，我的觀點不是反對備課，而只是作為對這種官僚作風的反動，即對每天檢查教師的備課本，逼著教師在網路中抄襲教案。我想表達的僅是，備課要預留一點空白，為課堂的生成性預留一點空間，更不應用形式主義來「規訓」教師。那些「備課不認真」的教師，恰好可能是專業化發展水平最高的教師。那些兢兢業業備課上課的教師，恰好可能是專業化發展最差的教師。

增大課堂的生成性，對教師的專業化發展水平和教育智慧提出了更高的要求。用一生備課，這是優秀教師必須做到的。范美忠老師從不備課，他的課堂主要是生成性，而沒有多少預設性。他多年來堅持讀書學習，已有足夠的學養和智慧應對各種臨時生成的內容。只有范教師這樣的教師，才配稱為最優秀的教師。那些只能照本宣科，不能靈活處理生長點，將課堂教學視為機器操作的教師，只能是教書匠，甚至是一架機器而已。

　　當然，對於課件的使用，我不是說絕對不可使用課件。多媒體課件在直觀性、生動性等方面確有優勢，只要能恰到好處地利用課件的這些特點，使用課件也未嘗不可。不過，強迫教師使用課件教學，確有過頭之虞。依看我，不必每一科都使用課件，也不是每一堂課都必使用課件。只有教師正確認識課件和課堂，對新課程改革有較深入的理解後，課件使用才可能恰如其分。

　　要求教師必須使用課件，這給人以隔靴騷癢的感覺。它不能解決課堂教學的根本問題，也不符合新課改的理念。於學校而言，提倡教師使用課件足矣，大可不必強迫教師使用課件。

　　十年前，我曾迷戀過課件及其製作，打著技術主義的旗號走過了一段技術操作的路子。在我的獲獎證書中，不少是課件獲獎證書。縣級的，市級的，省級的，該有的獎我都有過。現在回憶起來，我只能說課件製作最多僅是一種興趣愛好，並沒使我的專業發展有質的飛躍。有時候，我也會翻閱那些已經開始泛黃的獲獎證書。每每此時，心中不禁有所感慨：時代與思想畢竟還是在進步啊！同時，我也會想到北島的那首〈走向冬天〉：

> 唱一支歌吧
> 不祝福，也不祈禱
> 我們絕不回去
> 裝飾那些漆成綠色的葉子
> ……

「外在論」的悲劇

寫作背景

　　在中國，教師不學無術，只會把課本灌輸給學生，扼殺了學生的求知欲。消費主義的盛行，也為教育的功利化起了推波助瀾的作用。

　　「黨化教育」的教育目的屬於「外在論」。這種「外在論」決定了，師生都追求功利或世俗價值，不去追求真理或超越價值。如是觀之，黨化教育要為整個民族的萎靡負責。意識形態從教育中隱退，是中國教育關鍵之所在。

　　就教育目的而言，主要有兩種不同觀點：一種觀點認為，教育目的是外在的，需要從外界施加給兒童，讓兒童成為家長和教師滿意的人，或對社會有用的人；另一種觀點認為，教育目的是內在的，需要尊重兒童自身的要求和發展。教育目的即教育過程，且目的在過程中自發呈現。

　　「生活預備說」認為，教育目的是讓兒童為未來生活做準備。這種教育目的的「外在論」「把生長當作一種用來補滿未長成的人與已長成的人中間空隙的東西。我們所以有這種趨向，是因為我們僅就比較上看兒童時代，不就內性上看兒童時代。我們所以僅把兒童時代當作缺乏，這是因為我們把成人做固定的標準，用來量度兒童時代」[1]。教育若把自己的標準作為教育目的，勢必忽視學生作為生命內在的東西，犧牲掉學生的興趣、個性、情意等。杜威猛烈地批判了生活預備說，認為教育過程之外是沒有目的。教育目的存在教育過程之中。過程與目的，是合二為一的。他認為：「生活即是發展；發展、生長，即是生活。如把這個意思，用教育上的話來說，就是：一、教育的歷程，除了這個歷程自身之外，沒有別的目的，它就是它自己的目的話；二、教育的歷程，即是繼續不斷地重新組織、重新構造、重新形成的歷程。」[2]

　　除「生活預備說」之外，「紅色教育」以「培養共產主義事業接班人」或「社會主義建設人才」為目的，也是一種教育目的的「外在論」。可以看出，無論哪種「外在論」，都以物理學世界觀為導向，不尊重兒童的個體生命。尤其是黨國的什麼接班人或建設人才，真是讓人反感和噁心。其實，教育目的具有「生成性」和「自發性」。教育過程而不是外在的要求或壓力，其本身就是教育目的。

---

[1] 杜威，《民本主義與教育》，頁74。
[2] 杜威，《民本主義與教育》，頁88。

黨國大搞以高考代表的應試教育，聲稱要為國家選拔人才。讓兒童成為被利益集團利用的工具，這是黨國專制的最大罪惡。

達爾文的《物種起源》的出版標誌著，整個世界開始從現代社會轉向後現代社會。然而，這種轉變是漫長而緩慢的。在長達一個世紀的過渡期裡，先後出現了尼采、柏格森等的生命哲學，以及皮亞傑、哈耶克、懷特海、杜威等思想家。生命是生物世界的根本標誌，因而二者是緊密相關的。這些思想家的共同特點，便是秉持生物學的世界觀來看待世界。因此，杜威的思想已具備了後現代主義的特點。

以物理學為中心的現代世界觀，將世界視為封閉框架，強調外在的控制和預測。以生物學為中心的後現代世界觀，則將世界視為一個開放環境、強調生物的自組織和偶然性。用杜威的思想來看，課堂應該是一個開放的，不斷生長的生態環境。換言之，課堂教學沒有預設的外在目的，教學目的只是在課堂上生成的，教學過程本來就是教學目的——這便是課堂教學的「生成性」思想的由來。對於這種課程觀，小威廉姆‧多爾在《後現代課程觀》中有精彩和詳細的闡述。毫不誇張地說，多爾從杜威那兒吸收了寶貴的思想資源，才得以寫出這本課程論名著。

一位教師聽了課改示範課後，告訴我說他深感失望。教師們素質之差，不僅不懂新課程，而且連怎麼上課，教什麼內容，都是稀裡糊塗的。我以為，這種現象在全國肯定很普遍，這是教師現有的整體素質所決定了的。在這種現象的背後，最重要的原因是教師的學習生涯結束了。學習生涯一旦結束，教師也就沒有了專業化發展。可以說，教師的現狀跟黨國的「外在論」教育目的有直接關係。

教師在中小學時，接受的是「目的外在論」的教育。按前面所述，教育是為未來生活做準備，或是成為黨國的接班人。大學畢業後，教師幹上教育工作，便實現了成為接班人這個教育目的。教育目的一旦實現，意味著教師的生命不再需要生長，即「教師已死」。誠然，教師沒有專業化發展，這有多方面的原因。在這裡，我只想分析批判黨國的「外在論」教育目的。這種「外在論」可追溯到黨國所奉行的物理學世界觀。實際上，黨國的意識形態要為中國社會的道德淪喪、教育落後、國民素質低下等各種問題負責。把人「物化」或「工具化」是黨國的意識形態的核心，這便使中國成了一個以「吃人」為特徵的專制社會。

教師們不讀書學習，不會懂得教學或教育，可能連文本也讀不懂。沒有了求知欲，教師便把自己裝裡「套子」裡，拒絕跟學生一起探求真理。此時，為了讓自己能站在講臺，教師只有靠樹立神聖權威來壓服學生。教師的現狀跟新

課程的要求之間的落差太大，註定了新課程必然失敗的命運。我對新課程的看法是：若不積極引領教師文化，教師沒有專業化發展，新課程只能是一場遊戲。我也可以毫不客氣地說，不讀書學習的教師沒資格談課程改革。這類教師搞課改，只能是給新課程抹黑。

今天，我看到一份市教育局的《關於推進普通高中課程改革的實施意見》。在文件裡，市教育局提出了如下七條實施意見：

一、提高認識，加強領導；

二、加強教研，專業引領；

三、抓好培訓，提升素質；

四、深化改革，創新機制；

五、加大投入，提供保障機；

六、督導考評，推動課改；

七、宣傳引導，營造氛圍。

這些措施大都是套話，頗顯黨國把教育納入官僚體系的惡果。成天坐在局裡不學無術的官僚，怎知教育的問題出在哪裡？只有「專業引領」和「營造氛圍」這兩個詞語還讓人看到了一點希望——不過，在這兩句後面的闡述中，根本沒有「文化」或「讀書」兩個詞。文化教育是一種生態環境，官僚卻只知下發官樣文章。官僚體系收編教育後，便註定了教育的悲劇命運。

教師長大成人，實現了教育目的後，便不再銳意求知，認為自己的知識終生都夠用。其實，「關於專門應付特別科學問題與經濟問題的能力發展，我們可以說，兒童應該向成人方面生長。關於同情的好奇心，天真爛漫的反應能力與虛心，我們可以說，成人應該像兒童一樣生長，這兩句話，都是一樣真確的。」[3]可見，教師需要保持一份好奇心。有了好奇心，才會有求知欲。有了求知欲，才能跟學生共同成長，才能實現專業化的無止境的發展。

中國課程改革專家小組組長鍾啟泉曾說：「教師即課程。」教師跟學生都是生命，都需要終生成長。對於教師來說，終生成長是無止境的專業化發展。自己的教育生涯沒有了專業化發展，教師的職業生命便宣告終結了。「教師已死」時，任何改革都不會有效果。

「外在論」的教育目的若不改變成「內在論」，我們便有理由相信，今天教師的狀態，就是明天學生的狀態。當全民已「死」時，整個民族能有多大前途呢？

---

[3] 杜威，《民本主義與教育》，頁89。

第三部
教育・管理

研究和建設組織文化，落實民主管理，做到「不讓一人丟失」，是一個組織最重要的工作之一。以團隊化來加強組織凝聚力，這是時代發展的要求，也是管理者們應該具備的基本思想。

智慧的管理者，首先應該是一位思想者。他只需思考組織的構架，建立起一種良好的機制後，便可以「袖手旁觀」了。這便是輕鬆管理的秘密和關鍵所在。

兩種管理模式，也是兩種文化生態和政治模式。是奴役性的控制，還是生態中的自由，是獨裁專制，還是自由民主，這是兩種管理模式的分水嶺。

在生物學世界觀裡，平衡與秩序是系統的「大忌」，它會使系統死去。無序也不是洪水猛獸，而恰恰是系統發展的必要前提。

從富士康到教育

寫作背景

深圳富士康公司發生的連續跳樓事件，充分暴露了極權管理的危害。為了獲得生產效率的最大化，公司將職工物化和工具化，完全不顧職工的思想層面或精神世界。在強勢和高壓管理之下，職工內心的衝突與矛盾得不到排解，最終釀成了自殺悲劇。

企業為了生產效率，只是將職工工具化了。然而，當學校採用富士康式的極權管理時，被工具化的不僅是教師，而且還包括了學生。教師在被工具化後，必然會有以同樣的方式把學生也工具化了。因此，「教育中的富士康」更加殘忍和危險，值得教育界的警惕。

事實上，私立學校的管理普遍類似於富士康的管理。究其原因，私立學校的根本目的是賺錢，而不是搞好教育。如此一來，私立學校完全可能顛倒手段與目標，最終完全可能背離了教育。簡單地說，私立學校並不在乎什麼是教育。它只是招一批教師進來，讓他們不分白天黑夜地幹，便可達到賺錢的目的。學校裡的任何活動或課程，只要與考試無關的，均可被視為「不務正業」。按照這種邏輯，私立學校怎麼可能辦出真正的教育？

據報導，5 月 6 日，富士康員工盧新從陽台縱身跳下身亡。僅僅 5 天後，另一名富士康員工跳樓身亡。這是 1 月以來，富士康員工的第八起自殺[1]。富士康頓時「紅極一時」，成為了輿論漩渦的中心。

在 CCTV12 頻道，我看到了對富士康管理人員的採訪實況。當記者問及自殺事件時，管理人員稱，從管理角度來講，管理確實應該走進職工心靈。然而，深圳有太多的打工族，使得管理很難走進職工心靈。說到這裡，他感到有點「委屈」。

誠然，自殺的因素可能有社會的、工作壓力的、婚姻愛情的，甚至是教育的原因。表面上，富士康有足球場、網吧等休閒場所，職工生活得不錯，不會有太大壓力。管理人員認為，職工太多，管理無法走進職工心靈，這聽起來好像有點道理。

然而我想說，自殺的原因儘管有很多，富士康的管理卻負有不可推卸的責任。因為，自殺者選擇自殺，一定是有心理問題。自殺心理會蔓延傳染給他人，最終釀成悲劇。

---

[1] 2010 年，富士康公司有十餘名職工先後自殺。

　　我對富士康的管理不是十分瞭解，只從網路中瞭解到一點。我看過一篇 2008 年的文章，講的是富士康的強勢管理。文章稱：「強勢的管理風格和極度強調執行力的企業文化使富士康的員工面臨高度的壓力。」另一篇 2009 的文章稱：「富士康的時間管理也非常獨特，為了追趕速度，富士康員工的工作近乎瘋狂。」可見，這種企業的管理屬於極權主義。為了追求利潤和效率，這種管理必然強調控制和執行力。這種管理下，職工沒有歸屬感，面臨著非常大的壓力。即使富士康配備了各種娛樂場所，可真正有閒情享受的職工有幾人呢？富士康稱，工廠的福利非常好，比如廠裡為直屬親屬提供了醫療費。可這跟員工的精神世界有多大關係呢？這種管理使職工惶惶不可終日，承受著精神上的壓力，可在「人人近乎瘋狂」時，有幾個管理人員能關注職工的內心世界呢？職工被作為機器，每天瘋狂運轉，心理問題長期被忽略，因此才會有「連環跳」的總爆發。

　　極權主義的效率非常高，卻會窒息掉職工的精神生命。從廠方來看，要搶佔市場份額，必然要追求效率。要追求效率，必然要實行高壓管理。這樣一來，廠方會有意或無意地採用極權主義式的管理方式。我認為，這種管理的背後，可能有如下幾個原因：

1. 管理上採取的是麥格雷戈的 X 理論或「8 理論」。這種理論認為，職工都是好逸惡勞，需要被鞭子抽著才會工作。為了追求利潤和效率，富士康也就必須用高壓逼迫職工工作。

2. 對於職工的工作，我相信富士康肯定也會進行物質獎勵。然而，物質獎勵不會提高職工的幸福指數，因為幸福關乎心靈和精神世界。即使職工待遇不錯，這並不表明職工非常幸福。可以看出，富士康的激勵機制可能比較單一，沒能走進職工的心靈。

　　一份調查報告表明，從 1961 年到 1987 年，日本人的收入增加了約二十倍，而日本人的幸福指數卻始終保持不變。那麼，幸福是關乎物質消費，還是更關乎心靈呢？沒有了幸福感，職工更可能自殺。

3. 作為一個現代企業，不知富士康採用了團隊化管理沒有？如果沒有採用，那必然會出問題。如果採用了，也可能還是要出問題。這是為什麼呢？

　　在自然界中，有些動物不是群體動物。然而，靈長目動物全是群體動物。群體規模也不是越大越好，太大的規模使個體「原子化」而不利於生存。在滿足為生存而合作的前提下，規模越小越利於相互的「識別性」和群體內部的「向心力」。小團體能使社會形成「糰粒結構」，而不是一盤散沙。約翰斯頓曾引用

王曉天的研究成果：「小群體比大群體的成員相互依賴性強，利他性強，肯為對方冒險。當群體成員為一百二十人時，選擇肯與不肯為對方冒險的人數各半，由這種規模開始，群體越小，成員越肯為對方冒風險。」[2]

可見，實行團隊化管理時，要注意團隊不能太大。在我看來，越是高壓的極權主義管理，越要求團隊盡可能小。團隊大的單位，更適合於比較寬鬆的管理。管理若是比較寬鬆，職工中間的「自組織」或「非正式組織」，職工不會感到壓抑，單位也會處於有序狀態。極權主義管理犧牲職工的自由後，若是團隊大、人數多，管理人員肯定照顧不過來。富士康在深圳有四十二萬人，為了節省管理成本，富士康的管理團隊若比較大，這就必然會造成管理的「真空」和造成職工的「脫管」。職工的心理長期得不到關照，管理肯定會出問題。

上述三點中，我認為第一點不太可能，第二點和第三點卻太可能了！富士康的管理人員稱，管理不可能走進每個職工的心靈。我卻認為，這恰好說明富士康的管理還有漏洞。因為真正一流的管理，就是要走進職工的內心世界——當職工都接連跳樓死去，管理對象都消失了，我們還奢談什麼管理呢？！

我對富士康的不瞭解，只能做些猜測。我以為，富士康的管理有極權主義色彩，可能忽視了企業文化的建設。娛樂設施是物質文化，而我要談的是精神文化。同時，富士康假若採用團隊化管理，有沒有團隊過大的問題呢？我的這些觀點，就給富士康參考一下吧。

富士康「連環跳」事件，讓人不禁聯想到學校。應試教育追求效率而採用的高壓管理，使教師面臨著嚴重的身心健康的問題。一組資料說，教師的平均壽命僅為五十九歲，大大低於正常水平；另一組資料則聲稱，90%以上的教師都有心理疾病。

學校是教育場所，教育也無效率的概念。應試教育追求效率，違背了教育的本質特點。私人投資於教育後，教育更是以追求效率為目標。為了牢牢控制教師，提高升學率，私立學校普遍採用了富士康的極權主義管理方式。這種管理方式不注視文化中最重要的因素——精神文化，致使學校變成了工廠，使教師的心理問題更為嚴重。可以說，教師若出現問題，更可能發生在私立學校。

經濟的不斷發展，社會生活的節奏加快，不斷地給人們的心理帶來壓力，這就給管理提出了更高要求。最不應該的是，中國教育對效率與控制的追求，不僅是教育異化，也使廣大師生承受著極大的心理壓力。對此，我一直表示了極大的擔心。在一篇文章中，我甚至稱：「有學生跳樓時，我不會奇怪。我感到

---

[2] 約翰斯頓・V.，《情感之源：關於人類情緒的科學》。

奇怪的是，怎麼跳樓的學生這麼少！？有教師自殺時，我不會奇怪。我感到奇怪的是，怎麼自殺的教師這麼少！？死的人多了，官方對教育才能寬鬆一點。」

　　從富士康「連環跳樓」，到教育的各種問題，這一切都清楚地表明：這是一個最好的時代，也是一個最壞的時代；這是一個興盛的時代，也是一個危險的時代。

　　中國，將如何走過這段路呢？

兩種管理模式

寫作背景

　　每一種管理思想，背後都有著其獨特的世界觀。私立學校採用「富士康」式的極權管理後，師生都無多少自由可言。

　　這種極權管理是科學的嗎？如果合理，它又能否用到教育管理？教育管理若是企業管理，教育的特點怎麼體現出來呢？那麼，什麼又是教育呢？

　　這一系列的問題，總會讓人沉思不已。

　　走進我校，你會看到教師們身著校服。乍一看，一切都是井然有序，生機活潑，好一派欣欣向榮的景象。然而，我校一學期內連續有 7 人辭職，每年下來都要引進幾十名教師，以彌補師資的不足。師資隊伍如此不穩定，可校長卻仍做著「持續發展」的美夢。

　　最近，我偶然找到三家公司的資料。從這些資料中，我們可以來分析管理模式的不同，以及帶來的後果（下面三段，皆為原文轉載）。

　　A 公司：金正電子有限公司。1997 年成立，是一家集科研、製造為一體的多元化高科技企業。2005 年 7 月，因管理不善，申請破產，生存期 9 年。八點上班，打卡制，遲到早退一分鐘扣 50 元；統一著裝，必須帶胸卡；每年搞一次旅遊、兩次聚會、三次聯歡、四次比賽，每個員工每年要提四項合理化建議。

　　B 公司：微軟公司。1975 年創立，現為全球最大的軟體公司和美國最有價值的企業，股票市值 2,883 億美元。九點上班；不記考勤。每人一個辦公室，每個辦公室可根據個人愛好佈置；走廊的白牆上，信手塗鴉不會有人制止；飲料和水果免費敞開供應；上班時間可以去理髮、游泳。

　　C 公司：Google 公司。1998 年由斯坦福大學兩名學生創立，目前每股股價402 美元，上市一年翻了三倍，超越全球媒體巨人時代華納，直逼百年老店可口可樂，也是唯一一家能從微軟帝國挖走人才的公司。想什麼時候來就什麼時候來；愛穿什麼穿什麼，把自家的狗和孩子帶到辦公室也可以；上班時間去度假也不扣工資。

　　對於這三家公司，我們可以將其粗略地分成兩類：極權管理和混沌組織。A 屬於第一類，B、C 屬於第二類。極權管理強制對職工的控制，以獲得生產效率的最大化。在 A 公司，一切看起來都非常規範有序，職員也應該是最富有

創造力。然而,事實卻證明了這是錯誤的。A 公司規範太死,不利於員工的積極性和創造性,因而使組織不能應對市場競爭,最終被淘汰出局了。

B、C 公司屬於混沌組織,整個組織是非線性的,因而顯得有點「亂」。這種管理思想的本質,是一種生態學的思想。它反對組織管理的線性化,提倡職工的個性化。這種思想深知,組織的生命力來自於職工的個性化。職工個性化得到充分發展後,職工之間會自發出現配合,無須管理者過多干預和控制。這種自發配合,才是組織的生命線和活力所在。

A 公司的管理採用的是物理學世界觀。它把人視為機器或工具,通過強調控制來讓機器生產更多的東西。然而在現代生產中,最重要的因素不是機器,而是人力資源。當人被視為機器來進行生產時,人的尊嚴和價值便失去了。這種管理中,職工的創造力是非常有限的,使組織缺乏足夠的競爭力。

在現實中,富士康公司就是這種管理的典型代表。這種管理強調物質激勵,無視員工作為人的精神世界,也無相應機制啟動員工的創造力,或強化員工的歸屬感。今年以來,富士康連續有十幾人自殺[1]。這個結果,本來就是對極權管理的控訴。

這種管理強調服從,並不承認員工的創造力,必然會出現「一人思考,萬人作註」的局面。職工的創造力被抹殺,組織的總體智力也僅僅是領導個人的智力。若從政治角度上看,這是一種極權政治。當年,毛澤東時代的政治局面就是典型的這種模式。

毫不誇張地講,我校的管理模式是為騾子和雜草而設計的。作為作坊主,校長只需你是拉磨的騾子。你若是千里馬,會被打入另冊。具體說來,你只需

---

[1] 我在網路上找到如下資料,僅供參考:第一起:2010 年 1 月 23 日凌晨 4 時左右,富士康 19 歲員工馬向前死亡;第二起:2010 年 3 月 11 日富士康 1 名男性員工墜樓身亡;第三起:2010 年 3 月 17 日上午 8 時,富士康一田姓女工從宿舍樓跳下,跌在地面摔傷。據其稱,因為活著太累;第四起:2010 年 3 月 29 日凌晨 3 時,富士康一名 23 歲員工從宿舍樓 14 樓樓頂墜樓身亡。至於墜樓原因,初步疑為工作壓力太大,加上自己心理承受能力太差;第五起:2010 年 3 月 29 日凌晨幾乎與第九起同時,富士康另一員工跳樓,重傷;第六起:2010 年 4 月 6 日,一名女工跳樓成重傷,年僅 19 歲;第七起:2010 年 4 月 26 日,一位富士康男員工被發現不省人事後搶救無效死忘,22 歲,湖北人;第八起:2010 年 5 月 6 日凌晨,富士康一湖南籍員工盧新跳樓自殺身亡,24 歲;第九起:2010 年 5 月 11 日下午,在富士康廠區外出租屋,24 歲,河南籍年輕女子祝晨玲跳樓身亡,跳樓時已經離職;第十起:2010 年 5 月 14 日晚,富士康一名梁姓員工墜樓身亡;第十一起:2010 年 5 月 21 日凌晨,富士康 21 歲員工南鋼跳樓身亡;第十二起:2010 年 5 月 25 日凌晨,富士康員工李海墜樓死亡,年僅 19 歲,即將大學畢業;第十三起:10 年 5 月 26 日富士康一賀姓員工跳樓身亡,年僅 23 歲;第十四起:5 月 27 日,富士康一陳姓員工割脈自殺,經搶救暫時脫離生命危險。

花時間和體力抓分數即可。你的思想再先進，知識再淵博，專業化水平再高，力氣若沒有騾子大，你便不會被認可。作為園丁，校長也將學校變成了僅供雜草生長的苗圃。你若是參天大樹，對不起，本校不是為你而設計。可想而知，在這種學校裡，剩下的只能是騾子和雜草。說到底，這種學校沒多少文化可言。

B、C 公司的管理採用的是生物學世界觀。與 A 公司的強勢和高調管理不同，它採用是低調管理。它認為人是有創造能力的，並通過組織的混沌管理，充分挖掘潛力，讓職工的創造力能體現出來，將其轉化為生產力，從而獲得在市場競爭中的優勢。在這裡，職工有很大的自由度，組織也有相應機制讓職工發揮首創性和能動性。從政治角度看，這種混沌組織與自由民主的政體相關。

兩種管理模式，也是兩種文化生態和政治模式。是奴役性的控制，還是生態中的自由，是獨裁專制，還是自由民主，這是兩種管理模式的分水嶺。

應該說，西方已走過工業革命的機器大生產時代，進入了後現代社會。在後現代社會裡，人力資源是最為重要的要素，人才競爭也日益激烈起來。如何讓人才充分發揮創造力，這是現代組織面臨的重大課題。只有充分發揮全體員工的智力，進而提高整個組織的智力，才可能讓組織在競爭中立於不敗之地。

相比之下，中國沒有完成工業化，仍處於現代與後現代的交會階段。現代社會裡普遍採用物理學世界觀，後現代社會裡則普遍採用生物學世界觀。西方已完成了現代化，而中國卻仍在進行著現代化的急行軍。在這種背景下，西方普遍採用混沌組織，中國仍然採用極權管理，似乎有其必然的原因。

然而，極權管理犧牲了人，抹殺了人的創造力。如果一個國家採用了極權管理，整個民族會是什麼樣呢？中國可以實現持續性發展嗎？持續性發展的根本動力是什麼呢？這些是中國的管理者，也是政府當局必須思考的問題。極權管理的組織是一種癌細胞，那麼整個國家機體會是什麼樣的呢？

我們不禁想到另一個問題：我們建設的「和諧」社會，其背後的指導思想是否也強調「控制」？真若如此，社會倒可能會和諧有序，但民族的創造力和智力卻會被犧牲掉。中國人有多少自由思想？有多少原創力？中國人若沒有多少創造力，這跟意識形態的世界觀，以及實施的政治體制有無關係呢？

辦學需要哪種文化？

寫作背景

校長沒有深刻的教育思想，也沒有多少教育情懷或理想。與其說校長是教育家，不如說他是政治官僚。

校長不僅採用極權的管理，而且經常搞些不著調的活動。連續這幾週，校長要教師學聲樂，美其名曰是為了讓教師在課堂上有激情，聲音洪亮地教學。可惜校長並不知道，聲音大小跟教育無關，教育的宗旨或核心不是教師的音量問題。

對於這種校長，我只有批判，同時大叫：「昏庸啊！」

前段時間，校長在大會上聲稱要加強人文建設，我在最近以來也一直在關注學校有什麼新舉措。本週一，學校要求全體教師學學聲樂，原因是要提高教師的生活品質，提升教師的文化。整個會場上，教師們咿嗚哼啊達一個小時，好一派「文化繁榮」的景象。

誠然，學聲樂確實是文化，但文化是個大概念，定義有上百個，分類也極為複雜。校長若讓教師嫖妓，這是男教師的「肉慾文化」；校長若帶教師打麻將，這是教師的「麻將文化」；校長若帶教師大吃大喝，這是教師的「飲食文化」。有言道：「文化是個框，什麼都往裡裝。」──校長要搞的文化，是屬於哪種文化呢？

當然，聲樂並不庸俗，比起「嫖妓文化」和「麻將文化」來講，多少要高雅一些。有點聲樂知識，懂點音樂常識，無疑有助於生活品質的改善，我不打算否認這點。只是我私下估計，根據校長的思路，下一次開會時，校長要請來專家，給教師講授如何烹調，或讓教師跳跳「忠」字舞，因為這些都會提高教師的生活品質。

在我看來，這些措施都有點附庸風雅，顯然是不得要領。須知，在各種文化分類中，精神層面上的文化是最核心的，也是最重要的。教師學會音樂，卻不能改變自己的生存狀態；教師學會跳舞，卻不能讓治癒自己的職業厭倦感；教師學會烹調，卻不能改變自己的精神世界。這些層面上的文化，無論你怎麼建設搞，都不能擊中一個要害：讓教師成為人！當教師只是蛆蟲時，學生還能是什麼呢？我們時常批評中國教育沒有關注學生的心靈或精神發育，卻很少有人認識到更重要的問題：教師也需要精神成長──教師沒有精神文化，學生何來精神文化？精神世界關乎人的靈魂和精神，是教師作為人的最重要的維度，這是校長必須明白的一點。

　　在辦學中，校長提出了「四有課堂」的觀點，即「有激情」、「有拓展」、「有教材」和「有學生」。無論這些提法多麼優美豪華，只要教師沒有精神文化，便不可能有真正的教育。此時，我們口口聲聲說的「學校」，不過只是「加工」學生的工廠，學校裡的教師也只是「教育民工」而已。

　　根據某領導的介紹，此舉是為了讓教師有洪亮的聲音，在課堂上才會有激情。沒有精神文化的教師，有激情又有什麼用？此時，教師在課堂上的激情，只是用高音進行填鴨式的高效灌輸。與其說這是激情，不如說這只是勞動號子。縴夫拉船，民工打夯，叫喊號子時多麼有激情！同樣地，無論「教育民工」們的號子有多麼響亮，他們做的也只是體力勞動。當然，教師們做愛時也會激情地大叫，但把這種激情移植到課堂上是非常可怕的，因為教師不是在搞教育，而是在強姦學生──這符合教育的宗旨嗎？

　　沒有精神文化的教師，還需要學生來做什麼？不要也罷，免得學生受害無窮。不必大吹大擂學校的升學率，因為升學率只是學校作為工廠的生產效率，而不是教育。至於黨國為何這樣搞教育，我不想多說，相信大家都能明白。強姦犯沒有女人可強姦，打劫者沒有銀行可搶，豈不是更好？沒有精神文化的教師，若沒有被迫害的學生，對於學生也何嘗不是大幸？

　　沒有精神文化的教師，肯定是不學無術的教師。教師不能讀懂課文，怎麼可能進行拓展？教師們沒有覺悟，便沒有專業化發展，有的恐怕只是體力。他們的激情，只是勞動口子。面對這樣的師資水平，校長的「四有課堂」最終必然只是一句空洞的口號。

　　順便說一下。我最近為校刊投了一篇〈語文教師的「哲學」之思〉。讀過此文的人知道，我對教師的不學無術，缺乏學術視野和理論水平，只能把世界名著當《故事會》來講的現象進行了批評。結果，此文竟被某些人封殺。我的文章可在全國發行，學校刊物只是校內發行。在校刊上發表不是我的榮耀，而只是恥辱。對於不能發表，我沒有絲毫的抱怨。我只是想說，有人還把自己裝在「套子」裡，成天以「優秀教師」自我意淫，怕我的文章揭露了他們的無知和愚蠢。我的文章不刊登出來，難道他們就有精神文化了？或者就有學術水平了？──或者說，難道教師壓根只能是教育民工，不配做一個有精神文化的人？

　　還有一點，今年是四川省課改年。其實，課改的真正要點在於塑造教師的精神文化，或者簡單地說，要引領教師讀書學習。就目前的情況來看，四川省課改「必死無疑」，不可能有真正的效果。省上和市上都沒有啟動引領教師文化的工程，因為上級部門只是政治官僚，不可能深刻理解教育。校長處在最基層，

本質上不是官僚的身分。校長不應把自己當作官僚，只知按文件辦事。校長更具備教育理想和情懷，而不是渾身的官僚習氣。

今天，我看到一份市教育局的《關於中小學名師培養工程的通知》。按文件要求，各校都必須制訂名師培養計畫，並建立「名師工作室」。早在去年，我便給學校提出這個建議，卻遭到無故封殺。學校極權管理造成的封閉狀態，使學校上下的視野和觀念仍然落後。我一直認為，學校不是官僚機構，不必總等著上級的文件。只要我們能本著教育的精神，把握住時代的脈搏，便可能在權力範圍內自主、創新地開展一些工作。然而，對於某些人來說，我的建議卻無異於洪水猛獸。

校長英明神武，有超人智慧和深刻思想，讓人高山仰止。我的仰慕之情，如同滔滔江水，連綿不絕。我相信，校長絕不是昏庸的官僚。憑著自己的大智大勇，校長定能在辦學中有所作為，真正辦出學校的特色。我絕不相信，上一次開會讓教師學聲樂後，下一次領導會讓教師學跳「忠」字舞。這種不著調的辦學，斷然是不會發生在我校的。

下次校長若是繼續這樣搞，我只有請校長允許我在開會時外出嫖妓了——如前面所說，這種「肉體文化」能提高我的生活品質，校長應該支持我的「肉體文化」。校長若認為教師在課堂上要有激情，為此教師必須學聲樂，那麼，我只能斗膽地問校長一個問題：什麼是教育？激情跟教育到底有多大關係？

初一課改現狀

寫作背景

　　為了儘快辦出學校特色，學校組織了一批中層領導去山東學習杜郎口中學的經驗。回來後，憑著衝天的幹勁和熱情，領導們決定在初中三個年級同時開展一場「課改運動」。

　　對於此舉，我極力表示反對，也在校刊上發表文章，力陳此舉的危險性，委婉批評了領導們的不切實際和急功近利。教科室 Y 主任對此頗為不滿，連續在兩期校刊上發表文章，對我的觀點進行批判。我沒有多說什麼，只是等著轟轟烈烈的課改的失敗——沒有科研的基本常識，犯科研之大忌，失敗是此次課改必然的命運。對此，我深信不疑。

　　批判歸批判，正確的觀點始終會被實踐證明的。初中各年級開始課改後，不久便陷於了泥潭，無法推動下去而成了夾生飯。此時，領導們都聰明了，不再提及課改自揭傷疤。我想調查一下初一年級的課改情況，便根據聽課所瞭解的情況寫出了下文。然而，主任對本文大為不悅，因為此文分析了課改失敗的原因。作為課改主管部門的教科室，對失敗負有不可推卸的責任，曾經極力推崇課改的主任也脫不了干係。

　　主任讀完此文後，感覺自己的權威受到瓦解。於是，他將此文打入了冷宮，沒有呈報給校長。

　　初中課改，我一直比較關注。上學期，我聽了初三的一節課，還走訪了幾個學生。學生們說，分組後課堂紀律明顯差多了。教師授課時，很大部分精力都用來維持紀律了。學生還說，小組內學生互教互學時，學生講解往往不如教師講解的效果好。學生表面是在討論問題，私下地卻在聊天，而面對多個小組時，教師又有點照顧不過來。據教師反映，不是每一學科都適合這樣搞，有的科目或許有點效果，但有些科目只會越搞越糟糕。

　　受主任委託和安排，我近來深入初一年級聽課，對初一的課改進行摸底調查。聽課班級佔全年級的一半，基本上可以看出初一課改現狀。

　　根據我的瞭解，初一對分組做出了變化，不再像從前讓學生分組坐在一塊，而是以常規的分組方式為主，即全班分為六至八個豎排，每一豎排為一組。討論時，各組學生集中到小組長那裡，站著討論。不過據學生反映說，分組也只是形式，因為名義上是用於討論，而實質上討論的時候並不多。我所聽的課中，沒有一個教師設計有分組討論的活動。

課改開始時，各班設計有兩塊黑板。據我的觀察瞭解，大部分班級沒有使用黑板進行教學（除一位物理教師少量使用外），而是將黑板用於公示班務或各種考評，甚至是閒置一邊。

教師	學科	班級	節次	時間	內容	評價或建議
張老師	語文	十一班	上午2	11月4日	評講練習	教姿：頭總是偏右
李老師	歷史	十三班	下午2	11月17日	秦始皇的措施	缺乏總結。可借鑑譚嗣同的「兩千年之政皆秦政也」或毛澤東的「百代皆行秦政制」
李老師	英語	十四班	上午2	11月18日	What's the time？	學生練習時無序，建議採用「兩兩對話」
孫老師	物理	十五班	上午2	11月18日	光的折射	少量使用右側黑板
許老師	英語	八班	上午2	11月23日	Unit 6	Blank 的音標有誤
陳老師	生物	六班	上午2	11月24日	單一細胞的生物體	分組後紀律要控制好
侯老師	歷史	一班	上午2	11月25日	秦朝的統一	某些問題可由學生討論

在我聽過課的教師中，只有陳老師採用了分組形式進行教學。整個課堂打破了教師一言堂的模式，在一定程度上調動了學生的積極性，提高了學生的學習興趣。然而，此種分組模式的課堂，其弊病也是明顯的。

在陳老師的課堂上，全班分為六個小組，小組中兩三個學生到黑板書寫，其餘的學生中，部分學習在按要求討論，其他學生顯得有點無所事事──部分學生嬉戲，部分學生自習。同時，由於小組承擔的任務不同，不利於展開公平競爭。學生答對問題時，教師雖然採用加分鼓勵的策略，但只是對個人而不是對小組，這樣也不利於小組內的合作學習。

據學生反映，六班的各學科中，只有語文、數學、政治和生物課堂在使用分組。我相信，採用這種模式進行教學的教師，對紀律問題大概都很頭疼。所以，如何做到收放自如，調控好學生的紀律，這是分組教學的難題，需要廣大教師共同思考和解決。

學校轟轟烈烈的課改，看來命運尷尬。何以如此？我以為有以下幾個原因。

第一、吃了機械照搬的大虧

科研要講究本地化，意味著操作方式必須有所不同。由於不知道這些方式出自何種思想理念，不加以選擇地邯鄲學步往往是不得要領，出現問題時也不知用什麼思想來指導。

第二、科研不是政治運動

沒有經過研討和論證而一哄而上，這是科研的大忌。穩妥的辦法應該是，先小範圍試驗，時機成熟時再推廣。同時，科研之前應該有更新理念的階段。大規模地搞「科研運動」，其代價是非常巨大的，甚至是難以彌補的。

第三、科研不能急功近利

我校的辦學是「求生存」，靠「苦幹」來抓升學率，現在總算是有了「生機」。不過，學校難有像樣的教研和科研。學校自創辦以來，是以「短」、「平」、「快」為原則，急於靠升學率做出成績，致使教師文化的工作成績甚微。

第四、沒有立項研究

由於課改沒有立項，實施過程中必然疏於管理。同時，沒有人跟蹤研究調查，致使課改最終流於形式。總的來講，沒有立項研究整個課改，說明學校沒有科研意識。

第五、對班主任的作用認識不夠

合作學習的分組必然涉及班級管理。沒有班主任的核心作用，分組後必然出現一團混亂的局面。班主任將分組納入班級管理後，可以有效地控制混亂局面。比如，讓任課教師每節課為小組評價，班主任每日根據評價，可在紀律、操行等各方面來調節和管理各小組。

第六、科研需要土壤

誠然，這種體制下沒有升學率是不行的。但是，作為一所學校，高端的文化沒有了，辦學前途在哪兒？拿什麼去跟全國的學校相比？苦幹的精神固然可

獎,但師生的時間是有限的,因而想通過佔用時間抓升學率來提高學校品牌的做法也是有限的。同時,師生被嚴重「管制」起來後,沒有精力來提升校園文化。幾年後,如果升學率沒有成績(這還取決於生源),文化也沒有成績,一所學校就開始走向滅亡了。

科研文化要想有成績,不能過於急於求成。學校需要稍微調整辦學方針,開始培育科研土壤,讓教師有時間研究,也樂於研究,培養教師的研究意識和科研素養。沒有這個基礎,一哄而上地搞科研,勝算能有幾成呢?

一夜間結個「大瓜」,這是人人都希冀的事情。可是,大瓜是一夜間就可以長出的嗎?須知,「大瓜」的生長需要時間,更需要精心培育。科研這個「大瓜」,需要我們不慍不火、有條有理地呵護。少些功利心,好好經營文化,這才是名校的必經之路。

總的看來,初一課改搞的分組教學,只是局限於學科教學中,似乎沒有從班級管理的角度來進行分組。如前所述,這種模式容易不知不覺地還原到從前狀態,使合作學習流於形式,給人有做成夾生飯的感覺。這種情況下,校方可以考慮另尋他路,重新挖掘和開發教學模式。校方若決意堅持研究,我提議如下幾條措施,以供參考:

1. 組織班子重新對課題研討,結合本校實際情況制定出有操作性的方案。豎排的分組方式已經流於形式,建議取消這種方式,採用四個學生一組的方式,把團隊化管理引入進來。這樣不會打擾正常的座位,為班級管理帶來麻煩,也能夠有效地進行合作學習。

2. 根據方案培訓教師,並由主任牽頭跟蹤調查實施情況,做到及時反饋和調整。

3. 先物色兩三個優秀班主任,進行時間為半年到一年的試點。要求班主任在規定時間內拿出試驗總結,在此基礎上教科室進行提煉和修正,然後再考慮進行全員培訓和大面積推廣。

4. 培訓的重點是班主任。班主任是班級管理的核心,一定要起好組織管理作用,配合任科教師進行研究。

談話制

——校長秘技

寫作背景

校長不是官僚，而應該是教師的朋友。當校長成天坐在辦公室指揮學校時，誰敢說校長就真正地瞭解了教師呢？

要瞭解教師，校長必須做教師的朋友。同時，為了促進教師的專業化發展，校長也必須及時跟教師溝通，瞭解教師的思想動態。

其實，談話制也是防止教師邊緣化，加強教師的凝聚力的有力措施。很遺憾，根據我的有限瞭解，目前實行談話制的學校還不多。談話制的優勢還沒有被認識，其潛力還沒有發揮出來。

若有校長讀到此文，並能將這一思想貫徹在管理工作中，那將是本人莫大的榮幸。當然，如果我當了校長，我會堅定不移地實行。畢竟，這是我多年思考的結晶。

在管理學大師德魯克提出的「團隊」中，有一種叫「雙打網球隊」模式。在比賽過程中，這種團隊有很強的自主性和開放性，隊員根據實際需要而自行調整位置。每個隊員可以到處跑，卻都有一個共同的目標——獲得勝利。

這種「雙打網球」團隊，有明顯的「自組織」特徵。自組織看似混亂無序，卻隱藏著一種有序。沒有智慧的領導若看不慣無序狀態，為了讓組織出現「有序」，便採用強勢管理，限制每個人的活動。如此一來，便會出現德魯克所說的「棒球隊」模式——每個人不能亂動，只能做自己的事，完成自己的任務。

從系統論角度看，「棒球隊」是一種封閉的和線性的死系統，因為它只是滿足了「總體等於個體之和」。「雙打網球隊」模式卻是一個開放的和非線性的進化系統，因為這具有「湧現」特徵，即「總體大於個體之和」——當每個人充分活動起來後，通過「自組織」方式，組織可以有封閉系統沒有的新特性。

在管理學上，「棒球隊」體現的是泰勒的科學管理思想。泰勒曾這樣給科學管理定義，「諸種要素——不是個別要素的結合，構成了科學管理，它可以概括如下：科學，不是單憑經驗的方法。協調，不是不和別人合作，不是個人主義。最高的產量，取代有限的產量。發揮每個人最高的效率，實現最大的富裕。」科學管理重視物質技術因素，將員工看成是被控制的機器，強調對領導的絕對

服從，忽視人的能動性及心理社會因素的作用。可見，科學管理著重個體工作效率的最大化，從而會忽視個體在系統中的相互作用。這種管理的人性觀，只是將人看作是「經濟人」，認為人們只看重經濟利益，激勵機制也是單一的物質獎勵——「富士康事件」不是偶然，而是由其管理思想所決定了的。

相反，「雙打網球隊」體現的卻是近幾十年興起的系統科學的思想。這種管理思想認為，系統是有自組織能力的生態系統，可以根據現實環境進行自動調整。假如每個個體有足夠的能動性，他們便能根據工作需要調整自己的行為，以實現組織的最優化。系統要實現進化和發展，必須使系統保持在非平衡狀態。

這裡補充一句。說到「平衡」和「無序」，領導們往往喜歡平衡，認為這才是中庸之道。他們也會厭惡無序，認為這不是和諧。其實，這恰好說明領導們不學無術，沒有吸收最新的管理思想。在生物學世界觀裡，平衡與秩序是系統的「大忌」，它會使系統死去。無序也不是洪水猛獸，而恰恰是系統發展的必要前提。

「棒球隊」和「雙打網球隊」兩種模式，體現了不同的管理學思想。然而，管理學也是來自哲學或世界觀。可以講，「棒球隊」的團隊模式來自於物理學世界觀，「雙打網球隊」來自於生物學世界觀。

系統要實現自組織，保證系統的發展，個體必須要有主動性和能動性。那麼，領導如何使個體具有主動性和能動性呢？要做到這點，我認為領導必須要關注個體的精神生命，瞭解個體的自組織行為（個人願景），並站在學校高度上，將個人願景置於學校的共同願景之中，將二者有機地結合起來。

員工個體作為生命，也是一個自組織系統。每個人有自己的個人願景，每天接收著大環境（國內）和小環境（學校）的資訊。個體把這些資訊與自己的情況結合起來，重新調整自己的個人願景。

以我本人為例。1995 年，當我初次接觸到電腦後，斷定多媒體必將會出現在教學中。為了適應形勢的需要，我便開始學習電腦。如今，我已完全適應了多媒體教學的要求。再比如說，學校準備明年開展教改活動，我會事先讀點書，或學習相關檔，瞭解相關情況，以能適應即將到來的教改。這兩個例子，都屬於個體的自組織行為。

領導關注教師的精神生命，其辦法是很多的。這裡，我推薦一種「談話制」策略。我所說的「談話制」，具體操作如下：校長、副校長、教務處主任、教科室主任包幹，定期找教師進行談話。談話內容主要是瞭解教師的思想動態、專業發展的目標、個人研修的進展情況、專業化發展中的困難等。領導紀錄談話主要內容，作為下次談話的參考內容和進行發展性評價的依據。

自評是促進教師反思能力的很好方式。因此，談話時領導不能先給教師貼上標籤，而應允許教師先自評，為自己「畫像」。領導也要注意保持民主與協商態度，既要指出缺點，又要熱心幫助。談話目的不是恐嚇或威脅教師，而是要通過交流，幫助教師反省自己，促進教師的專業化發展。

通過「談話制」，領導可以瞭解教師的個人願景，並據此思考和制定學校的辦學目標或方向。須知，表面上教師是在「謀私」，即為自己的個人願景努力，實際上是為學校的發展而努力──因為學校共同願意，或發展目標，是以綜合教師的個人願景為基礎的。領導若是一廂情願地制定辦學目標，與教師的個人願景之間落差太大，辦學結果便可想而知。

總之，系統的活力來自於個體的自組織。要讓個體能夠充分地「自組織」，領導瞭解個人願景是非常必要的。同時，要保證系統的活力，必須讓系統保持開放，讓個體從各個方向獲得實現自組織所需的資訊或能量。

當然，單獨的「談話制」也不是萬能的。在工作中，領導們可以配合多種方式，如校園文化建設的種種措施，以期達到自己的管理目標。

最後一句話。對於管理者來說，事必躬親、事無鉅細未必好。從管理學來看，諸葛亮是很差的管理者。他事事操心、處處要管，結果把自己活活累死。智慧的管理者，首先應該是一位思想者。他只需思考組織的構架，建立起一種良好的機制後，便可以「袖手旁觀」了。這便是輕鬆管理的秘密和關鍵所在。

校長，讓我教教你

寫作背景

　　校長是一個武斷專制，卻又缺乏思想的人。只要有不同的聲音，他都會壓制，以維護自己的權威。他根本不知自己的管理是什麼，不知組織系統中潛在的問題。他只會做一點：壓制，壓制，再壓制。

　　校長很不幸，因為他遇上我。

　　教育很幸運，因為教育有我。

　　在我校，有一條奇怪的規定——教師不准說領導的「壞話」。在我看來，壞話不外乎有兩種：一是誹謗，一是批評。若教師惡意誹謗領導，領導不必大為光火。別人侵犯你的權益，你只需依法起訴造謠者，與之對簿公堂即可。若是領導做得不對時，教師對領導提出批評意見，這也犯不上哪一條法律。因此，「不准說領導壞話」這條規定超越了法律界限，富有極權主義的色彩。不允許別人批評，難道自己是完美的？真若認為自己很完美，這無疑是在自我意淫。

　　當然，校長可能要說：「在學校我做主，我就是法律。」當年，路易十四也說過：「朕即國家，國家即朕。」不過，那是專制的典型代表，在世界上是臭名遠揚，已被釘在世界歷史的恥辱柱上了。我認為，校長什麼也不是。尤其是在我們這種學校，校長也只是工具而已，沒必要那麼囂張。校長別以為通過實行極權，就能穩穩佔據權力巔峰。這種想法很幼稚，也很可笑。

　　想當年，整個歐洲都處在德國的鐵蹄之下，希特勒該比校長威風得多吧？且不說希特勒最終落得自殺的命運，在戰爭期間，不少德國人都曾企圖刺殺希特勒，甚至包括隆美爾這樣的德國頂級名將都參與了刺殺行動。這說明，很多人都不喜歡希特勒的專制。

　　記得有一次會議上，某領導批評一位教師遲到，聲稱要扣發兩百元獎金。這位教師立即站出來，聲明自己沒有遲到，還請領導看看監視錄影，證明自己沒有遲到。頓時，整個會場陷入僵局，室內空氣開始凝結。此時，校長出面講話。不過，校長卻站在領導立場，批評教師在會場上不該頂撞。難道說，校長以為用強權的方式，就能讓教師信服？校長顯然太幼稚和愚蠢，沒有一點頭腦。須知，校長若把自己打扮成希特勒，不僅教師不會滿意，中層也不會滿意的。他們也想趁機取而代之，搖身一變做回老大。

　　某主任知識結構老化，頭腦僵化，人格矮化，至今佔著領導位置，只等著某日血管硬化。對於這種人，我只是將其視為蛆蟲。校長也知道，我在校內是很低調的，只要別人不招惹我，我從不去招惹別人。不過，此公喜歡在我面前以權威自居。有一次，我當眾把他罵得狗血淋頭：「你一天到晚不學無術，球經不懂！球事不做，成天翹著腿混津貼！『啊，你的雙乳圓潤，摸起來真舒服啊！』你懂不懂什麼叫詩？瞧你那副白癡的熊樣，不知徐志摩是什麼時代的人，你還寫什麼狗屁的詩？！你真以為你是權威？很不幸，本人眼裡從來都沒有權威。這樣說吧，我只把你當作狗。有言道，打狗要看主人。今天，我就當眾打你這條狗，你現在就去給你的主人校長報告，說我打了你這條狗！」我沒有污衊此公。有一次，別人問其徐志摩是哪個時代的，這位自稱「詩人」者竟說不知。當然，這條狗最終還是讓我白「打」了一頓。現在，只要一看到我，牠便夾著尾巴灰溜溜地往一邊跑。此公被我修理後才明白，在這個世界上，原來還有一類人專「以修理領導為樂」。

　　校長成天叨唸政治覺悟和政治意識，把一切都看作政治任務，然而我卻以為，校長只懂官僚程式，而不懂政治。學校的組織構架存在著很大問題，說明校園政治存在著隱患。校長實行極權管理，整個組織呈「垂直型」。校長位於頂層，中間是中層，下面是職工。校長向下施壓，中層接受壓力並把壓力傳遞給職工，即中層和職工都有壓力。職工處於極力最下層，是壓力的主要承受者。然而，他們不是騾子而是人。他們有尊嚴，有忍耐限度。一旦超過限度，結果不堪設想。當這個權力結構崩潰時，位於最上層的校長摔下來最慘。中層處於中間，既可能連任，也可能隨同校長摔下來──即便如此，也沒校長那麼慘。校長一旦摔下來，可謂丟盔卸甲，名利全無，餘生潦倒。

　　這種極權結構，若不出問題則罷，校長可安然渡過。若出問題，一定是校長吃不了兜著走的問題。在極權主義結構中，沒有一個制衡機制，領導便以為自己可以為所欲為，甚至是顛倒黑白，導致領導的權力意識極度膨脹。比如前面那位遲到的教師。他本來可能沒有遲到，領導們卻不肯承認錯誤，死活都要把錯誤歸咎於教師，這顯然過於蠻橫了。

　　我說校長沒有頭腦，是說校長把問題想得太簡單。其一，不要以為教師真的好欺負，兔子急了也會咬人，教師被逼急時也會拿刀砍人──真若如此，校長臉上的那道刀痕旁邊，定會增加一道新刀痕。當然，我本人素質很高，法律意識很強。我不會殺人犯法，只會以筆為刀合法地「殺人」。其二，組織構架如果合理民主，教職工不僅有積極性，各種矛盾再也不會集中在校長身上，校長職位也就會安全得多。民主政治的好處在於，它能化解矛盾而不會激化矛盾。

在系統中,「三」是很奇特的數位。有了「三」,系統便有活力,也能維持穩定。比如,我們都知道「三點決定一個平面」,「三足鼎立」等等。為了避免下屬「篡權」,精明的一把手都要設兩個副職,以使自己的職位更加安全,這就是「三足鼎立」思想的具體運用。在一個組織內,垂直型結構在管理學上是一種機械結構,在政治上是一種專制極權。正如前面所說,這種結構一旦爆發危機,那一定是很大的危機。職工處於權力底層,承受壓力有個「閾限」問題。「閾限」是個心理學名詞,指外界引起有機體感覺的刺激量。也就是說,教師對壓力的承受有個極限值。超過極限值後,便會出現危機的總爆發。

我說「危機的總爆發」,不是在危言聳聽,想嚇唬校長。舉個例說吧。校長為了維護領導權威,強詞奪理甚至不分青紅皂白地批評教師。教師滿肚子委屈,想到家裡出了點事,一時想不通便自殺了──不幸的是,教師選擇在校內自殺,更糟糕的是,這位教師自殺之前留下遺言,說是校長逼其自殺。死者家屬不僅會要求一筆賠償金,而且還可能引發出更多更大的問題……真若出現這種事,校長也就玩到盡頭了。

再舉個例吧。校長無端蠻橫,早讓教師心懷不滿。某日發生一件小事,卻引發了全體教師的罷課。於是,新聞媒體跟蹤而來,讓校長「暴得大名」,一夜間成了全國的「名人」。教育局追查下來,校長恐怕只有一條路──抱起被蓋走人。不過,校長灰溜溜地離開時,心裡還是想不通──怎麼事態成了這樣呢?校長根本沒有管理思想,當然不會洞察出管理背後潛在的問題。

1789 年 7 月 14 日,法國大革命爆發,民眾攻佔了巴士底獄。當天,路易十六在他的日記中寫的是「14 日,星期二,無事」,根本沒料到法國的君主專制政體將被推翻。校長若對權力不保持警惕,出大事時也會跟易十六一樣。

校長稍有點頭腦,便會思考組織構架的合理性。我以為,比較好的做法是採用扁平的三角狀,實現校長、中層和教師三方的互動。如圖所示:

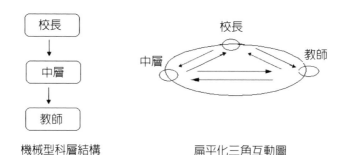

兩種組織架構對比圖(作者繪製)

左圖是機械結構，即韋伯說的科層結構，其特點是資訊經過層層過濾，傳遞速度慢，且容易造成極權管理，為系統帶來安全隱患。右圖是扁平化的三角互動圖。校長、中層和教師三方中，校長設立規則，當好裁判，讓中層和教師相互監督，開放中層實行流動，即「有能力者上，無能力者下」。相比之下，這是比較民主的結構。中層和教師相互監督，工作效率會有所提高。

作為旁觀者，觀察組織結構的運行，發現問題時及時調整，確保運行正常即可。在這個結構中，校長是最大的受益者，中層和教師關注的是對方而不是校長，沒人有精力來打校長的主意。再說，學校搞好了，校長受益也會最大。校長必須懂得一點：極權管理中，教師不可能有主人翁精神。只有在民主管理中，教師才可能做到「愛校如家」，全心全意地學校做貢獻。

校長可能會說，中國普遍都是這種科層體制。確實，這話沒有錯。不過，既然是校長責任制，校長便有權改變一下組織結構，使之更為合理化。須知，結構決定效率。我曾舉過一個例，石墨和金剛石有相同成分。然而，分子結構的不同卻造就了兩個不同的材料——一個價值千金，一個只是牛溲馬勃。校長不是官僚，只知道照章辦事，而應學會合理運用手中的權力，讓權力為發展起更有效的作用。

在我看來，校長不一定有多大本事，但必須要有一種本事——讓各類人為己所用。又蠢又笨，還不會用人，這種校長是混不了多久的。不過，校長笨一點其實也無所謂。只要校長虛心好學，懂得低調管人，我是很樂意多教教校長的。

最後，我得提醒校長一句：學校不是校長自己的，不要認為自己可以橫行霸道。即使是經常咬人頻頻得逞的狗，也要提防將來遇到專門咬狗的人。

校長若認為做我的校長太難了，那就讓我做自己的校長吧。我將在自己的領導下，勵精圖治，銳意進取，努力提高自己的水平。

領導是什麼？

寫作背景

最近幾年，我都在思考如何把複雜科學和系統論的思想引入到管理學，重新認識組織系統。經過幾年的思索，我目前已有一些成熟思想浮出水面。

在當當網購書時，偶然發現一本《領導是什麼》，作者是美國人瑪格麗特‧魏特利。從目錄看，內容是關於耗散結構、混沌學等在管理中的運用。我最近也在思考如何把複雜性科學的思想運用到管理中，也寫過〈系統與管理〉等文章。估計此書有些參考價值，於是我打算訂購此書。

然而，我發現當當網沒有存貨。我立即打電話問出版社，得到的答覆也是沒有存貨。幸好，在一位博友的熱心幫助下，我下載到了此書的電子文本。匆匆編輯一下，我便將其列印了出來，共有五十七頁。

我花了一下午一氣把書看完，感覺還是有些收穫。此書中，一些思想跟我的思考較為接近，有一些思想對我有很好的啟迪作用。當然，我也有一些作者沒想到的地方。無論如何，我還是選擇了一些段落，附上我的思考，聊成一文，權當作讀書心得和筆記吧。

組織中的人需要一種信念，那就是，達到目的的路有多條，只要他鎖定目標，盡自己的最大努力，就一定會成功，而不要過多注意過程。我們總是受到過程的束縛，總設想把它們建設得更完美、複雜，認為這樣才可以阻止各種黑暗勢力的破壞。（頁6）

按傳統的管理思想，尤其是泰勒的科學管理思想，管理者應該嚴格控制過程，以期達到目標。換句話說，這是將任務分解的思想，追求的是對每個階段的控制。從世界觀來看，這種思想是牛頓的物理學思想。牛頓的世界觀是靜止的，關注的是各個部分，忽視動態情況和整體功能。

耶魯大學的校長曾抨擊過中國的學術腐敗，認為中國人是人類歷史的大笑話。當下，各學校都在聲稱實現「精細化」管理，追求的是控制與預測，這又何嘗不是天下的笑話呢？十七世紀的牛頓思想，在今天的中國教育中仍然還炙手可熱，壓根沒有跟上世界的發展。

說遠一點。中國的這種管理思想，一方面源自官僚主義不可避免的痼疾，一方面來自官方的共產主義意識形態的世界觀。共產黨的祖師爺──馬克思，沿襲牛頓的封閉世界觀，將整個社會視為封閉系統，或領袖可以隨心所欲地操作的機器。這種操作的結果，帶來的是極權主義的血腥暴政。

說到底，將牛頓的世界觀運用到管理中，必然是高壓的強勢管理。從國家管理，單位管理，到班級管理，這種思想都一樣。

它暴露了這些年來我們付出高昂代價所換來的一個教訓：不要再投資於源於牛頓學說的計畫上。有多少個公司因為周密而昂貴的計畫而獲得顯著收益或贏得持續發展呢？答案是「寥寥」。量子學觀點為這些失敗做出了有力的解釋。沒有現成的事實擺在那裡，只有我們致力於眼前的狀況，環境和未來才會發生改變。我們只有與自然親密接觸，才能看到即將到來的奇蹟。

這並不意味著組織是在盲目地變化，它的運動是有目的和針對性的。如果沒有明確的責任感和使命感，組織中人就無法與環境和諧相處；同樣，沒有明確的目的性，組織或個人都不會積極有效地融入環境。（參看第七章，頁 13）

作為一種假想，「周密而昂貴的計畫」強調預測和控制，會忽略掉實際中的可變因素。因此，很多公司的發展不是因為計畫得周全，而是因為它們能在市場中隨機應變，做到了動態地把握瞬息萬變的機遇。

在課堂上，教師又何嘗不是如此？有些教師認為，只要做備課仔細充分，就能上好一堂課。然而，這只是一廂情願的想法。這種想法過多強調了預設性，會抹殺掉課堂的生成性和動態性，結果只會成為「一言堂」的線性灌輸式課堂。

誠然，課堂有點預設性和方向性也不壞。重要的是，千萬不要用預設性完全取代了生成性。要知道，生成性才是生態課堂的活力和生長點。

貓問題到現在還沒有被解決，但是我們在這裡不妨把它講述給您：盒子裡放著一隻活貓，盒子的四壁是堅固、不透明的。所以沒有人知道盒子裡發生的事情，這一點特別重要，因為這個思維遊戲就是想考察觀察者對現實的影響。盒子裡同時還有一個設備，觸發它可以釋放毒品或食物（毒品和食物的可能各佔一半）。隨著時間的流逝，觸發器已經觸發了，但我們不知道具體時間是在什麼時間。也就是說貓的命運已經有數了。

不是嗎？這就如同電子有兩種狀態——波和粒子。我們的觀察使得觀察結果只有一個：波或者粒子。斯可洛丁格認為，貓目前也存在兩種狀態——死或活。一旦我們開始觀察，則擺在眼前的只能是其中的一種狀態。如果沒人去看的話，則盒中貓的狀態還存在兩種可能。儘管通過數學計算有可能計算出貓的狀態，但是我們無法說出此刻貓是死、是活，除非我們親眼去看。所以，正是觀察決定了貓的狀態。（頁 20）

這兒的貓，是「薛定諤的貓」——一個物理學上的經典比喻。這個例子是想說明，對象可能有多種情況。如果不觀察，便永遠不會知道真實情況。這種

思想運用在管理上，要求領導深入一線，多觀察一線的員工和工作，做到掌握一手資訊。「觀察決定了貓的狀態」，在管理中可以轉換為「觀察決定了工作和職員的狀態」。

自我施行的預測確實能對人的成功起到一定的推動作用。如果有人告訴經理某個新員工具有非凡的才智，經理會覺得這個員工確實與眾不同，即使他事實上很平庸；而如果有人告訴經理某個新員工反應遲鈍，那麼即使這名員工提出再好的想法，經理也會覺得該員工思路混亂。通過對組織中個人所獲機會的研究（引自坎特調查，1977），我們發現了組織中的「添彩學」，即許多很快得到晉升的員工正是經理們意識中的能人，或者至少經理們的暗示對他們的進步起了很大的作用，因為從心理上，經理們更願意接受他們的想法和言談。因此樂得提供更多的資訊，並分配更好的工作。正是經理們的潛意識決定了他們的成功，經理們不斷地觀察只是希望證實自己的判斷。（頁21）

話分兩頭說。

1. 想當領導嗎？如何打入領導層？一個好的辦法就是「從周邊入手」，即跟領導身邊的人聯絡感情，讓他為你給領導不斷地鼓吹你的優點。久而之，領導對你的看法也會隨之改變。你本來並無什麼能力，然而領導卻潛意識地認為你非常地能幹，這就是「添彩學」原理的作用。當然，也有這種可能：你本是難得的人才，而領導身邊的奸佞小人卻說你的壞話。這種情況下，你不用學屈原跳江自盡，換單位等待時機大展身手吧。

2. 反過來講，作為領導，對身邊的人一定要保持一份警惕。身邊的人與領導很近，他們有意或無意的鼓吹，可能會潛移默化地影響領導的判斷。作領導的要點，是保持頭腦的清醒，不要因為有人成天對你搖唇鼓舌而重用了庸才。

對領導者來說，時刻警惕觀察的誤區至關重要。管理不要僅僅停留在數量上，不能滿足於常規性的調查、月進度檢查、季度報告、年度評估等方式。最重要的是要意識到，任何一種管理形式都不是完全客觀的。每次採取措施的結果都是失大於得。那麼我們怎樣才能確保得到的資訊更合理，依此做出的決定更明智呢？怎樣知道找什麼樣的資訊呢？怎樣才能在尋找需求的資訊的同時又兼顧其他可能會失去的資訊呢？（頁22）

領導不要成天坐在辦公室，流覽那些下級送來的各種表單和報告。這些資料可能由於某些原因，比如中層的有意或無意的錯誤，而不真實。況且，不調查研究會脫離實際，跟下面的資訊流通不好。在經濟學領域，這叫「資訊不對稱」，即領導發佈作為指令的資訊，而沒有從基層那兒得到資訊。

　　我們現在明白了：激發人們主人翁意識的最好方法就是讓他們為自己的計畫負責。沒有一個人會對別人制定的計畫感興趣，無論這個計畫有多正確或多優秀。（頁23）

　　在組織中，共同願景的確立應有職工的參與。職工能參與計畫的制定，也就對單位的發展計畫表示興趣，甚至將其視為自己的計畫。如此一來，職工就會表現出很強的「主人翁」精神。

　　發展計畫若是領導一人制定，那麼職工只是為領導而工作，而不可能會為組織而工作。換句話說，領導可以強迫職工工作，但職工只是做到基本要求。職工若能將組織的發展計畫視為自己的，他們便會積極主動地工作，生產力也會超過領導的要求。

　　根據古典熱力學觀點，平衡是封閉系統進化的終極狀態，這個狀態意味著系統已經耗盡了所有的能量，不再發生任何改變，做任何功。所有的生產力都轉化成為無用的熵（熵是與系統改變能力對立的概念，也就是說系統的熵越高，改變能力越弱）。在平衡狀態下，系統沒有任何變化，也不能生產出任何東西。如果把宇宙看作是一個封閉的系統，那麼它的步伐必將漸漸緩慢，直至達到平衡。用科學家皮特‧卡溫尼和羅格‧漢費爾德的話說：「宇宙最終將變成這個樣子──熵和隨機性充斥其中，所有生命都將滅絕。」（引自1990，頁153）

　　熱力學第二法則適用於孤立或封閉的系統，例如機械系統。它的最明顯的例外是生命系統。其中，每個生命都是一個開放的系統，共同致力於環境的發展，並不斷地成長和進化。但是，我們的科學和文化都不斷地受到古典熱力學觀念的消極影響。當我們把衰退看成是不可避免的事實，把社會看作是不斷淪陷的城堡，把時間看作是通向死亡的必由之路時，我們都在無意識地實踐著這個法則。「蓋亞假想」的提出者──生物學家兼作家詹姆斯‧拉夫洛克說：「熱力學法則讀起來就像是地獄之門上黏貼的告示。」（頁26）

　　根據牛頓的世界觀，組織是個封閉的框架，需要控制其秩序。正如所面所說，泰勒的科學管理和現在教育中的「精細化」管理，都是牛頓思想在管理和教育中的具體運用與延伸。

　　這種思想認為，平衡對系統的穩定具有重要作用，混沌也被視為了一種破壞性的因素。因此，這種管理必然會採用強勢的高壓管理，以力求袪除組織系統中的混沌。然而，根據熱力學的觀點，隨著熵的增加，這種平衡系統必然會成為死系統，即「熱寂」。

　　比如說，高壓管理追求對職工的控制和生產效率，忽視職工的精神和心理狀態，也就否認了職工作為生命的自組織行為。長時間的高壓管理，會極大地

破壞組織中的自發生成性，挫傷職工的積極性和工作熱情，使組織失去發展的動力。同時，高壓管理還會帶來更為嚴重的後果，比如職工在心理出問題後的自殺。

具有自組織能力的系統一定是開放系統。開放系統要求資訊能夠自由流動，各部門和個人擁有自主決定的自由。《領導是什麼》中有句話講得很好：「自由不會導致專制，相反卻會促進整個系統的協調一致。個體和小團體都願意自由地完成自己能理解的任務，他們會不斷地做出反應、調整和改變。」（頁 56）也就是說，當每個成員都能以組織的發展為己任，發揮高度的「主人翁」精神，同時還能擁有相當的自由度，自主決定任務的完成情況，這樣的組織一定最具活力和生命力。

為什麼許多組織中都存在溝通困難？在我曾體驗過的許多組織中，員工們都把「溝通困難」列為最最頭疼的問題。的確，這毫不奇怪，完全在意料之中。但我覺得溝通困難只是一個較膚淺的解釋，它掩蓋了其他深層次的內容。多年來，我總是對「溝通問題」做出一種想當然的反應，而忽略了深層次分析。我總是要求人們提供溝通困難的具體例子，而不只是泛泛地談論這個問題。我一直認為，一定會找到溝通困難的真正根源，並且也許它根本就與溝通無關。（頁 31）

在組織系統中，溝通就是資訊的傳遞。若是領導自上而下地發佈指令，這只是單向的資訊流通。領導要掌握組織的情況，一定要注重資訊的暢通──包括各部門之間的和由下而上的資訊流通。要實現這點，就要求領導要跟下級溝通。

多溝通也是情感投入問題。它如同機器運轉所需的潤滑劑一樣，可以保證組織內部的人際關係的和諧，這對於組織的發展也是至關重要的環節。

結束語

近幾十年來，科學領域取得了長足的發展。人類已認識到牛頓思想的缺點，以及這種思想為人類帶來的危害和災難。人類認識到宇宙充滿著複雜性和不可預測性，開始將物理、化學、生物等學科的思想綜合起來，用「新三論」、「舊三論」來解釋和看待這個複雜性世界。從此，人類社會不再是用極權與血腥的方式來進行控制的封閉框架，而是一個開放自由、充滿著自組織和活力的生態系統。這種思想滲透到管理中後，為管理者們提供了一種全新的觀念。

總的來講，此書運用複雜性科學思維來透視管理，對管理有很好的啟發意義，具有一定的參考價值。讀者若對管理學比較感興趣，不妨讀讀。

系統與管理

寫作背景

　　管理學不僅跟政治哲學相關，也跟世界觀相關。管理學思想，也是一種秩序觀。

　　當然，每一種管理思想對人性都會帶來不同的影響。生物學世界尊重個體，讓個體獲得解放，更有利於個體發揮主觀能動性和創造性。物理學的世界則是扼殺個體，泯滅個性，帶來的必然是奴役性的極權管理。

　　兩種管理思想，會帶來不同的效果。

　　耗散結構理論的創始人普利高津，把物理分為兩部分：存在的物理和演化的物理。傳統的物理研究的是存在的物理，而演化的物理研究的是具有生命特徵的有機結構。把傳統物理用於研究有機體，根據系統論創始人貝塔朗菲的觀點，其生命觀是一種強調「分析與累加」的「機械論」，或者認為有機體由靈魂似的操縱者控制的「活力論」。這兩種觀點都有很大局限性，不能全面反映有機體的複雜性。因此，貝塔朗菲提出自己的「機體論」，並以此為基礎發展出了他的系統論。這種「機體論」認為，有機體產生於連續流動的過程，具有調整和適應能力，是一個具有自主活動能力的系統。

　　實際上，物理、化學和生物等學科已經聯姻，共同承擔了對具有生命特徵的有機結構的研究。換句話說，具有生命特徵的有機結構領域已「巴爾幹化」，即被各自然科學瓜分了。然而幸運的是，這種「瓜分」產生了以「新三論」和「舊三論」為代表的邊緣學科和橫斷學科，以及這些學科綜合而出現的複雜性科學。目前，複雜性科學正在逐漸改變著人們的世界觀，深刻地影響著人們的思維方式。

　　在複雜科學看來，世界不再是一個簡單系統，而是一個充滿著不確定性和偶然性，能夠自動演化的複雜系統。一個複雜系統也是一個具有生命特徵的有機結構，能進行演化和適應的生命系統。外在的高壓控制這個系統，就會遏制系統的進化，使其難以實現發展。當然，如果完全是混沌，結構被破壞掉後，生命系統也不可能存活。總之，生命系統必須在一種即非完全有序，又非完全無序的環境下才能產生，即存在於一個平衡點上。

　　目前一些學校的管理，採用的是高壓的管理政策。這種思維將系統視為簡單系統或機械系統，認為整個系統須由類似神靈的領導來操控。這種自上而下的管理思想，是「存在的物理」的思想。它置教師的生命（重要的是精神生命）於不顧，是一種奴役性的極權主義管理。

相反，我們若將學校視為一個有活力的生命系統，學校管理就應該要注意剛柔相濟，既有制度的剛性，也有情感的柔性，既有管理的剛性，也有任意的自發性。生命系統意味著，系統內的各個元素之間，系統跟外界之間都要交換能量和資訊，而且這種系統時會通過自適應、自組織、開放性等特點。

眾所周知，細胞的繁殖與分裂是生物世界的基本規律。假如某個系統是一個生命系統，那麼也可用細胞的繁殖與分裂來解釋它。如圖所示：

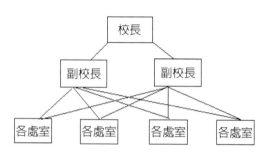

管理中的細胞繁殖與分裂結構圖

以讀書活動為例。若有教師自發讀書，會影響周圍的教師。這種草根式的讀書，可以算是細胞的自發進化。一所學校裡，若沒有教師喜歡讀書，校長則應肩負起這個責任。根據圖中所示，校長讀書可以逐漸分裂與繁殖，從自己到中層，從中層到年級組，從年級組到班主任／教師，一直向下蔓延，直至整個校園中讀書蔚然成風。這符合「協同學」的原理：一旦系統的某些元素開始有序地集體行動，他們將成為系統的「序參數」，並裹挾其他元素以同樣的方式運動，最後形成整個系統的有序運動。

在《後資本主義》中，管理學大師德魯克提出了三種團隊模式：一是棒球隊。這種團隊效率最差，因為成員不需要有很高的綜合素質，只有根據自己的角色行動，而不能根據團隊的情境調整自己的行動。這種模式的好處在於，球員的位置不靈活，其表現也便於評估。二是足球隊。球隊受教練意圖的指揮，整支球隊的行動有「總譜」，個人卻也有點彈性空間，可在小範圍內進行自我調整。三是雙打網球隊。這種團隊的效率最高，對球員的素質的要求也高。每個球員不僅要完成自己的角色，還在要具體情況下為團隊的勝利主動出力。

從這三種團隊模式來看，泰勒的科學管理最適合棒球隊模式。在生產的流水線旁，工人的行動是單獨的。要做什麼事，只需要個動作，培訓也極容易。開放式的雙打網球隊模式，是後現代組織的團隊方式。在這兒，團隊是自適應的和開放的，成員會根據環境自動調整，以使系統生長下去。

　　要實現「雙打網球隊」的團隊模式，必須首先提高成員素質，使組織成為「學習型組織」。通過學習型組織的建設，使員工把個人願景和公共願景結合起來，大力提高員工自我管理的水平。「必須給受雇者最大的自我責任與自我管理……以知識為基礎的組織必須成為以責任為基礎的組織。」[1]當年，美國最早提出這種管理思想，後卻被日本運用得更好。日本經濟的崛起，很大程度上是因為借鑑了美國的管理思想。

　　在評價方式上，目前很多學校已逐漸開始「淡化個體、注重團體」。很明顯，這種評價類似對「雙打網球隊」的評價。我以為，這種評價的取向是好的，體現了時代的發展趨勢。然而，大部分學校採用這種方式時，由於不知這種管理背後的思想，常常有一個致命的誤區。

　　「雙打網球隊」的成員有高度的自主性，而這種自主性是有前提的。它要求成員必須有責任感和自我實現的需求，這就必然需要對成員的精神層面進行引領。換句話說，學校若採用「雙打網球隊」的團隊模式，一定要把學校變成可以不斷進化的系統，注重教師文化的建設，通過組織文化培養教師的責任感和自主性——否則，學校將是一個僵化的死系統，教師文化不能逐步進化，「雙打網球隊」的評價必將是一塌糊塗。

　　從系統角度來看，「雙打網球隊」背後的思想也是將組織視為一種生命系統——成員之間可以自發組織，以適應環境需要，或為了團隊的勝利而自發地相互支持。若採用高壓方式來管理這種團隊，勢必會「殺死」這個有活力的生命系統。因此，這種團隊的組織特點決定了，在管理思想上必須將其視為能夠進化的自組織系統。

　　在目前的國內，能高度重視教師文化的學校極少，絕大多數校長只是體制中的棋子。這些校長缺乏教育思想，缺乏對學校的科學認識，因而不能很好地管理學校。他們最擅長的，只是執行上級官僚傳達的文件。當然，他們偶爾也會邯鄲學步一番。不過，他們學習別人的經驗也斷然學不到點子上，出了問題也不知為什麼。

　　為了應付高考制度而追求效率，很多學校採用的極權主義的高壓管理跟正諭意識形態也有點關係。為什麼會這樣呢？

　　馬克思的世界觀認為，社會是一個封閉框架或一個簡單系統，領袖可以根據自己的理性，採用極權和血腥的方式，自上而下地操控整個社會，最終使社會進入共產主義。官方搞了三十年的共產主義實驗，死了幾千萬人，人民生活

---

[1]　德魯克，《後資本主義》，頁138。

極度貧苦，可謂民生凋敝，怨聲載道。一個沒有活力的系統，已到了幾乎崩潰的邊緣。然而，這個瀕臨滅亡的系統卻在此時迎來了生機。

二十世紀七十年代末，安徽、四川等地的農民開始自發地率先實行起「聯產承包責任制」，揭開了改革開放的序幕。這一次，官方算是比較聰明，沒有扼殺掉這個自下而上的自發種子。從現在來看，「聯產承包責任制」是一種自發組織或秩序。官方開始順應歷史實施改革，把自發秩序的市場經濟引入人為秩序的計畫經濟，把封閉社會轉變為開放社會，因此才有可能取得今天的成就。

學校採用的極權主義管理，官方多年用它來治國——管理國家，人們對其已習焉不察，見慣不驚。這種管理經常侵犯人權和違反法律，比如學校強迫教師加班，卻又不依法撥放加班工資，官方會置之不理，不認為這有什麼問題。大流氓見到小流氓的惡劣行徑，沒有驚詫反而有認同感；大妓女看見小妓女在脫衣賣淫，沒有責難反而有親近感。

可見，管理者對組織若無正確和科學的認識，在管理中就會出現問題，對組織造成損失或傷害。管理不能只有剛性的一面，自上而下地採用高壓管理——近日發生的「富士康事件」，原因可能便在於富士康的管理過於強勢，嚴重地摧殘了員工的身心健康。管理的對象是人，一定要有點人性化。我常說，制度管不到的地方，要有文化補充；權力伸不到的地方，要有情感補充。況且，有生命的人構成組織，這決定了組織也應是個生命系統。在一個生命系統中，自發的秩序比領導制度的秩序往往更為有效，教育管理者一定要清楚地意識到這點。

當然，教師的自發現象不一定都是好的，也有積極和消極之分。對於積極的自發現象，管理者應該加以充分保護。對於消極的自發現象，管理者則可以適當措施加以引導。

如何搞好讀書活動？

寫作背景

　　讀書活動更屬於文化範疇，而非行政範疇。然而，在教育官僚化的今天，文化活動都被行政命令而行政化了。

　　值得我們注意的是，文化是一種生態。它需要有寬鬆的環境，體現著自組織的原理。任何強調控制的行政命令，都會「殺死」文化活動。因此，我們看到，教育局每年的各種行政命令，要求教師這樣或那樣，結果都無一例外地流於形式，沒有多少實效。

　　讀書活動和其他文化活動，都要求行政不應過多干涉。在寬鬆自由的環境裡，生態會出現自組織的「成核」現象或草根似的自發現象。

　　但令人遺憾的是，教育管理者已被行政化和官僚化。他們沒有了成熟的管理思想，只知道上傳下達，照章辦事。

　　從另一側面講，教育在本質上屬於文化範疇。然而，政治過多地涉入教育後，不可避免地把教育官僚化了。如今，校長不是教師，更不是學者，而更多的只是政治奴才或政治棋子。

　　政治奴才關心的是政治，而不可能是學術或文化。

　　蔡元培那樣的校長，還可能出現在中國嗎？

　　時下，為了促進教師的專業化發展，各校紛紛搞起了「讀書活動」。誠然，活動的動機是好的，這點毋庸置疑。然而，這種活動結束時，教師交來的讀書總結或文章，往往只是草草應付，或者是直接從網上列印一篇。領導們大傷腦筋，明白活動為何成為了走過場的形式主義，卻也苦於沒有更好的對策。

　　在很多人看來唯有經過刻意決策才能做到的事情，實際上可以通過個人之間自發自願的合作而做得更好。在經濟領域，計畫經濟已宣告徹底失敗。中國的計畫者拋棄了指令性經濟，開始了自發秩序的市場經濟。對於經濟領域中的自發秩序，亞當·斯密很早就指出過：「通過追求個人自己的利益，個人對社會利益的增進，往往要比他真的意圖去增進社會利益的時候更為有效。」計畫經濟背後的思想是，只有經理性建構的東西才能更好地服務於人們。社會主義或共產主義計畫經濟拒絕承認私有制和市場交換，致使整個社會沒有了價值和貨幣，甚至是沒有了嚴格意義上的經濟。

　　計畫經濟體現的是牛頓的物理學世界觀，一種封閉的世界觀。自牛頓以降，物理學世界觀被應用到社會科學，為世界帶來了災難。究其原因，作為研究物

質世界的理論，物理學不能應用於生物世界。計畫經濟是牛頓物理學在經濟領域中的具體，共產主義思想也是物理學在社會學中的具體體現。

與物理學相對應的，是生物學世界觀。細胞是生物世界的最小單位，細胞的分裂與繁殖體現了世界的本來面貌。細胞分裂（cell division）是活細胞繁殖其種類的過程，是一個細胞分裂為兩個細胞的過程。分裂前的細胞稱母細胞，分裂後形成的新細胞稱子細胞。在單細胞生物中，細胞分裂就是個體的繁殖，在多細胞生物中，細胞分裂是個體生長、發育和繁殖的基礎。1855 年德國學者魏爾肖（R.Virchow）提出「一切細胞來自細胞」的論斷，即個體的所有細胞都是原有細胞分裂產生的。

在經濟領域，市場經濟是人類在時間長河中自然形成的。在這種經濟中，人們根據自己掌握的市場實際情況，為了追求自己的利益進行低買高賣。這種無人管理的秩序，缺乏了人的理性控制，表面看起來不是一種最佳模式。然而，資本主義證明了市場經濟是世界上最繁榮和發達的經濟。遵循了生物世界中自發自生原則，市場經濟才會如此繁榮。

若用物理學世界觀來看，學校就是一種封閉的框架。在共產主義社會裡，領袖對一切領域都發佈指令。同樣地，學校領導發佈指令，為教師分派各種任務，以實現學校的「宏偉藍圖」。為了提升學校文化品位，提高教師的素質，實現自己的「名校夢」，領導們要求教師讀書，卻沒有達到預期效果——在這種封閉框架中，當讀書成了任務，那便是一種負擔。在強迫狀態下讀書，不是奴役又是什麼呢？此時，教師們採用應付對策也在情理之中。可見，這樣的讀書活動，不會有多少實效。

若要取得讀書活動的實效，那就必須把學校視為生物世界，充分保護和利用少數人的讀書習慣，採用「草根式」的發展模式。如同細胞分裂一樣，一個人讀書會帶動另一人，即一變二，二變四，直至讀書氛圍蔚然成風。校園文化，本來就是一種文化生態。「一切細胞都來自其他細胞」，這句話應用於校園文化就是「教師讀書來自他人讀書」。草根式的發展，必然形成星火燎原之勢。當然，領導必要時也可採取適當的「催生」措施，儘量縮短讀書成風的時間——但千萬不能搞成強迫與奴役了。

上級要搞讀書活動，學校領導別無選擇，只有執行。但是，領導們必須清楚，這種奴役式的讀書，不會走進教師心靈的。此時，領導不妨先物色兩三個資質比較好的教師，「請」他們開始讀書（「請」的涵義心照不宣）。平時，領導偶爾關心一下，請他們喝茶聊一聊讀書，或在大會上表揚一下。他們覺得領導關心此事，也會繼續讀下去。

　　慢慢地，喝茶時領導可以多請幾個教師，擴大讀書圈子。大家都知道校長時而請幾個人吃飯喝茶，會有更多的人加入進來──有飯吃，有茶喝，還可以跟校長「套近乎」，一般人都應該樂意加入。這樣長期下來，讀書的教師就會越來越多。通過大會表揚或發放「讀書獎」等方式，領導們可把起步的教師樹立為榜樣，以提高大家讀書的積極性。

　　至於吃飯喝茶的錢，一是由學校出，二是大家可以實行 AA 制輪流買單。當然，最重要的是，通過這些活動，領導不僅能跟教師溝通感情，而且也最終形成讀書的「燎原之勢」。

　　上級規定搞讀書活動，這是一種官僚程式。學校領導不得已而為之，但這遠遠不夠。學校領導應該積極扶持民間的讀書活動，將其作為「細胞」或「星火」，以「草根」促發展，把行政權威下的「要我讀」變成在周圍教師影響下的「我要讀」。當讀書融入了教師們的生活，完全走進教師們的靈魂時，文化引領即宣告大功告成。

　　有了讀書氛圍作為基礎後，教育科研也會容易得多。那麼，搞科研課題時如何選題呢？是強迫教師在規定的範圍內選題，還是發動教師自發組織選題好一些？回答不言自明。當然，若沒有教師自願選題，這說明領導對校園文化引領不夠──領導們只會應付官僚事務，已墮落成了沒有文化素養的政治官僚。

不讓一人丟失

寫作背景

德魯克是經濟學家熊彼特的弟子，而熊氏深受奧地利學派的生物學世界觀的影響。德魯克的管理學思想，也有很深的生物學世界的痕跡。在他的「團隊」理論中，「雙打網球隊」最為典型地體現了生物學世界觀。

生物學世界觀強調開放自由和自組織，認為在特定的環境下，生物體都能以自組織的形式，根據環境做出自己的判斷和選擇。「雙打網球隊」體現的，正是這種思想。這種生態思想強調，要做到有活力和創造力，組織必須具有生態特徵。

多年前，我讀過聖吉·彼特的《第五項修煉》。對於他的團隊思想，我仍然記憶猶新，可以說是影響至深。我逐漸開始意識到，要加強組織的凝聚力，不讓一人邊緣化，必須實現團隊化。

資訊加工理論中關於記憶的部分，對「團隊化」管理思想也是一個強有力的佐證。

首先，讓我們來看看動物世界。為了對抗猛獸的襲擊，動物往往會形成團隊，呈現出一種群居生活。動物的團隊規模的大小，要取決於有足夠的力量對抗猛獸。越弱的動物，其團隊規模也相應更大。否則，個體動物沒有力量對抗猛獸，被個個擊破的命運，便是整個物種的滅絕。這是我們這個生態世界的遊戲規則。

在自然界中，有些動物不是群體動物。然而，靈長目動物全是群體動物。群體規模也不是越大越好，太大的規模使個體「原子化」而不利於生存。在滿足為生存而合作的前提下，規模越小越利於相互的「識別性」和群體內部的「向心力」。小團體能使社會形成「糰粒結構」，而不是一盤散沙。約翰斯頓曾引用王曉天的研究成果：「小群體比大群體的成員相互依賴性強，利他性強，肯為對方冒險。當群體成員為一百二十人時，選擇肯與不肯為對方冒險的人數各半，由這種規模開始，群體越小，成員越肯為對方冒風險。」[1]

人類的群體性，給了管理學以極好的啟示。人類的活動始終有社會性，個人跟其他同類有著千絲萬縷的關係。在管理中，管理者也應該思考這種社會性，並據此強調組織的整體力量。若不能認識到這點，我們就可能在無意中將個體「各個消滅」，使整個組織面臨崩潰與瓦解。

---

[1] 約翰斯頓·V.，《情感之源：關於人類情緒的科學》。

　　要強調整體力量的提升，有必要優化組織結構。結構的優化，是著眼於整體力量，而不是個體力量。我們都知道，石墨與金剛石不同。一個是普通資源，一個卻是稀有資源，二者的用途大不一樣。其實，二者的分子是一樣的，只是分子結構不同罷。可以看出，結構的不同，會使事物產生根本性的變化。對於整個組織進行優化組合，採用團隊化的管理方式，這有著重大的意義。所謂「整體大於個體之和」，意味著結構的優化可以改變整體的力量。

　　通過團隊化實現的結構優化，有其特定的哲學基礎。笛卡爾開創的近代哲學，採用二分法的方式，把世界分成主體／客體、精神／物質等。這種思維對早期的管理理論產生過深刻影響。無論是科學管理理論，還是行政管理理論，或科層管理理論，都有笛卡爾二分法思維的烙印。在這些管理理論中，管理者與職工都被置於一種「主體／客體」的關係。管理者成為「邏各斯」中心，職工的人格成為一種「依附性人格」，這顯然不利於激發職工的能動性和創造性。

　　人類進入後現代社會以後，這種哲學受到了嚴峻的挑戰。解構主義哲學致力於瓦解傳統的「邏各斯」中心，打破中心／邊緣的對立關係，倡導自由與活力，反對僵化和秩序，強調並尊重多元化的差異。在這種潮流下，出現了倡導「交互主體性」和「主體間性」的新型主體性哲學。這種哲學思維方式進入管理後，要求管理者和職工是「主體間性」的關係，而不是傳統的「中心／邊緣」或「主體／客體」的關係。後現代的主體性哲學思想，必然會使管理走向民主化。

　　傳統哲學的二元對立，在管理上表現為縱向思維方式，即將組織視為「樹狀」結構，管理者是樹幹，職工是樹枝[2]。在主體性哲學的視野裡，組織成為了一種「根狀」結構。在這種結構中，樹根的體現形式就是團隊。團隊之間呈並行關係，溝通合作效率高，資訊傳遞更快，利於競爭與合作的開展。這種非二元化的「去中心化」結構，更能激發出組織的活力。

　　現代哲學思想的變化，必然會深刻地影響管理思想，使現代管理呈現出不同面貌。事實上，目前出現的很多管理模式，其背後都有著近似的哲學思想。下面略舉數例加以說明。

　　在學習型組織理論中，團隊化是個非常重要的概念。沒有團隊化的組織一盤散沙，缺乏凝聚力，組織成員似有人管理，又似無人管理。這種情況下，組織成員實際上都被邊緣化了，也不可能產生發展的動力。只有經過團隊化的組織，才可能不讓一個職員「掉隊」，組織內部才會形成凝聚力，從而使組織具有前進與創造動力。

---

[2]　如果在班級裡，教師就是管理者，學生則是被管理者。

　　學校的管理模式，是一種「垂直型」官僚科層模式，經常會出現「遺忘與丟失」的現象。針對這種情況，管理者有必要對學校組織進行改組。改組的要義在於重建校園文化，不遺忘丟失任何人，使每人都能各盡所能，充分利用組織的人力資源。

　　在團隊化後的學校裡，教職員工會表現出一定的自治能力。此時，科室在管理上的作用被削弱，因而可以考慮減少科室編制。在以班級為團隊的學校裡，某些校長頗具魄力，常常敢於「架空」處室，使班主任「行政化」，直接召集班主任會議。整個學校的管理中，班主任是個「樞紐」，直接召開班主任會，可以直接把學校管理深入到班級，而且也由於減少了中間環節，資訊傳遞也就更及時和真實。學校的「團隊化」若以各班為單位，也就是以班級為「錨點」，班主任在單位中的角色更為重要，此時「架空處室」的辦法可能更為有效。

　　班級管理上，也有類似的方法。近年來世界各地興起的「合作學習」，不僅是一種學習策略，也可以成為一種管理方式。作為一種管理方式，合作學習的要義是使學生團隊化。關於合作學習的概念，以及如何實現團隊化，有興趣的讀者可參見本書拙文〈論合作學習在班級管理中的應用〉。這裡不再贅述。

　　資訊加工理論區別長時記憶與短時記憶，是個涉及記憶問題的理論。這個理論屬於心理學或學習論，卻可以在管理上給我們啟示。如圖所示，資訊經過感覺登記這個初步識記之後，可能會有兩條路線。一條是被分類進入了原有的知識結構（即組塊），與其他相關資訊綁定，從而進入長時記憶。另一條沒有被納入到原有的組塊，短時記憶後最容易發生遺忘丟失。

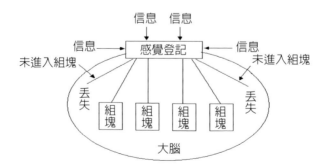

　　當然，要進行組塊，還必須為資訊選擇「錨點」，即使以不同標準或參照物來進行組塊。不同的「錨點」，會產生不同的組塊。儘管這樣，根據「錨點」來進行組塊，是杜絕遺忘與丟失的根本解決辦法。

　　我們以英語單詞為例。學生學習 good、fine、nice 時，可將它們納入到一個組塊內，選擇的「錨點」可以是「積極意義」，即這些單詞都表示積極意義。之後，當學生學習 wonderful 時，若能將其歸為該組塊，學習就發生了。如果沒有經過這種編碼，wonderful 便不能進入組塊，也就容易發生遺忘。

　　順便提一下，教育家奧蘇貝爾（David P. Ausubel）曾提出過「有意義學習」的理論。奧氏認為，學習內容對學習者有潛在意義，即能夠與學習者已經有的知識結構聯繫起來，是有意義學習的兩個先決條件之一（另一個是學習者的心向）。根據這個理論，新知識若沒跟舊知識產生聯繫，這樣的學習則是無效的。可見，資訊加工理論與「有意義學習」理論具有相近的原理。

　　資訊加工理論的意義不僅局限於心理學，也在管理上給了我們一個重要啟示：在一個組織內，當成員沒有進入組塊，就會被遺忘丟失。此時，組織內部各行其事，人人都被「邊緣化」了，整個組織毫無凝聚力可言。

　　總之，無論是生物學思想，或是學習型組織理論，或是合作學習理論，或是資訊加工理論，其背後都有著相同思想──以團體方式求生存。從哲學和政治學角度來看，團隊化管理上也有著相同旨趣──以民主的方式來保證不讓一個人丟失！唯一不同的，只是這些理論的應用範圍不同而已。

　　組織內最重要的是人心的向心力，它是一個組織文化的內核。沒有這個內核，組織就會失去發展動力，更難實現可持續發展。研究和建設組織文化，落實民主管理，做到「不讓一人丟失」，是一個組織最重要的工作之一。以團隊化來加強組織凝聚力，這是時代發展的要求，也是管理者們應該具備的基本思想。

管理中的「非權力」因素

寫作背景

　　私立學校採用的強勢管理，普遍有「粗暴」和「簡單」的特點。換言之，管理者的管理邏輯非常簡單。他們迷信一點：態度越粗暴，脾氣越大，便越會讓下屬害怕。一旦開始害怕，下屬便會努力幹活。

　　然而，作為一門藝術，管理並非是簡單的。強勢管理單方面強調權力因素，完全忽略了非權力因素。真正優秀的管理者，應該懂得非權力因素的重要性，在管理中做到「剛柔相濟」。

　　行政管理中的「非權力」因素，包括管理者的學識水平、人格魅力和個人感情等，在管理中有著重要的地位，甚至往往起著決定性的作用。與權力因素相比，「非權力」因素顯得更為隱形，更有張力和更為有效，是管理中不可忽視的因素。

　　學識水平意味思想水平。作為「舵手」的管理者，應該比群眾站在更高，看得更遠，對開展的工作有更深刻的認識。如果管理者思想素質太低，那就難以保證工作不發生偏離，甚至是犯下嚴重錯誤。同時，管理者的思想水平也決定了其威信度的高低，對工作也就會帶來影響。

　　以「學術委員會」為例。顧名思義，委員會成員應該有點學術水平。如果不學無術，又何來學術呢？委員會的功能是促進教師學術水平的提高，積極營造健康向上的校園文化，引領教師精神文化，提高師資隊伍的素質，最終達到促進學校發展的目的。如果這點沒有錯，成員就必須提高自己的學術水平，增加自己的文化內涵。懂學術，有理論水平與實際工作並不脫節，文化內涵與教學也並不衝突。相反，隨著領導們的文化內涵的提升，學校工作也就少走彎路，少點失誤。同時，領導們也能以理性指導自己的教育工作，與教育的科學性持最近的距離。況且，學識高更能讓下屬肅然起敬，這無疑有助於工作的順利開展。

　　人格魅力是個無形的「殺手」。具有人格魅力的人，身上會散發出迷人的氣息或磁場，使他人被吸引住或被「困住」。人格魅力與管理者的親和力，以及在群眾中的「可接受度」休戚相關，直接影響著管理的效率。

　　在工作的開展中，管理者不能處處訴求自己的權威，或強化自己的權威意識。管理者應該牢記一點：自己作為管理者而有意義，那是因為有被管理者的

存在。所以，管理者在工作中應該懷揣一顆感恩的心，要有強烈的服務意識。否則，工作成績不會大，且會弄巧成拙，不可收拾。管理者應該與群眾保持對話關係，構建融洽的上下級關係，使工作得以順利地開展。細心的人都會觀察出，憑工作關係辦事，遠沒有憑私人關係辦事的效率高，這其中就有個人感情的作用。

在某種意義上講，管理就是分配利益和處理矛盾。利益分配永遠不可能達到絕對公平，矛盾也就會永遠存在。在矛盾的處理方面，個人感情起著「撫平創傷」的作用。與跟自己不親近的領導相比，當事者更可能聽取與自己親近的領導的意見，這其中就有個人感情的作用。所以，用個人感情來化解利益分配後的矛盾，這種「工作之外的工作」也是非常重要的。

總之，管理者要善於利用「非權力」因素，使自己能用人文關懷達到良好的管理效果。「非權力」手段是「軟」的，權力是「硬」的。不過，這個「硬」手段是管理者手中最後的一張牌，不應隨意打出，更千萬不可濫用。常打出這張牌的管理者，絕不是一個成功的管理者。對於工作的開展和矛盾的處理，優秀管理者只需要非權力因素。當然，這要求管理者注意修身，努力提高自己的學識水平，增加自己的人格魅力，最後還要常與群眾溝通感情，加強交流。

私立學校的極權管理

寫作背景

　　對教育的研究，應該「跳出界外」，從其他角度來審視教育。僅在教育內部進行的研究，其深度、廣度和角度都是非常有限的。教育深受政治、經濟和文化的影響，教育研究也應該有更為廣闊的視野。

　　教育管理屬於行政，跟國家政治有著千絲萬縷的關係。畢竟，校園政治只是國家政治的細胞，或是國家政治的一個縮影。對政治哲學和管理學有所瞭解，更有助於我們剖析學校的管理。

　　多年來，我一直嘗試著用政治哲學的眼光看待學校管理，用運用系統論的思想去思考整個組織。什麼樣的組織構架才是最有效的？管理跟人性有什麼關係？極權與民主，各有何優劣？哪個更有利於生命的生長，有利於整個組織的發展？……這一系列的問題，總會讓我夢牽魂繞。

　　最近讀了漢娜・阿倫特的《極權主義的起源》後，我的感觸很深。聯想到中國的政治和教育，我又禁不住寫下了一篇文字。

　　漢娜・阿倫特的《極權主義的起源》，是公認的研究極權主義的開山之作和政治哲學的名著。《極》書中的極權主義，主要包括德國納粹主義和史達林的大肅反，沒有包括中國三十年的共產主義運動。《極》書以「內部發行」的形式出版，足見其政治敏感性之高。《極》書的初版發行於 1950 年，時值中國的共產主義運動伊始之際，中國的極權主義政治來不及被包括在內。

　　三十年的極權主義意識形態，在中國留下了深深的痕跡。時至今日，極權主義管理思想仍然處處可見。在學校裡，尤其是民辦的私立學校，管理思想完全是極權主義。這套管理辦法，也可以稱為法西斯主義管理模式。

　　「極權主義……是一個毫無法紀的管理形式，權力只歸屬於一人。一方面是濫用權力，不受法律節制，屈從於統治者的利益，敵視被統治者的利益；另一方面，恐懼作為行動原則，統治者害怕人民，人民害怕統治者──這些在我們全部的傳統中都是暴政的標誌。」（頁 575）

　　私立學校一般採用校長責任制，校長的權力非常大。在這種情況下，校長的權力意識會不自覺地膨脹，經常幹些「違法亂紀」的事。

　　比如說，校長週末召集教師大會而分文不給。按理說，週末是法定假日，召開教師大侵佔職工的休息時間，那就應給教師適當補貼（根據《勞動法》，應給平時的 300% 的工資）。然而，校長卻可以不顧法律，濫用權力命令教師開會。

強迫教師晚上加班，若不按《勞動法》給予補貼，嚴格來講也是違法行為。如此一來，教師的利益經常受到校長的漠視，甚至是「敵視」。

在私立學校裡，校長可以隨時炒人。教師怕校長，被侵權時也不敢提出異議。反過來講，校長在本質上也會懼怕教師。校長想從老闆和教育主管部分那兒多獲得利益，怕教師罷課出亂子壞了事。

如同教師是校長的工具，校長也是別人的工具。既然只是工具，必然也會怕被別人拋棄。

「只有在一個使人毫無自發性的傀儡一樣，僅能做出有所限制的反應，只有在這種世界裡，極權的權力才能獲得和維護。」（頁570）

私立學校都是靠經濟利益來推動，而只有分數才能有經濟效益。為了提高升學率，必須高度規範教師的行為，讓其像台機器一樣自動地瘋狂運轉。在這裡，什麼文化、學術、思想等，對於私立學校來說，都是無關重要的。教師不用多少思考或反應，也不需有主體性或能動性，只需像傀儡一樣工作即可。

在這種學校裡，校長的權力無限大，便會形成「一人思考，萬人作注」的局面。辦學是校長的事，一切由校長作主，教師沒有思考的權力，只需做一台機器即可。當校長權力無限大時，校園政治便是一種極權專制的政治。然而，作為領袖，校長的智慧真是無限的嗎？

當年，共產黨主席毛澤東把自己神化成有無限智慧，卻為中國社會帶來了難以估量的惡果。在當今台灣總統馬英九沒有無限智慧，卻不會妨礙台灣的發展。因為，民主政治能充分發揮民智，彌補領導人的不足。

「分子化的個人形成的孤立狀態，不僅為極權主義統治提供了群眾基礎，而且孤立狀態一直延伸到整個結構的頂層。」（頁513）

極權主義的典型特徵就是使人孤立。在極權統治下，為了確保自己的安全，人們相互都不信任，從而使個體的存在總是孤立的。

在私立學校裡，教師是沒有安全感的。一方面，教師面對高強度的工作，背負著升學的壓力，帶著被解聘的恐懼，根本不可能有安全感。另一方面，教師也必須謹言慎行。一句牢騷話，便可能讓教師面臨失業窘境。

在這種學校裡，教師也不可能有歸屬感，因為歸屬感的前提是有安全感。

然而，校長也是孤立的。他怕升學沒有搞上去，被老闆炒掉，或損失巨大，或丟盡臉面，或面對失業。校長把教師視為自己達到目標的工具後，對教師也不可能會有仁愛之心。換句話說，私立學校的校長不會把教師當作朋友。他必須將自己塞進神龕，居高臨下地實行法西斯式的管理。

只要這套機制開始運作，人人便會生活在孤立之中，彼此之間沒有溫情和信任。

「恐怖只有對那些互相隔離孤立的人才能實施絕對統治，所以一切專制政府主要關注的事情之一就是造成這種孤立。孤立會成為恐怖的開端；它當然是恐怖的最肥沃土壤；它總是恐怖的結果。」（頁49）

若要馴服教師，首先是要造成教師的孤立感。

私立學校普遍實行全面的封閉式管理和監視，整所學校都被裝有鐵絲網的圍牆所封閉。這種監獄似的環境會讓人感到自己與世隔絕，從而有一種無助感和孤立感。

在這基礎上，私立學校還對教師實行高壓管理，進一步強化教師的孤立感。這種管理中，濫罵是家常便飯，對女職工動粗也不奇怪。據說，富士康職工若在上班時間說話，會被管理人員罵得狗血淋頭，甚至會被保安毆打[1]。個別人受辱時，多數人旁觀。下一次換個人，還是多數人旁觀。這種孤立感，便把所有人納入到管理者的軌道中。

人人都有孤立感後，便會更加屈從於極權管理。少數人看到多數人的屈服，產生孤獨無援之感後，也會開始屈服，以加入到多數人中尋得安全感——庸眾就是這樣的。可以說，極權與庸眾總是相伴而生的。希特勒深諳此理，在德國實行了極權主義統治。他深知，庸眾像女人一樣沒有安全感。他們所需要的，只是外在的「強有力」的領導。

「在完全極權主義的政府裡，所有的人都變成了『一個人』……在可以完全依賴恐怖來保持運動的經常性的條件下，根本不需要與其本質相分離的行動原則。」（頁582）

為了提高升學率和工作效率，私立學校的管理者會千方百計地把所有教師變成「一個人」。每人都在為學校的升學抓狂，保持著嚴格而統一的步調。對於校長而言，唯有把所有人變成「一個人」，這樣才利於控制教師。多樣化的個性發展，在私立學校變成了「千人一面」。

通常認為，極權國家的效率比民主國家高。極權主義分子注重紀律，強調服從，憎惡民主社會的自由散漫，認為那是沒有效率的社會。日本敢於偷襲珍

---

[1] 在《富士康科技集團員工手冊》裡，僅僅懲處的規定就有127條之多，懲處的方式包括從警告、記過到開除處分等——上廁所超過10分鐘會被口頭警告；工作時聊天會被書面警告；消極怠工和罷工將會被開除；懲罰的內容除了形式上的，還包括扣績效獎、一段時間內不允許晉升，甚至是《員工手冊》允許之外的責罵、罰站、罰抄「郭台銘語錄」、當眾做檢討等方式。

珠港，挑起太平洋戰爭，因為他們認為美國人貪圖享樂，沒有鬥志，是一群只會嚼口香糖，只能請雇傭軍打仗的紈絝子弟。

　　然而，歷史證明了，兩次世界大戰中，獨裁專制的國家都輸給了民主國家。這說明，民主國家並不一定弱。這是為什麼呢？因為民主管理能夠尊重人，而不是單純地壓制人，因而更有利於個體的自由發展，使個體更為強大。在戰爭形勢下，這些強大個體組合成的國家，斷然不會比極權專制的國家差。國家的強弱，根本在於個體的強弱。

　　一句話，極權管理的學校所追求的效率，皆以扼殺掉師生的生命為手段來實現。

課改中的教師文化

寫作背景

　　全國課程改革開始了好多年，今年我省終於開始實施了。課程改革的核心任務是什麼？核心價值觀是什麼？課程與教師有何新型關係？……等等，這一系列的問題困擾著基層學校。

　　此時，我校也在為課程改革做準備工作。然而，領導們似乎不以為然。多少年來，中國的改革不都是火車進站──「吼得兇，速度慢」嗎？這種情形他們見得太多了。在分數教育不變的前提下，這次改革能有什麼結果？

　　然而，具有遠見卓識的領導不會這樣。藉課改之機，重視教師文化，提升教師的專業化水平，這是每位優秀領導都能達成的共識。

　　根據不同標準，我們可以對校園文化進行劃分。然而，無論我們如何進行劃分，教師文化始終都是校園文化中的「脊樑骨」，即教師文化是校園文化中最為重要的部分。在學校裡，教師處於教育的主導地位，這便決定了教師文化應該是第一位的。

　　關於文化的劃分，殷海光先生還認為，面臨歐洲文明的衝擊時，中國文明做出反應的進程分為三個階段：1、外層的改變。引進西方的船堅炮利，在物質文化層面反應。2、中層的改變。在制度文化上做出反應，如維新變法。3、內層的改變。在價值觀、倫理觀上做出反應。「從外層走向中層，從中層走向內層，價值的密度愈增加。反之，從內層走向中層，從中層走向外層，價值的密度愈減少。」[1]

　　殷先生的三個階段，正好對應了另一種文化分類：器物文化、制度文化和精神文化。器物文化最為淺表，其次是制度層面，最後是最為重要的精神文化。精神文化涉及價值觀、共同願景等等，是三種文化中最為重要的核心文化。

　　目前，很多學校將硬體作為辦學的重要指標，以為樓房越高，校門越氣派便能成為優秀學校，不知這是最次要的「外層文化」。以我校為例。十年前建校伊始時，我校的硬體堪稱一流。然而，災後重建帶來的大量投入和修建，我校的硬體相比之下已捉襟見肘，逐漸落後於其他學校了。在器物文化方面，我校已失去優勢，然而這還不是致命的落後。

---

[1]　《中國的文化展望》，頁 281。

在制度文化方面，各校的制度也沒有優勢。一些學校的制度只是加強精細化管理，推行強勢管理之類的。這些制度的根本思想，出自工業生產中科學管理的思想，對於高考分數有些效果，對於真正的教育卻是偏失的，甚至是致命的。因為說到底，教育不屬於工業或經濟，而更多屬於文化範疇。這些制度沒有涉及教師的精神層面，把學校變成了工廠，也把教師塑造為了教書匠。這種教書匠，與其說是在搞教育的教師，不如說更像進行生產的工人。

因為水分很少和沒有土壤的養分，沙漠一般荒涼無生命。沙漠裡不會長出充分成長的生命，我們只能偶爾見到幾叢宿草和幾棵仙人掌。在精神文化上，一所學校若是一片沙漠，那麼由於缺乏文化引領和漠視專業化發展，這裡的教師永遠都不可能「長大」。人的強大不在於體魄，而應該主要在於精神。人要「長大」，必須經過精神的發育。

我省今年開始的新課程改革，對教師的專業化發展提出了要求。根據課改精神，學校在開齊國家要求的必修課程之外，還必須開設一批校本選修課程。如此看來，今後各校之間的差別會更多在選修課程，而不是必修課程。必修課程的開設，會逐漸演化成學校的特色。一所有特色的學校，必須要有一批優秀教師。毋庸置疑，學校的師培、科研等諸多工作正面臨著前所未有的挑戰。

鑒於這種形勢，學校應該以課改為平台，在推行課改的過程中，通過「課程團隊」的組建，對教師進行文化引領，強化教師的研究意識，最終提高教師的專業化發展。教師的專業化發展屬於精神文化範疇，在學校文化處於核心地位。

專業化水平高的教師隊伍，能開發出獨一無二的課程，從而形成學校的特色。課改中的選修課程，必然會成為學校的特色，而學校的特色必須取決於教師的專業化水平。這種未來各校發展的走向，把教師專業化的發展置放到很高的戰略地位。將課改作為契機重塑教師文化，這是每所學校所必須面對的重大課題。

教師的專業化有極限嗎？教師要達到開設特色課程的水平，還有多長距離？我們不必回答這些問題，而只需知道一點：在航海中，船員要時時仰望北斗星。他永遠不可能摘到北斗星，卻能永遠不會迷失方向。教育理想與情懷，不正是那顆北斗星嗎？理想的價值不在於實現它，更在於讓我們心中有個目標。

作為一個文化場所，教師的精神文化最為重要。一所好學校，不在於有多麼豪華的教學樓（硬體），不在於有多麼健全的制度（軟體），而更多的是在於一批優秀的教師（濕件）。在人力資源被視為第一生產力的今天，我們應該如何促進教師的專業化發展？又該如何重新思考和審視教科室的職能？

第四部

教育・人生

我們的結果只有兩種：一是殺人，二是被人殺。我不想死，也不想別人死。

福柯有「規訓與懲罰」，魯迅有「壓服與抬高」，二位大師竟是如此相近。他們都深知，在「壓服」與「抬高」的背後，有著想制馭他人的陰謀。

我不可能回到從前，回到那個我早已告別的從前──一個穩定卻很愚昧的狀態。朝觀的路上，我只能執著如一。

教師們心甘情願地成為了蛆蟲。他們在廁所裡快活地蠕動著，希望能扒到一點屎吃。

凡是增加了學生的生命體驗，提升了學生的生命價值，培養了學生的人文精神的，即使分數不算高，那也是好的。反之，與人文精神相悖，不符合人道主義精神，不利於學生健康、全面發展的做法，無論其分數有多高，都是壞的。

逃亡

寫作背景

無論從傳統的封建專制，還是從現代的紅色專制來講，中國教育的本質只是扼殺學生的個體生命，藉以維護少數利益集團的既得利益。毫不誇張地講，中國教師幹的，只是一種殺人的工作。

難道，殺人也是一種工作？每天，我都會問自己，我是在教育學生，還是在摧殘學生？殺人怎麼也成了一種工作？作為殺人者，教師的理性與良知在哪兒？

終於有一天，我嘗試著用一個故事來表達。無論這個故事寫得是否好，我希望你能讀懂我。

故事中，劉大福快瘋了。現實中，我也快瘋了。

一

1941 年的東北淪陷區。

做苦力的民工們正在挖著坑，周圍佈滿了荷槍實彈的鬼子，屋頂上還有幾個鬼子爬伏在機關槍後面。這種環境下，無人能夠活著逃出去。

劉大福裝出賣力的樣子，心裡不斷地咒罵著：「這群王八犢子！」不一會兒，一個大坑便挖好了。一群衣著襤褸的人被五花大綁著，一根粗繩將他們串了起來。荷槍實彈的鬼子們將他們押了過來，他們不時地用腳踹著，或直接用槍托砸著，強迫他們朝大坑走過來。然後，輪到民工們將那群人推進坑裡。如果民工有誰不推，身後的鬼子就用槍托砸來。

劉大福推下一位老漢時，已是潸然淚下涕不成聲了。「老伯，俺對不住您啊！」劉大福哽噎著說，低著頭，不敢面對老漢。

民工們開始填埋時，坑裡的哭聲與罵聲響成一片，整個坑像口沸騰的鍋。民工們充耳不聞，繼續鏟著泥土。不一會兒，那坑就填平了。

自從被抓來做苦力，劉大福也不知道自己挖了多少坑，埋了多少人。但不這樣做，他自己也性命難保。那個工頭是劉大福的老鄉，來自同一個縣，待劉大福自然不薄。在吃飯時，他也綳丁（經常）偷偷多給劉大福半勺。但劉大福深知，他不會為這個老鄉而留下來的。

軍營三面層巒壘嶂，據說山上的野獸很多。一日，一頭熊偶然來到軍營附近，被鬼子發現，隨即被機關槍打死。鬼子把熊拖回軍營時，劉大福和民工是

親眼看到的。少數靠狩獵為生的獵戶星落分佈在山上，很難覓得一戶人家。東面是一望無際的平原，再往前是沼澤。沼澤地捏嘎達（那兒）很少有人去，因為一旦掉下去，若沒有同伴相救，結果就是消失於泥潭之中。

一日，民工們正在做工，鬼子伙夫走過來，叫劉大福到山上砍點柴。劉大福從來沒有機會出過軍營，今天伙夫為何叫上他也不得而知。或許，今天有大人物要來，伙夫得準備一頓盛宴？顧不得想那麼多，劉大福接過伙夫遞過來的柴刀，被伙夫領著，然後出了軍營大門。劉大福知道，一次逃跑的機會來到了。

出了大門，劉大福爬上了北面那座山。爬到半山腰停下來，回頭俯瞰軍營，軍營全貌盡入眼底。軍營碉樓上鬼子站著，不時地朝他這邊盯著。他們還在監視著自己，劉大福知道這點。他轉過身，佯裝著砍起柴來，眼睛卻環視著山上周圍的情況。砍著，砍著，他「不知不覺」地進入了樹林。發現身後無人跟著，他扔下刀便沿著小徑就跑。

在山上跑了約莫兩里路時，劉大福停下腳步，想喘幾口粗氣。誰料，此時一隻大黑熊突然從樹林裡鑽了出來，擋住了劉大福的去路。黑熊站立起來，有兩米多高，張開血盆大口，露出雪白鋒利的牙齒，讓人會猜想牠曾吃掉過多少犧牲品。黑熊嚎叫了幾聲，然後朝著劉大福撲過來。那瞬間，劉大福退了幾步，然後拔腿就跑。一路上，他不時地扭過頭，發現黑熊一直緊追不捨，死死地跟在後面。

跑了一陣，黑熊的嚎叫聲漸漸遠去。驚魂未定的他，卻發現自己回到了剛才砍柴的地方。他開始責罵自己，竟讓一次絕佳機會從手裡滑走。不過，這不怪他。黑熊的兇惡著實讓人毅悚，他只得退回來。

匆忙地砍了一些柴後，打成一綑扛在背上，劉大福若無其事地朝軍營走回去了。走到碉樓旁時，站崗的鬼子問，剛才一陣幹什麼去了，怎麼沒有見人？劉大福早有準備，隨口便說，剛才是找地方拉屎去了。鬼子這才開了門，讓他進去了。

那一年，抗日游擊隊發展很快。他們頻頻活動，四處騷擾襲擊日軍，使日軍惶惶不可終日，時常是風聲鶴唳而枕戈待旦。於是，日軍從各處抽調部隊，準備圍剿游擊隊，欲將其徹底清除。民工們只是覺得鬼子約莫少了一半，但不知道具體的原因——勞工們成天在營地裡做工，不知道外面發生的事。在兵力不足的情況下，由於怕民工們滋事，日軍開始實施一項「有獎活動」，以促進軍營內的「和諧」。只要民工安心於苦役，做一個良民，軍營裡的鬼子便可高枕無憂了。

「有獎活動」的具體內容是這樣的：凡是埋上兩百人以上者，可以得到一百個大洋的獎賞。果然，重賞之下有勇夫，民工們的幹勁衝天，效率高了很多。

那一年，被活埋的人多了兩倍，其中一些是被日軍俘獲的游擊隊員。按照有獎活動的規定，三十幾人得到了獎金。不過，劉大福不在之列。

日本人把民工趕出屋，在壩子裡召開了一個頒獎典禮。「呸！狗娘養的！」看見民工拿到獎賞而興高采烈時，劉大福吐了口唾沫。

二

這段時間以來，他開始有了一種異樣的感覺，空氣像凝固了，自己呼吸不到空氣，像是快要窒息了。而且，這種感覺與日俱增，越來越強烈，終於讓他決心做點什麼了。他打定主意，無論如何也要逃出去。

有時候，他會跟工頭嘮嗑，拉拉家常。有一次，他把逃亡計畫告訴了他。他明確表示，不願意跟他一起逃走。「如果被抓住，肯定會被日本人槍斃的。我家裡的地早被惡霸霸佔了，即使逃跑成功，回到家裡也沒有飯吃。」他說，「自從我來這裡，辛辛苦苦混到今天的地位，也挺不容易。我待在日本軍營裡總還有飯吃，埋人也只不過是一個工作，我每個月掙點錢還可以給妻兒補貼家用。為日本人賣了命，我為何不能從他們那兒獲得最大利益呢？今後也許他們還會給我加薪，或帶我去日本。已有這麼好的基礎，我不願意這樣半途而廢。你想逃就逃吧，我當什麼也不知道。我不會告訴日本人的，如果你被抓住，也就不要怪我了。」

「你認為好死不如賴活，那是你的想法。我一定要逃出去。」劉大福堅定地說道。

一個漆黑的夜晚，劉大福開始動手了。溜出工棚後，他弓腰而行，朝鐵絲網方向爬去。鬼子的探照燈來回地掃著，憑著這耀眼的光亮，他看到了遠處的鐵絲網。趁著探照燈掃射的間隙，他開始匍匐著爬向鐵絲網。

拿出事先準備好的鉗子，劉大福剪斷了最下面的那根鐵絲。想到上次的黑熊，他不敢再往山上跑，怕再被黑熊嚇回來，所以這次他決意朝東跑，沼澤裡暗藏的兇險，總沒有張牙舞爪的黑熊那麼恐怖。他繼續往前爬，進入了一個小樹林。出了山林，前面就是一片荒原。確認身後沒有人追來後，他便拔腿狂奔起來。

不知道跑了多久後，他氣喘吁吁地停了下來，孑然佇立在荒原上。一眼望去，廣袤無垠的荒原沒有盡頭，呈現在眼前的只是一種陰森。月亮躲在幾片淡雲後，月光斑駁地撒坨荒原上。瑟瑟寒風吹來，他不禁通體一個寒噤，心中頓時湧起一種莫名的懼怕。

　　「有人嗎？」他壓住嗓門喊道。諦聽片刻，死一般的寂靜，只有自己的呼吸聲。俄頃，他又喊了一聲。仍然萬籟俱寂，沒有一點聲音。在這樣一個深秋的夜晚，秋蟲也無法消受那種寒意，早已不知上哪兒了。他現在才體驗到，那種闃寂和寡儔孤伶，簡直可以讓人瘋癲起來。這樣一種感覺，原來竟是上帝對人類最殘酷的懲罰。

　　「我不能回到日本人那裡，我必須離開這裡。」他心想。

　　「前面沒有路。」一個聲音說。這聲音可能是從荒原什麼地方傳來，也可能是來自他的靈魂深處。這聲音，沒有分貝數，但他的確聽到了，而且聽得非常清楚。

　　「不，我必須走。」他喃喃道，並不理會那聲音。

　　東方，晨曦泛起一片紅暈，昭示著黎明即將到來。他知道，即使他倒下時，他可能也走不到太陽升起的地方。但他必須走，這點他更清楚。

　　往東方走，他得走過這片荒原。或許，還得經過幾片沼澤地。他望望天際，遲疑了須臾，趔趄著挪動了腳步。

　　幾天後，民工人群裡傳播著劉大福的消息。有人說他逃出去了，有人說他被日本人用槍打死了，有人說他跳崖自殺了，還有人說他沉到沼澤裡了。無論怎樣，有一點是肯定的：沒有人再見到過劉大福了。

<h2 style="text-align:center">三</h2>

　　東北的冬季真冷。

　　漫天雪花飛舞，攜帶著逼人的寒氣。寒冷帶來了靜謐，讓大地回到了寧靜的本體。只有刺骨寒風呼嘯而過，捲起地上的積雪，重新撒向遠方。幾棵枯樹上凋零的樹葉，經不起風的撥弄，也不由得撒落下來。幾片樹葉隨風翻滾到樹根背後，躲藏了起來，死死守住樹根。還有幾片桑葉從樹根後蹦了出來，像是寧願被風吸去，結果隨著積雪一起，被裹挾到不知名的地方去了。

　　「如果風一直吹，那些樹葉會不會永遠就那樣飄蕩在天空中？它們會落在什麼地方呢？」劉大福站在窗口，望著窗外的景象，喃喃地說，漫無邊際地遐想著。

　　隨著一陣寒氣襲來，一陣風吹得破窗咣噹地響了幾下，劉大福不禁打了個寒顫。他扯緊了一下披在身上的棉襖，這才想起今天要跟家人告別。今天起了個大早，準備去遠方投奔抗日游擊隊了。

　　原來，劉大福從集中營逃去後，輾轉逃回了家。

　　回家後，劉大福足不出戶，在家中躲了很久，怕有漢奸告密後，會被捉去當壯丁。這期間，劉大福躲在柴屋裡，天天都想著埋人，腦子無法集中注意力。尤其是到了晚上睡覺，他總會夢見鬼魂找他，半夜繃丁從夢魘中驚醒。有一次，他還夢見一個青面獠牙的人拿著刀追趕他，他只有沒命地跑啊跑，一直跑到了無路可走的懸崖。此時，那人瘋狂地追過來了。面對惡神，逃跑是人的本能。與其被他砍死，不如跳崖試試運氣。他顧不得那麼多，縱身跳了下去。猛地驚醒過來後，劉大福才發現是虛驚一場。原來，自己睡在了床邊上，身子已有一半懸在空中。那段時間大都是這樣度過的。

　　就這樣，日子一天天地過去了。

　　過了很久沒有動靜，漢奸也沒有來過，大概他們早已忘記這種窮鄉僻壤了。此時，劉大福也開始出門活動了。不過，劉大福每天做的事只是到地裡瞅瞅，做點農務，然後去山上砍點柴。一家人住在半山腰上，其他鄉親們都住在幾里地以外的地方。妻子和孩子天天都在家，無所事事，常常是相互瞅著打發時間。有時，妻子和孩子也會跟劉大福講幾句話，或問問以前他做什麼去了。對於這個問題，他從不敢睞懸（吹牛）一番，只說是出去做苦工。他從來不敢說出實情，怕遭天打雷轟，更怕嚇著了家人。

　　冬天不知不覺地來了。地裡種不了什麼，劉大福只得出門狩獵。劉大福每天早早地起床，得走上幾十里山路，才可能發現獵物。深山老林自然是人跡罕見之地，萬徑人蹤滅是正常的事。以前出門狩獵時，劉大福從未感到害怕過。可是這次回家後，劉大福就發現，只要一個人在老林中，他就會感到害怕，腦子中的陰影總是無法擺脫掉。有時候，他的眼睛會突然迷糊起來，朦朧中他又會看到那個青面獠牙的鬼魂。每當此時，他就有被追殺的感覺，落魄似地趕緊逃回家。妻子問及為何空手回來時，劉大福總是支吾搪塞，說是山裡沒有獵物。

　　劉大福斷定，這樣下去是不行的。他得趕緊走，必須換個環境。可是，家裡的幾個親戚離他們都遠，而且這樣不一定能解決他的問題，更何況別人是否樂意接納也還是問題。思尋半天，劉大福決定去投奔游擊隊。那兒不愁衣食，人也挺多，應該可以落腳的。

　　想到這裡，劉大福勒了勒褲帶，把棉襖紮緊，將包袱往肩上一挎，準備要出發了。妻子和小嘎兒（孩子）都走過來，與劉大福相視無言。劉大福輕輕拍拍小嘎兒的頭，撫摸了幾下他的小臉蛋，然後轉過身來，靜默地看著妻子。妻子臉色頗有無奈，眼裡含著淚水，深情地望著他。這樣對視了良久，劉大福略微咬了咬牙，猛地扭過頭，轉身就跨出了門。

飛雪撲向劉大福，在他身上逗留片刻，又被呼嘯寒風吹散。寒風不斷地掩埋著他身後留下的腳印，努力地恢復著大地的本來面貌。一步一步地，劉大福艱難地向前走著。

路，一步步地在他腳下延伸著。

四

經過一個月的周折，劉大福終於找到了游擊隊。

這支部隊的人老鼻子多，足有千把號人，番號是抗日獨立團，分屬楊靖宇的抗日聯軍。劉大福初來乍到，必須跟其他新兵一樣接受基本訓練。每天早上聽到軍號聲，隊員們就起床進行操練，先是走正步，然後是投彈打靶。劉大福覺得這種訓練枯燥乏味，但每次訓練下來，隊員還是有說有笑。有時，隊員們也會打點野味，帶回來改善生活。對於劉大福來說，日子暫時還是過得不錯的。

訓練了兩週，部隊裡開始有戰事了。團長做動員報告時說，日軍最近活動猖獗，在周邊地區到處開始掃蕩，這就意味著最近有仗要打了。團長在會上頒佈了獎賞條例，說部隊論功行賞，殺敵者多獎。聽到這話，劉大福條件反射地想起了鬼子的集中營，心裡開始納悶，覺得這怎麼有點像鬼子對我們埋人的獎賞？如果都是這樣獎賞，將來豈不是人都會死光？來不及細想，團長的話打斷了他。團長繼續說，全團的彈藥不多，戰鬥時不要浪費子彈，接著又強調了紀律，要求隊員一切行動聽指揮。

過了兩天，獨立團就與日軍打了一場遭遇戰。獨立團寡不敵眾，在戰鬥中明顯處於劣勢。眼見隊員一個個地倒下，永遠不能再起來，團長果斷命令隊伍分成小隊，分散撤退後再想辦法聯繫。於是，排長帶著劉大福等人朝北而去，一路邊打邊撤。

第二天拂曉，排長帶著一班人馬正在林子中行進。突然，排長發現前面有人影晃動，定神一看，原來是一個日本兵持著槍朝著灌木叢中戳著，好似在尋找什麼。排長明白，這可能是一小股日軍的搜索部隊，於是馬上命令隊員臥倒待命。

日本兵越走越近，排長目不轉睛地盯著鬼子，摒住呼吸，想等日本兵靠近點再開火。慢慢地，鬼子進入到了伏擊的最佳距離。於是，排長果斷發佈了開火命令。剎那間，手榴彈和槍聲大作，幾個鬼子應聲倒下。十幾分鐘後，戰鬥結束，隊員會開始打掃戰場。

　　鬼子被全殲，屍體橫七豎八地躺著，到處都有血跡。劉大福走過來，小心翼翼地到處察看。此時，他隱隱約約聽見有個呻吟的聲音。循聲走去過，一個鬼子躺在草絲中。他滿臉是血，鮮血從傷口往外直噴，用哀求的眼神看著劉大福。不過，他還沒有死去，痛得牙關咬得死死的。他被幾塊彈片擊中，一條腿被炸斷，飛到幾米開外的地方。這樣下去，不用多久，他必死無疑。劉大福見狀，急忙彎下腰，摸出包紮帶。劉大福本能地不忍就這樣離去，所以還想試著救救他。排長從身後過來，發現劉大福還想救他，命令劉大福馬上將他殺死。

　　「為什麼？」劉大福問。

　　「這是命令！」排長說。

　　劉大福愣著，一時遲疑起來，沒有立即動手。排長見狀，罵了一句「你真有點老獵腰子（固執）！」，然後，從劉大福手中奪過槍，用刺刀朝躺在地上的日本兵戳去。一下，兩下，三下……很快，一切恢復了安靜。日本兵的腹部被戳了幾個大洞，腸子慢慢地從中滑出來，落在了地上。

　　隊員們繼續搜索，把槍支集中起來準備送回團裡，同時也檢查鬼子是否全部被擊斃了。另一隊員發現一個鬼子屍體俯臥著，便將其翻過來看看。誰知這個鬼子睜開了眼睛，把隊員嚇了一跳！排長急忙叫來一個懂幾句日語的隊員當翻譯，對他開始審問起來。原來，他也是被捉來當壯丁的，他家裡有多病的父親，以及二個妹妹。他不想殺中國人，也不想被中國人殺死，於是只有裝死，希望能逃出去，然後想辦法偷偷回日本。

　　如果鬼子是一個中國人，排長雖然可能感到有點劃魂兒（懷疑），但情感上還是情願相信的，但是這是一個鬼子，他的原則告訴他，鬼子的話是不能相信的。他一直認為，凡是來中國的鬼子都是侵略者，統統都應該被處死。於是，排長掏出手槍，對著他的頭就是一槍。「拇（我）們才不信鬼子的鬼話！」排長說道。

　　子彈穿過了鬼子的頭，殷紅的鮮血從頭上淌出來，紅紅的，黏答答的。緊接著，一些白色物質也流了出來，跟血混在一起，劉大福知道，那是腦漿。劉大福一陣乾嘔，急忙背過身去。

　　那天晚上開始，劉大福又接連做惡夢。那個被排長殺死的鬼子，一個活了過來，另一個竟可以單腿跑跳。只見他們滿臉是血，紅紅的，口裡唸著他聽不懂的日語，持著三八蓋子朝劉大福衝來，嚇得劉大福拔腿就跑。「你們不要死乞白列（糾纏不放）啊！」劉大福哀求道。可是，兩個鬼子似乎不知疲勞，一直追著劉大福不放。他只有一直跑，直到氣喘吁吁，滿頭大汗。最後，他站立不穩，癱倒在地上。對於劉大福來說，這些夢魘總是那麼膈應人，成了他的心病。

　　一天晚上，劉大福從夢中驚醒，索性坐了起來。棚裡幾個戰友正酣睡著，正做著什麼美夢，只有微弱的呼嚕聲時時傳來。又是一個深秋之夜，劉大福想起了從集中營逃出來的那個夜晚。同樣的寡儔孤伶，同樣的月光，同樣的萬籟俱寂，靜得有點讓人害怕。

　　「這仗還得打好多年，才能把日本鬼子趕出去。我不知還要殺多少人，或者在這之前就被人殺了。不行，不能這樣下去，我得趕快離開。」

　　來不及點燈，黑暗中劉大福悄悄穿上衣服，溜下床，躡手躡腳地鑽出了棚子。月光若隱若現，不情願地留給了大地少許微亮。這種朦朧月光下，行者必須識得方向，否則會誤入歧途，被山裡的猛獸吃掉也難說。部隊是在林子中安營紮寨的，所以劉大福辨不清楚方向，只有先走出這片林子，再來決定朝什麼方向跑。可是，剛走出百米左右，突然身後有聲音喝道：「什麼人？舉起手來！」

　　劉大福一聽，停止了腳步，慢慢舉起雙手，把身子轉了過來。原來，這是哨兵在站崗，發現有人影在林中晃動，才大叫了一聲。哨兵一看是劉大福，急忙問：「你這是上哪兒去？你想當逃兵不成？我可以開槍打死你的！」

　　「兄弟啊，俺家有老母，還要靠我回家做活啊！你就放我一條生路吧。」劉大福假裝可憐兮兮，看看胡編亂謅能否蒙混過去。

　　「誰家沒有老母啊！你以為只是你有老母？大家在一起抗日，有飯吃，你回家還不是為了吃飯？拇們應該繼續抗日殺敵，直到將日本鬼子全部殺完。」

　　「殺完了呢？」

　　「殺完鬼子後，拇們還要解放全人類。」

　　「如何解放呢？」

　　「繼續殺敵啊。」

　　「我的好兄弟啊，拇們抗日，把日本打跑，不就行了？我們自己的日子都苦，幹嘛還要去解放全人類呢？再說，我們肯定也活不到那天。我們的結局只有兩種：一是殺人，二是被人殺。我不想死，也不想別人死。」

　　聽罷此話，哨兵沒有再說什麼，若有所思的樣子。林子兩個黑影佇立著，相對無語。劉大福沒有多說什麼，想等著看哨兵最終如何處理。須臾，哨兵舉起槍，卻沒有瞄準劉大福。他只是把槍扛在肩上，轉過身，朝崗位走去。

　　劉大福見哨兵突然離去，也不敢馬上離去，怕哨兵在背後開冷槍。他看看哨兵，發現他在那兒站崗，頭卻朝一邊看著。劉大福試著走了幾步，哨兵並沒有朝這邊看。再走幾步，仍然沒有動靜。於是，劉大福壯起膽子，兀自朝前徑直大踏步地走去了。

他從游擊隊逃出來後，第二天部隊發現少了一個人，馬上開始了調查。哨兵只說了站崗時沒有看見，其他人也說不知道。

之後，此事便不了了之了。

五

劉大福逃出游擊隊後，繼續朝北日夜兼程。他非常清楚，他不能回家，至少暫時不能回家。他從集中營逃出來，漢奸鬼子要他的命，現在他從抗日游擊隊逃出來，若被游擊隊發現，他也會被當作逃兵來對待的。所以，他只有一條出路，只能隱居於荒郊野外之中。

劉大福決定向東走。長途跋涉了幾天幾夜，他終於來到了長白山。

在山上找到一塊寶地，劉大福準備在此雌伏下來。於是，他便開始搭建自己的小木屋。先是清除一些雜草，用柵欄圍出一塊空地，再著手建屋。經過幾天的工作，一個小木屋便修好了。劉大福放下手中的斧子，走進屋裡，用鼻子嗅嗅，木材還散發著一股幽香。他東瞅瞅，西看看，眼神中有新奇，也有喜悅。劉大福想起那年孩子出世時，他也是用同樣的目光和心情打量孩子。

然後，劉大福開始過自己的日子了。在門前的那片薄地裡，他種了點東西，但那是不夠的，他也必須出門狩獵，捉點小動物回來。這兒在野外，獵物比較多，所以，劉大福的生活還是勉強能過下去。只是，他不敢想，這樣能過多久？是否永遠都這樣過下去？

這段時間，日子過得平淡。劉大福同樣還是做惡夢，那些被他活埋的民工，以及那兩個鬼子兵，也時常在午夜夢迴時對他死乞白列地纏著。不過，時間一長，只要沒有那些血腥場面，情況會稍微好些。漸漸地，劉大福做惡夢的時候少些了，日子也過得安寧一些了。

這個地方位在野外，平時根本沒人進來，他幾乎沒與人說過話，只有幾次遇到獵人時寒暄過幾句。在家裡，他只有一個夥伴，一條他撿來的黑狗。劉大福喜歡有狗作伴的日子，在家時也會跟狗叨上幾句。日子一長，黑狗似乎很能懂得主人，也深得主人的喜愛。人與狗平分空間，共同度過著時間，二者並沒有什麼不同。平時，黑狗在家幫著看門，他出門狩獵時，黑狗也常常跟著。儘管牠不是獵狗，卻為劉大福消除了很多孤單。

有一天，黑狗躺下後再也沒有起來。牠嗚咽著，想告訴主人什麼。劉大福心如火燎，急得團團轉。他估計，黑狗準是害上什麼病了。但是，他不會治病，不知道到底是怎麼回事。他能做的，只是日夜陪著黑狗。第二天，黑狗終於死

了。看著地上的黑狗，劉大福悲痛之極，竟然潸然淚下。最後，他在山坡上挖了一個墓，把狗埋了。取下一塊木板，刻上「黑狗之墓」，將其插在墓上。他希望，黑狗能永遠在坡上陪伴他，為他守望。

不知過了幾年，劉大福在一次狩獵時，在山上遇到了一個獵戶。獵戶告訴他，日本鬼子早已投降了，解放軍也早就解放了東北全境。人民當家作主了，沒有了地主、漢奸，人們都分得了土地，人們生活得火火紅紅。劉大福一聽，眼睛一亮。鬼子沒有了，游擊隊也沒有了，豈不是可以回家了？

多年在外，劉大福一直沒有想家，也不敢想家。今天，他開始想家了。妻子和孩子都還好嗎？家裡分了多少田地？門前的那棵大樹還在？終於，劉大福決定回家。

那天早上，劉大福收拾完行李，帶上防身的刀，走出了門，站在柵欄外面，回眸看著自己住過的屋子，還有那片菜畦。他知道，此次回家後就不會回到這裡了。留下這些有什麼用呢？不如毀了吧。劉大福這樣想著，猛然想起屋子裡還有一枚手榴彈。那年，他從游擊隊裡逃出來時，隨身攜帶了一枚，以供防身之用的。現在，人民當家作主，他不會有什麼危險了，留下它也沒有用。況且，留它在屋裡，萬一有人來，將其引爆了，豈不是又誤傷人命？想到這裡，劉大福回屋取出了手榴彈。打開保險蓋，拉了導火線，然後將其扔向木屋，自己馬上匍匐在地。聽到「轟」的一響，劉大福抬起頭來。只見小木屋已經散了架，地面上還冒著黑煙。

朝山下走去時，劉大福想起了黑狗。他轉過身，朝山坡望去，「黑狗之墓」還清晰可見。想起與黑狗朝夕相處的日子，劉大福還真捨不得離開牠。

佇立了片刻，劉大福踏上了回家的路。

六

劉大福歸心似箭，一路上只顧拚命趕路。他的行動還算麻溜兒的，所以十多天後就回到家了。

劉家不在原來的地方了，而是搬到了山下的一個村子裡。劉大福到處打聽，終於找到了家。那天下午劉大福到家時，輕輕地敲了敲門後，就站在門外候著。不一會兒，有人出來開門，劉大福一看，竟是妻子！妻子一看是男人回來，驚喜自不待言。馬上，眼裡湧出酸楚的淚。劉大福向前兩步，輕輕地托起妻子的臉，仔細地打量著。分別這麼多年，妻子的臉上多了滄桑，額上多了幾道皺紋。想起了孩子，劉大福問，孩子怎麼不在家？妻子說，孩子出去打柴去了。

　　然後，妻子換上自己最好的衣服，梳妝一下，頓時看起來滿面容光。劉大福看在眼裡，發現妻子原來還是很漂亮的。此時，孩子打柴回來了。從前的小嘎兒已是壯漢，個子比爹都還高了。一家圍坐在一起，拉著家常。他想起了自己多年在外面漂泊，過夠了淒苦的生活。望著妻子和孩子，劉大福體會到了一種溫馨和幸福的感覺。

　　很快，該做晚飯了。妻子在屋子裡搜遍了每個旮旯，把家裡儲藏的美味都拿了出來。她和孩子在外屋地（廚房）裡忙乎了一陣後，把香噴噴地飯菜端上桌來。「你好久沒有吃到好吃的了吧？那就可勁兒造吧！」妻子笑著對劉大福說，一邊在布拉即（圍裙）上擦著手。

　　一家人分別多年，自然是多了幾分喜氣洋洋。一家人高高興興地吃著飯，講述著這幾年發生的事。劉大福這才知道，他出走三年後，這兒來了一個工作隊，搞起了土改。工作隊先對地主進行了批鬥後，便把他們槍決了，然後把土地分給了鄉親們。劉大福家分了幾畝地，但田地與家較遠，於是妻子就決定從山坡上搬下來了。這個村子挺好的，還有幾戶人家可以相互照應著。

　　「何掌包（土匪頭子）他們呢？」劉大福想起了一個絡子的大掌包。雖然也佔山頭，拉幫派，這個絡子卻在抗聯和日本人之間保持獨立，還曾多次搶來日本人的東西，分給當地的窮苦人。他是他家的恩人，在困難時期幫過他們不少。

　　「也被工作隊槍斃了。那天開群眾鬥爭大會，工作隊的同志問鄉親，要不要槍斃這個土匪？經他這樣一說，鄉親們想起他是土匪，忘記了他給他們的恩惠，都說要槍斃。就這樣，他馬上被拖出去殺了。」妻子說。

　　「唉，這人賊（很）好的啊！那年他拉我做他的小撒拉蜜（跟班），我沒有去，結果卻被日本人捉去做苦力。」劉大福有點為他惋惜。過了片刻，劉大福又說：「不過，我沒有入夥也好，否則我可能也會被槍斃的。」

　　「我們縣還有一個人，據說在日本鬼子那裡當過監工。解放時，工作隊將他作為漢奸槍斃了。」妻子漫不經心地說道。

　　「他叫什麼名兒？」

　　「張興天。」

　　劉大福心中一驚。這個張興天，正是放他跑出來的那個監工。馬上，一種難以名狀的感覺湧上來，他不知說什麼才好。張興天再壞，畢竟也沒有出賣他，他才有機會逃出來回家。

　　「哦。」劉大福假裝若無其事地說了一聲。

　　劉大福回到家，從不提自己過去的隱匿，做到守口如瓶，連妻子也不知道。這樣，劉大福總算過了幾年清靜日子。他每日早起晚歸，拚命地幹活，想彌補這些年來虧欠家裡的。他做事本就手腳麻利，與妻子配合得很好，加上回家後勤快了很多。一段時間之後，家境開始好些起來，每年下來，總有好多餘糧。劉大福把地窖越挖越大，把自家的餘糧都儲藏起來。

　　有一年，上級來了通知，要鄉親們把餘糧都交公，要把人民公社了。鄉幹部到處宣傳，說人民公社裡有食堂，不用自家做飯，平時每天同時出工，勞動計工分。劉大福家裡有那麼多餘糧，可他並不情意交上去，當鄉幹部來收糧時，他只象徵性地交了一些。這是我們用血汗換來的餘糧，憑什麼交呢？劉大福心裡有點想不通。

　　不過，沒有不透風的牆，事情終於敗露。有一次，妻子從地窖裡取糧出來，被一個鄉親發現，這位鄉親隨即報告給了鄉幹部。第二天，鄉裡來了一大群人，把地窖的餘糧統統搬了出來，裝上車拉走了。

　　劉家開始陷入低谷。劉大福被繃丁批鬥，只有低頭認罪。鄉幹部說他是反對共產主義，反對人民公社，不聽毛主席的話，還要斬掉他家的「資本主義的尾巴」。劉大福不懂什麼是資本主義尾巴，卻預感到這次可能闖下了大禍。不過，好在劉家為人很好，與鄉親們之間並無什麼過節，在當地並不遭人嫉恨，所以鄉幹部批鬥了一陣，想到劉家又只是樸實的農民，加上有不少鄉親說情，姑且就既往不咎，不了了之了。

　　日子又漸漸恢復平靜。可是不久，鄉幹部召集村民大會，要大家揭發「地、富、反、壞、右」分子，說全國在搞「三反」、「五反」運動。在會上劉大福想了想，給鄉幹部報告說，他不知道哪兒「地、富、反、壞、右」分子。不過，還是有鄉親揭發了別人。鄉幹部紀錄下詳細情況，匆匆離開了，說是馬上去調查。

　　事情這樣就過去了。不過兩個月後，村裡突然來了兩個人，還有幾個持槍的民兵，不由分說就把劉大福摁到在地，捆了個五花大綁。妻子正在餵雞，一聽男人被抓，急忙放下手中的餵得羅兒（桶），出來問是怎麼回事。幾個人解釋說，劉大福是反革命，他們奉命行事，要把他抓回縣裡。

　　車開了。妻子和孩子大聲號啕著，緊緊跟在後面。劉大福無言，眼巴巴地看著。車子速度越來越快，揚起泥路上的塵埃，遮住了他的視線。透過空中的塵埃，家人距他越來越遠，不，或者說，他與家人越來越遠。最後，他們身影終於消失在車子後面了。

七

劉大福被捉到縣政府關押了起來。第二天一大早，一位穿著軍裝，腰上別著手槍的人走了進來，告訴他要提審他的時候到了。

審訊完畢，劉大福才知道是怎麼回事。原來，有人揭發說，當年有個叫劉大福的逃兵，就住在這一帶。於是，工作人員翻閱戶籍，到處搜索，終於找到了他。提審官告訴他，革命年代當逃兵，屬於反革命罪，輕則勞改監禁，重則槍斃。不過，提審官念他是憨厚樸實的農民，算是網開一面，就直接判他勞改了。

劉大福還記得，當年是哨兵放了他，那麼揭發人必是哨兵了。不過，審問時，他並沒有說出哨兵的名字，因為他不想連累更多的人。後來他才知道，哨兵在解放後成了鄰縣政府裡的幹部。「他是國家幹部。即使當時告了他，可能政府也不相信。」他這樣想。

接下來，與其他幾個反革命分子一道，劉大福被轉送到勞改大隊。勞改大隊有一正門，持槍警衛看著門。四周佈滿的鐵絲網，讓劉大福想起了在日本鬼子集中營待過的日子。那些揮不散的陰影，又使他心中發怵起來，「這兒會不會殺人啊？」他不禁這樣想。

果然，才勞改了幾天，他們就被集中起來，列好隊，站在那兒等著。不一會兒，一輛吉普車開了過來。只見幾個人從跳下車，從車上拖下一個女子。她面目清秀，留著齊耳短髮。她的雙手被反綁著，被他們推到在地。一人從車上取下一段繩索，把一端做成套索，套在她的脖子上，而把另一端繫在了車子尾部。一切準備就序後，一個幹部模樣的人轉身朝向他們，惡狠狠地說：「你們這些現行反革命分子，若不好好勞改，提高思想覺悟，向人民贖罪，你們的下場就是一樣的！」說罷，朝司機把手一揮，示意開車了。

車子拖著女子，徐徐啟動起來。速度越來越快，女子的衣服褲子被磨破，膝蓋上，臉上，渾身都是血，泥土黏在傷口上，又黑又紅。很久，在她身體滑過的地方，鮮血浸紅了地面。她受不了折磨，拚命地尖叫著。那尖聲撕心裂肺，讓人揪心。幾個持槍的兵把臉轉向一邊，勞改隊裡的人也不敢再看下去，都把頭低了下去。過了很久，她安靜了，不再叫了。車子繞著壩子繞回來，停了下來。幾個人圍人去檢查，確認女子死後，把她的屍體扔到車的後面。然後，吉普車開足馬力，冒著黑煙，一溜煙開走了。

當晚，大夥坐在床上小聲議論著當天的事。「真慘啊！」有人不禁歎道。「不是解放了，人民當家作主了嗎？怎麼還有這多反革命啊？女人懂什麼啊？

怎麼連女人也成了反革命了？」劉大福問大夥。大夥搖搖頭，不知如何回答劉大福。

劉大福一夜沒有睡覺，第二天卻還是照常出工。不過，他知道，這種日子讓他過不了多久的。他一生中殺的人太多，他不會再去殺人，或許，他只有選擇被人殺死。

過了幾天，他們又被趕到壩子上，列隊集中起來，照例是要「觀看」死刑。俄頃，他們聽過了汽車的聲音。這次，開來的還是那輛吉普車，跳下車來的還是那幾個人，還是從車上拖下一人來，而且還是一位女子。這位女子披頭散髮，可能是還沒來得及梳妝就被押上車了。看上去，約莫三四十歲，比上次那個年齡稍大。她正朝著那幾個人，面色沒有絲毫的畏懼。這次好像方式有變，沒有人從車上取繩索下來。

「人民萬歲！我是無辜的，歷史將證明這點！」女子高呼了起來。幾個人趕緊圍上去，用布塊塞進了她的嘴。然後把她摁下，使她跪在地上。她倔強地站了起來，又馬上被摁了下去。一人又找來繩索將她的腳捆住，她終於不動了，靜靜地跪在那裡。一個人掏出槍，對準她的頭。在場的人都扭過頭，聽見「砰」的一聲時，才敢抬起來頭來。她的屍體被扔在車子後面後，車子飛速地開走了。

「他們還會來！他們還會來！」劉大福嚎叫著，他的神經斷裂了，他的心被一種無形的力量撕裂了。他像瘋牛一樣狂叫著，瘋狂地朝大門衝去。一個人見狀，急忙前來阻攔，被劉大福撞倒在地。劉大福跑到門口一帶時，崗亭裡湧出幾個當兵的，一齊撲將上來，將他摁倒在地。幾個人將他綁起來時，他嘴裡一直還在叫著：「他們還會來！」

劉大福馬上被關在單間裡。他一直叫個不停，幾個人找來布塊塞進他的嘴裡。劉大福叫不出聲來，嗚嗚地發出點聲音。時間一長，劉大福不叫了，睡著了。

八

他微啟雙眼，一直凝視著那扇窗。

他記不得什麼時候被扔進來的了，只覺得渾身都痛。他只得躺在地上，雙唇一翕一合，像一條躍出水面的魚兒，拚命地想吸進一點氧氣，以換來生命的延續。他覺得胸口有點發悶，不時還禁不住乾咳幾聲。

在這個牢裡，他看到幾個橫七豎八在躺著，他猜測著他們是否已經死了。「也許他們跟我一樣，還沒有完全死去。」他想。

他仔細打量了四周，把屋裡的情況重新觀察了一遍。他離門口還遠，約有二十幾米，看來他是爬不過去的。離他最近的，僅有牆上那扇兩米多高的窗。若想逃生出去，只能從那裡爬出去。

於是，他一直盯著那扇窗，那是他唯一的希望。他舒了口氣，想聚集一點力氣。可是，這點力氣還不能讓他站立起來。

他仍舊躺在地上。

朦朧中，他有點恐懼。他挪了下身子，用手拉扯了一個人的腿，可是沒有任何反應。他又繼續挪動一點，拉了另一人的胳膊，還是沒有反應。過了片刻，他聽到身邊有點微弱的聲音。扭頭一看，一個人躺在那裡，還沒有斷氣。他搖了搖那具屍體，那人慢慢睜開了眼睛。

「我發現你還沒斷氣，所以就弄醒你，看看我們能不能一塊出去。別灰心，只要我們還活著，就一定有希望。」他如實地解釋。

「你──自己──想法──出去吧。我──動──不了，他們──打斷了──我的──雙腿，我──只能──躺在這裡──等死了！」那人斷斷續續地說著，身體非常虛弱。

「我們有希望出去的。」他還想鼓勵一番。

「本來──我都──死了，你──為何──弄醒──我？這樣──活著，不如──死去──的好，省得──受這份──罪。」話畢，那人咬緊牙關，費力地舉起了頭，他還沒有來得及問為什麼，那人後就昏過去了。

他把手放在那人鼻子前，靜靜地等著。過了好了一陣，他都沒有感覺到有氣呼出。頓時，他心裡湧起一陣恐懼，不知道那人是不是真的死去了。

扭過頭，他看著那扇窗。「我醒了，就得活著出去。」他這樣想。於是，他開始朝窗戶爬過去。窗戶並不算高，可此時的他，如果沒有同伴相助，恐怕永遠也無法逃出去。

暗藏在黑夜裡的恐懼，終於將他完全吞噬掉了。

他安下心來，靜靜地等待著。「他們還會來！」他想起了那兩個女子，開始叨唸起來。等著，等著，暗藏在黑夜裡的恐懼，終於將他完全吞噬掉了。

他醒過來時，並不知道自己昏迷了多久。

他還是看著那扇窗。「也許剛才那人說得對，死去才是一種解脫。」他躺著動也不動，靜靜等待死去。冥冥之中，那些鬼魂又開始出現了。那些被他活埋的鄉親，那兩個鬼子，兩個女子，都來圍住他，帶著他穿過一個隧道。那隧道很長很長，黑黝黝的。頓時，他心裡湧起一陣恐懼。他明白，他正隨那些鬼魂朝鬼門關而去。

慢慢地，在冥冥之中，那扇窗漸漸地變成了一道門。他夢見了自己叩開大門，開門的是個兇神惡煞的魔鬼。進門後，黑漆漆的，什麼也看不見了。

九

一個月後，劉大福家裡收到一封從勞改所來的信。信上這樣說：

劉大福家屬：

　　反革命罪犯劉大福屢教不改，自勞改以來多次企圖逃跑。本月 8 號，該犯又起逃跑之心，公安人員開槍示警後，該犯拒不歸案自由。被公安人員追逼到本市西北方的一個懸崖時，該犯仍執迷不悟拒捕，跳崖自盡。

特此通知。

市勞政所

1966 年 7 月 26 日

附文　娜拉走後怎樣──兼談《逃亡》的創作

1923 年 12 月 26 日，魯迅在北京女子高等師範學校做過一次《娜拉走後怎樣》的講演。在易卜生的《玩偶之家》中，為了不做丈夫的傀儡，娜拉離家出走尋求經濟獨立。對此，魯迅提出了一個問題：娜拉走後怎樣？魯迅的回答是：不是墮落，就是回來。言外之意是，要麼為了堅守自己的獨立，最終淪為了紅塵女子，要麼在外面不能獨立養活自己，迫於經濟壓力又回家。

魯迅還提出了第三條路：餓死。不過，他卻否定了這條路，因為「餓死已經離開了生活，更無所謂問題，所以也不是什麼路」。我以為，娜拉可能無法糊口，但她會堅持自己的底線，不願意出入花街柳巷。此時，她只有逃亡，最終死於逃亡路上。所以，除了魯迅指出的三條路外，還有兩條路：自殺或被殺。

幾年前的一個夜晚，我正在默默吃飯，思考著腦子中的問題。突然間，我彷彿被電擊了似的，覺得一陣淒涼與孤獨襲遍了通體。我匆匆吃完碗裡的飯，毫不猶豫地提筆寫下了〈逃亡〉，這便是現在的〈逃亡〉(一)。寫完後，我請幾個朋友看了。朋友問，劉大福是你嗎？活埋人是不是在諷刺教育？我笑而不答，不置可否。文本就是這樣，它本來應是開放的，允許讀者根據自己的經驗感受來解讀。

後來，我陸續寫出幾部分，讓故事顯得完整了一點。我已經發現，小說中人物單一，但時間跨度又大，尚需充實一下。不過，目前我無心思修改，只等將來我的靈光一閃接受「天啟」，有了靈感後繼續寫下去。

我曾也想過去東北看看，實地考察一下，把人物與環境定好位。不過目前我沒有這個條件，只有今後有機會再說吧。另外，故事寫完後，我還跟東北人學了一點東北方言。修改時，我試著用了一些方言，希望藉此增強故事的真實性和地方味。

寫完〈逃亡〉後，有朋友提出質疑，說我沒有親身經歷過故事中的年代，何必胡編亂謅呢？小說可有真實的東西，但未嘗不可杜撰。寫作往往不是就事說事，而是寄託自己的情感或思想於文中。〈逃亡〉絕不僅是講一個歷史故事。

從集中營逃出來後，劉大福沒能幸福地終其天年，而是逃亡了一生。劉大福不斷逃亡的途中，發現血腥與荒謬的無處不在。不過，他既沒有墮落，也沒有妥協。經過一段曲折經歷後，他的出路最終是死亡，但不是餓死。有位朋友提出，難道不能陽光一點嗎？能不能不讓劉大福死去？這位朋友沒有看到，寫

作就是作者與自己的對話，也是作者自己的心境的載體。我作為作者，必須讓劉大福死去，必須讓故事被陰鬱籠罩。

在〈逃亡〉中，劉大福始終是獨自一人出逃，直到死去都沒有同伴。魯迅曾說：「群眾，尤其是中國的，永遠只是戲劇的看客。」這種看客意識，鑄就了中國人的麻木與懦弱。看客們看到悲劇時，興許會掉下悲憐的淚。不過，動物也會流淚，我不認為流淚與否乃是判斷是否為人的尺度。他們看到的若是滑稽劇，他們會樂得手舞足蹈。而且，他們一邊看戲，邊做著白日夢。劉大福逃亡時，幸福的他們並不願意同行。劉大福只能不驚醒他們，讓他們繼續做夢，自己孤獨「上路」。這是主人公的不幸，也是民眾的可悲。

魯迅在講演中還說：「人生最苦痛的是夢醒了無路可以走。」娜拉夢醒了，不再滿足於傀儡或玩偶的角色，想要出走尋求獨立，卻又不知路在何方。顧准，這位偉大的先知先覺者，生前不斷地問著「娜拉走後怎樣」。不過，在那個荒謬的時代，顧准的提問註定是荒原上的呼叫，沒有人能回應，也沒有人敢於回應。在被三次打成右派後，顧准終於孤獨而又痛苦地離開了人世。在〈逃亡〉中，劉大福是痛苦的。他發現了良知後，這種良知不斷地喚醒著他，驅使著他不斷地逃亡，直至死去也沒有跟現實中的血腥與荒謬妥協。

作為教師的我們發現了教育的荒謬，出走後會怎樣呢？我們會發現，教育只有一個雇主。你不滿意教育的荒謬，到了另一個地方後，你會發現那兒的教育更加喪心病狂。你覺醒了，卻又無路可走。此時，你會怎樣？是墮落，是回去，是餓死，抑或是自殺？

教師走後怎樣？每個教師都有自己的答案。有人會想法掙錢，有人會跟荒謬妥協，有人會想到自殺，還有人會回到教育，但有一點是肯定的：大多數只是看客，也安於做看客。他們只是一邊看荒謬劇，一邊做著自己的夢。

作家曹禺說過，宇宙是一口殘酷的井，人在裡面無論怎樣掙扎都沒有出路。劉大福逃亡了一生，也就是掙扎了一生。熱愛生活的我若是劉大福或是娜拉，我會始終有一種恐懼感。

原來，我也那麼害怕生活！

邊緣人的抑鬱

寫作背景

在學校裡，我是邊緣人。邊緣人將現實對象化和客體化後，便無法完全融入現實，而且還總會有某種抑鬱，

午夜夢迴時，我會惡夢驚醒，然後幾個小時不能入睡。

我知道，我病了，而且病情不輕。每天，我都要面對死神。自殺的念頭，時時在腦海裡閃現。

我不知道，我還能堅持多久。

一

人需要理性，也需要非理性；人需要世俗生活，也需要精神生活。我想，我是處於兩個世界之間的邊緣人。作為一個邊緣人，有痛苦的一面，也有幸福的一面。如果死亡的糾纏可視為一種痛苦，那麼帶著激情投入創作時所體驗到的，則可被視為一種幸福。

死神這個惡魔，從小就一直跟隨著我。記得孩提時代，那時候家裡很窮，父母有時候就叫我去拾炭渣回家作燃料，以解燒火煮飯之難。有一次，我來到一家水泥廠後面的山坡上，發現那兒有一個特大的洞。那是一個廢棄不用的磚窯，裡面足有七八米深，黑黝黝的。當時，我莫名奇妙地想到：我若掉進下去，而周圍又沒有人，我就會死在裡面。自那以後，我晚上入睡前，總會想到那個窯，怕掉下死在其中。就這樣，死亡的恐懼一直糾纏折磨著我。

也許，那時候我才開始長大——因為我想到了死亡。人總會有自我意識，總會想到生死問題，儘管不一定有明確答案。可以肯定的是，這件事註定要伴我一生。多年以後的今天，我仍然無法擺脫這個惡魔的糾纏。每天晚上入睡時，我腦子裡總有墜樓身亡的幻覺。不是我想墜樓而亡，而是被一個神秘的力量攫住，執拗不過它而禁不住要這樣想。有時候入睡後，夢見自己從樓上跌下。猛地驚醒時，發現自己已滾到床邊，差點掉了下去。

以前，我認為自己是神經衰弱，也擔心自己患了恐高症，因為我怕從樓上往下看——那一瞬間，我有跳下去的衝動。知道央視主持人崔永元患上抑鬱症後，我也去看過醫生。現在我知道了，我患的不是神經衰弱，而是跟崔永元一樣的憂鬱症。每次從樓上往下看，我總感覺有個神秘的聲音在召喚我。張國榮

是我挺喜歡的歌手，我卻無形中把他的墜樓身亡與自己聯繫了起來。也許，什麼時候我真的會跳下去，像他一樣。

這是為什麼呢？首先，那個黑窯給我的童年留下了陰影。其次，現實的荒謬造成人格的分裂，對心理有一定作用，這可能是另一個原因。除此之外，還有原因嗎？

從伊甸園來到這個世界時，人大概就已經註定是有限的了。人畢竟不是上帝，他不能超越自己的能量極限。我知道，靠激情做事的人，一般來說內分泌都是失調的。每一次激情來臨時，神經纖維和身體機能都面臨著衝擊。沒準兒，什麼時候身體系統承受不住這種衝擊而出現崩潰時，人就會有些奇特的念頭。

一旦超過了生命的限度，人可能就會瘋癲起來。對於正常人而言，瘋癲並不是好事。福柯在《瘋癲與文明》中講述了瘋癲受到不公對待的歷史：文藝復興時期，社會對瘋子的處理辦法是放逐他們——讓他們乘上「瘋人船」，漂泊於各個城堡之間。後來，集中的「大禁閉」和關進籠子進行「展覽」等方式又用來對待瘋子。這些瘋子受到如此毫無人性的對待，其處境非常悲慘。直到精神病醫院把瘋子們視為病人看待時，瘋子們才獲得了作為人最起碼的尊嚴。看來，瘋癲並不好玩，誰也不願瘋癲起來。瘋子們的內心世界，常人肯定是無法理喻的。也許，他們之所以不正常，因為只有他們才是最正常的人。不過，即使他們內心有著深刻的幸福，我卻也懼怕瘋起來後被人視為怪物。

理性與非理性是兩個世界，二者之間要交流比較困難。打個比喻說吧：屋裡的人對屋外的人說，進來吧，你進來後才能理解我；而屋外的人反詰道，出來吧，你出來後才能理解我。瘋癲是正常世界裡的不正常，卻是瘋狂世界中的正常。誰到底是正常的呢？看來這個問題也難以回答。無論如何，兩個世界似乎都在努力「爭取」我，讓我感到有「車裂之刑」的痛苦。吳宓說「二馬分道而奔，則宓將受車裂之刑矣」時，想必他說的感覺跟我一樣。

一般認為，一個發揮能量超過極限的人來，可能有三種結局：一是在某領域有成就，二是精神瘋癲起來，三是走向自我毀滅。不過我想，也許還有第四種結局：一事無成，碌碌無為——包括我在內的很多人就是這樣。我不是藝術家，卻認為自己有點藝術天賦，也一直為沒能獻身於藝術而遺憾。但是我想，我若真的投身藝術，我的結局也許會像梵谷一樣。羅素說：「創作偉大藝術品的力量往往與氣質上的抑鬱聯繫在一起，這種抑鬱是如此強烈，要是藝術家不能從其工作中獲得快樂的話，他一定會被逼上自殺的道路。」羅素只是看到了作品與抑鬱之間的關係，卻沒有看到抑鬱是釋放原始衝動的方式。他把創作看作是減少抑鬱的方式，自殺是從工作中找不到快樂而引起的，這種樸素的解釋貌

似有理，卻沒有精神分析或心理分析方面的依據。有人說，藝術家有三個特點：負罪感、精神失衡和自殺趨向。我不是基督教徒，尚無什麼負罪感，但我必須承認：我莫名其妙地有點輕度的精神失衡和自殺趨向。

於是，我不敢再往向一步。我只能徘徊不前，駐足於兩個世界的邊緣。我既不滿足於世俗世界，又無法完全進入精神世界；既不能完全被冰冷的理性控制，也不能讓自己迷失於非理性中。有時我也想，能有這次人生羈旅，即使沒有一點成績，只要有激情帶來的幸福和世俗基礎上的精神嚮往，這已經算是不錯了。

桑塔亞納說：「智慧是什麼？睜著一隻眼睛做夢，超越世俗，但不以它為敵。」看來，我需要的正是這種智慧——處於兩個世界的交界處，或許本來就是一種完美。

二

凌晨三點，我失眠醒過來。我披上衣，打開電腦，坐下來思考我的抑鬱。

我經常失眠，也知道原因。幾年前，我還想過辦理病退。我到精神病院時，護士指著幾個病人說，那些人都是才子。主治醫生滔滔不絕，大講佛洛依德。我打斷說，不用多講了，我什麼都知道。醫生確診為抑鬱症後，我去了市醫院體檢，準備要辦病退。然而，幾經周折後，我的病退計畫未遂，徒勞地多了一次去精神病院的經歷。

神經衰弱，是一種抑鬱症。你有抑鬱症嗎？那是什麼感覺呢？那是將自我客體化和對象化後產生的一種自我分裂的感覺。你看到了光明，卻永遠無法企及。你若要拚命追逐光明，便會把自己置於光明與現實的張力之中。

韋伯在《儒教與道教中》指出，新教倫理與自然始終處於一種緊張狀態中，這決定了新教的理性主義旨在理性地支配自然。十八世紀發生在西方的啟蒙運動，是一種把自我從自然中分裂出來的運動。啟蒙運動之後，人的主體性和理性得到確立，使西方迎來了科技革命，率先開始了現代化進程。相比之下，中國一直沒有經歷過啟蒙，只是在西方的「強迫」之下才開始啟蒙。從這點來看，中國的精神病患者也應該隨之多起來了。

別爾嘉耶夫曾說：「憂鬱指向著最高提世界，並伴隨有土地上世界的毫無價值、空虛、腐朽的感覺。憂鬱面向超驗的世界，但同時它又意味著不能和超越世界匯合，意味著在我和超驗世界之間存在著鴻溝，為超驗世界而憂鬱，為與土地上不同世界的另一個世界而憂鬱。它也影響到在超驗世界面前的孤獨。這

是我在這個世界的生活和超驗世界之間達到最緊張程度的衝突。」[1]在我看來，憂鬱是一種傷感，而抑鬱是一種自我分裂的痛苦。因此，我懷疑譯者是否用詞妥當——別氏論述的不是憂鬱，而應該是抑鬱。別氏說的「最緊張程度的衝突」，即我說的張力，足可將你撕裂。一些人經不住這種被撕裂的感覺，最終選擇了自殺。

抑鬱症屬於精神病，輕者有寡言、失眠等現象，重者就可能會自殺。我是比較寡言的。寡言跟抑鬱可能有關，也可能無關。寡言不一定是消極的，也可能是積極。愛因斯坦的相對論大獲成功後，有記者問他的成功公式是什麼。他想了一下，說：「A＝X＋Y＋Z。A 代表成功，X 代表工作，Y 代表放鬆。」記者接著問：「Z 代表什麼？」愛因斯坦說，「少說話。」在我看來，少說話的真正意思是多思考。你若喜歡思考，你說的話不會多，而且說話時也會謹慎。明朝的李笠翁說：「智者拙於言談，善談者罕是智者。」此話不無道理。

我的寡言確鑿無疑地跟抑鬱有關。我思考的問題，一般人既無興趣也不懂。我不是說我思考的問題很高深，而是說周圍的人根本不想問題。對於同事，我只是友好地招呼一下而已，跟他們沒有多少可以分享。這種邊緣化狀態，客觀上造成了我的寡言。

抑鬱症的原因可能是生活中太受壓抑，或思慮過多。隨著教育管理的不斷高壓化，教學的千篇一律化，一些教師感到太壓抑而終於自殺。昨天的報導說，粵東山區的梅州市教師隊伍中精神病患者竟超過百人！這些教師的精神病有各種原因，不過我的抑鬱症更多是因為思慮過多。前段時間，我還跟人說起我自己。十年來，我一直在堅持讀書的急行軍，如同中國的現代化急行軍一樣——中國用三十年走完了英美一百年走完的路，我用十年時間走完了別人用十五年，乃至二十年走完的路。

我有抑鬱症，可大致還屬於正常人。在周圍人眼裡，我卻是個怪物。不過，到底誰是怪物，這個問題還真有點費解。

1911 年，愛因斯坦當上教授後，曾在布拉格理論物理學研究所工作過。有趣的是，他的辦公室處在一座瘋人院旁邊。在思考物理學的奧秘之餘，愛因斯坦常想到那些精神病人，叨唸著瘋人院裡的人才是健全的人。

前不久，福建壽寧縣精神衛生中心的九名患者出逃，上演了《飛越瘋人院》中的一幕，嚇得院方趕緊報警。患者是在凌晨五時多逃出去的，開鎖的是其中的一個精神病患者。誰說精神病患者有病？他們自己開鎖逃出去，這說明他們很正常。

---

[1]　別爾嘉耶夫，《自我認識》，頁 41。

到底誰是正常人呢？是精神病院的人？還是精神病院外人的？外面的人嘲笑裡面的人，裡面的人也會嘲笑外面的人。一位同事奉勸我多掙錢和行樂，並強調說他是一番好意。反過來，我也勸他有空多讀幾本書，也強調說這是為他好。雙方都出自善意，卻無法達成一致，結果是不歡而散。在這個世界上，看來有太多的事不可理喻，連愛因斯坦為也此感到困惑。

記得佛洛依德說過，人類的文明是以壓抑本我為條件的。人類的文明程度越高，對本我的壓抑越厲害。然而，作為一種生命力，本我總是衝動的，註定要反抗自我和超我。這種對抗越是厲害，人的內心越是分裂，結果便可能出現抑鬱症。看來，原始社會時的人類並沒有精神病，精神病只是文明發達的產物。

魯迅除了有性壓抑之外，我私下猜測他還有某種程度的抑鬱症。讀他的文字，你會感覺到一種戾氣撲面而來，像是病人吐出來的血。作為一個啟蒙者，魯迅有這種現象是正常的，只是當時的醫學可能還沒「抑鬱症」而已。好在他老人家的生活不愁，比如能從教育部領取三百大洋，且還有點小資情調，比如有一年他看了八十多部電影。總的來講，他算是調節比較好，否則難以想像他會不會自殺。

我時常想到自殺，但知道自己不配自殺。我相信，只需要調節得當，參加一些活動，放鬆自己一下，自己可以治好抑鬱症。前段時間，我去山上散步後，發現睡眠好些。這兩天沒去，失眠便尾隨而來了。

對抑鬱的思考就這些，就寫到這裡吧。我得關掉電腦，重新溜回床，小睡一會。明天，我還要記住去山上散步哩。

壓服與抬高

寫作背景

壓服是一種奴役，而抬高也可能是一種奴役，如同「捧殺」也是一種殺人方式一樣。

魯迅有「壓服」與「抬高」，福柯則有「規訓與懲罰」。假如說「壓服」如同「懲罰」，那麼「抬高」便是「規訓」的一種方式。

人們往往只認識到壓服，卻淡漠了抬高。因此，人們被抬高無形地奴役著而不知。他們沒有了自我，只是作為工具而存在。

一位教師要評「特級教師」，心裡美滋滋的。她跟我聊起此事時，燦爛的笑容喜形於色。我知道，她被「抬高」奴役而不覺，踏上一條不歸路後，她會永遠失去自我。我想解釋給她聽，卻又怕她聽不懂。瘋人的話，不是人人都能懂的──除了瘋人外。

於是，我無言，只有草成此文。

自由固不是錢所能買到的，但能夠為錢而賣掉。

──魯迅

在學校裡，教師的差異會在客觀上形成一個等級制度。這種區分的產生，有教師性格原因。比如，某教師的性格內向，與同事相處不好，那麼該教師肯定會被邊緣化。同時，它可能也有教師自身的原因──教師成為了權力運作的犧牲品而蒙昧不知。

當前，教學還沒有從國家主義體系中解放出來。教師們參照國頒教參，照本宣科地進行教學──既然如此，那就意味著不同教師教學成績的差異是有限的，儘管差異總會存在。一學期下來，教學成績直接決定了教師本期的工作獎。我們知道，科學的考核應以「入口」成績為參考，然而分班時並沒有各科的「入口」成績。如果你連續兩屆的教學成績不好，你可能從此被貼上標籤，成為一名「被壓服者」。你被愚弄得團團轉，卻還根本沒有意識到為什麼。

從表面上看，學校的運作是這樣進行的：學校總會壓服一些人，使其處於等級制度的低層，這乃是每所學校裡都有「下等教師」的原因。與此形成鮮明對照的是，每所學校裡都有被抬高的「紅人」。這樣，一所「井然有序」的學校就形成了──當校長建設「和諧校園」時，會讓大家待在自己的位置上安份守己。

「等級尊卑」是傳統文化的遺毒，也是學校運用「規訓與懲罰」的結果。處於等級制度底層的教師，相比之下更容易受到各種懲罰——讓你每學期聽課五十節，讓你為老教師改作業，讓你的獎金少一大截，等等。長期下來，這些教師就會形成一種心理定式，會認為自己真的不行——於是，學校裡便總有人的獎金會少些。此時，校方也會藉機說，這是推行了所謂的「質量考核」的結果。

當然，學校也會將榮譽桂冠戴在教師頭上。你今年不是評上了高級嗎？那好啊，高級上面還有特級，你快努力爭取評上特級！如果你真評上了特級，特級之後還會有教育專家，教育專家之後還會有教育家……榮譽桂冠不就是一堆名詞麼？而名詞的發明又是免費的。只要你樂意接受奴役，發明名詞永遠不是問題。

希特勒深諳此理。起初他為表彰勇敢頒發的鐵十字勳章（Iron Cross），不久就被飾有短劍的鐵十字勳章所蓋過，飾有短劍的勳章又被飾有短劍和橡樹葉子的十字勳章所取代。最後，飾有短劍和橡樹葉子的十字勳章又在飾有短劍和鑽石的十字勳章面前黯然失色。總之，每次變動都把前面最高榮譽的獲得者推下階梯。在德國士兵中形成的「你追我趕」，實際上也是運用了此法。同樣地，教師們不分晝夜抓分數，正是這種機制造成的。

你發現沒有？那是一條無止境的奴役之路。一旦你滿懷「理想」地「上路」，你就被無形的枷鎖套住，從此「心為物役」而不得自由。當你得到一個桂冠後，你也會怕摔下去。爬得越高摔得越痛，於是你只有不斷向前，追求自己的下一個目標。在這個過程中，在你自我陶醉時，「規訓」已經隱形地完成了。

當年在女師大風潮中，魯迅堅定地站在進步學生的立場上。於是，「現代評論派」陳西瀅之流便採取「抬高」和「壓服」來對付魯迅。魯迅洞察幽微，識破了他們的陰險伎倆。在〈我的「籍」和「系」〉一文中，對於陳西瀅一面攻擊他「暗中鼓動」，一面又假惺惺地對他表示「很尊敬」，魯迅深刻地指出：「我們的乏的古人想了幾千年，得到了一個制馭別人的巧法：可壓服的將他壓服，否則將他抬高。而抬高也就是壓服的手段，常常微微示意說，你應該這樣，倘不，我要將你摔下來了。」

我們驚訝地發現：儘管福柯有「規訓與懲罰」，魯迅有「壓服與抬高」，二位大師竟是如此相近。他們都深知，在「壓服」與「抬高」的背後，有著想制馭他人的陰謀。無論你是會「壓服」或「抬高」，你都已被「規訓」，成為了體制中的棋子。面對各種榮譽，你要保持「寵辱不驚，看庭前花開花落；去留無意，望天空雲卷雲舒」的淡定心態，不要失去自我後成為了被奴役的工具。

　　陳寅恪當年拒受毛澤東之令，不擔任歷史研究所所長的職務，並寫下「不採蘋花即自由」的詞句，以示自己的獨立人格。有了自由，才會有獨立人格。自由是人生觀的一部分，也是教師對專制體制的對抗形式。對於教師而言，識別出專制體制中的各種騙局後，做到淡泊名利，保持自己的自由，按自己的邏輯生活，活出一個真實的自我，那才是最幸福的教師。

流亡

寫作背景

　　離開公立學校，我到了私立學校。然而，我能找到我的價值嗎？能實現我的理想嗎？我不知道，有點茫然。

　　我百感叢生，心境複雜。我知道，未來充滿著不確定因素。我更知道，我只有不斷行走，即使前方根本沒有路。

　　我知道，瓶中的蒼蠅看到了光明，卻總也飛不去瓶外。然而，牠不會放棄。即使飛不出去，牠也要努力地嘗試。

　　我要換單位，準備上路了。

　　我真實地感到，我已在流亡。換個單位，這只是開始。若有新同事問我來自何方，我會說不知道；他們若問我為何而來，我仍然會說不知道。對於我來說，任何地方僅是手段，而不是目的。

　　我不是個諾諾之人（yea-sayer），是一個敢說「不」的諤諤之人（nay-sayer）。處處唯唯諾諾，我做不到，而要想改變什麼，卻也感到無力。這種情況下，我別無選擇，只有反求諸己，關注自己的生命，探尋自己的生命意義。生命中的虛無，我早已感受到。為了反抗存在的虛無與絕望，我只有踏上流亡的不歸路。

　　將自己置身於對象之外，與環境保持一定距離，才能做到對其審察與批判。「不識廬山真面目，只緣身在此山中。」如果將自己置身於其中，我最終就會迷失自己，讓「賓格的我」控制了「主格的我」。不過，將自己置身於對象之外，就意味著自我放逐，以流亡的形式對待自己。有什麼辦法呢？在一個環境中，我不會永遠處於適應狀態，我只能把自己設定在環境外，置身於圈子的親切、世界的喧囂之外。

　　薩義德說：「流亡就是無休止，東奔西走，一直未能定下來……無法回到某個更早、也許更穩定的安適自在的狀態；而且，可悲的是，永遠無法安全地抵達、永遠無法與新家或新情境合而為一。」即使我永遠無法抵達彼岸，那是我心甘情願的。漂泊的念頭，也非我能駕馭。我知道，我不可能回到從前，回到那個我早已告別的從前──一個穩定卻很愚昧的狀態。朝覲的路上，我只能執著如一。

　　我早想去流亡，迫不及待地想。三年前，我曾想出國待段時間，換換環境。在這之前，我去過美國，出國也並不新鮮。我想出國，純粹是本能地想呼吸點

新鮮空氣。可是，那次考場上出了差錯。我不同意主考官的觀點，作文時提出了批駁。面試時，本來是考官考我，結果卻成了我在考考官。自然，考試結果不太理想，不過我也沒有什麼遺憾。後來，我想去蘇州做訪問學者，於是便聯繫到了朱永新。把材料寄給他後，他倒是同意了，無奈手下辦事的人拖拉。現在，此事已拖了很長一段時間，我也沒有這份心思了。不過，我一直有漂泊的衝動，流亡是我註定要走的路。在這個世界上，我本來只是一個過客。

流亡者，大多是「喪家犬」。找不到自己的精神家園，他們只有不停地漂泊。他們輾轉各地，不是追求功成名就，而是不斷尋覓自己的精神家園。「哪兒才是我的家？」這是他們一生的困惑，永世的謎題。我非常清楚，只要我開始流亡，一生都會沒有家的。我只有決絕地朝前走，不斷地「搬家」，去尋找我的家園。

不過前面並沒有路，有的只是無盡的荒塚和黑暗的虛無。世界上本來沒有路，只是行走的人多了，也才有了路。

我必須走下去，因為生命不會這樣停滯。

四十歲的人生

寫作背景

　　四十不惑，這不適合我。四十歲了，我的困惑卻越來越多。存在的體驗是那麼深刻，形而上的煩惱，時常讓我有焦灼感。我該勇敢地走出伊甸園，還是退回到原點？我想不明白，只有痛苦地存在著。或許，這才是真實的存在。

　　四十歲了，該思考一下自己的人生了。思考的範圍，可以不局限於教育與管理，也應該可以包括人生吧。

　　四十歲的人生，該是什麼樣的呢？

　　有時候去茶樓時，會看到一些人優閒地品茗，或以棋牌自娛。這些人有一個共同點，那便是他們的年齡一般都是四十多歲。

　　四十歲的人生，意味著什麼？有人說，信教大多在四十歲後開始。人生四十，多會感覺到生命的灰色，或人生的有限，從而希望生命有所皈依。我不信教，卻真實地感受到了一點：人生亦猖亦狂。四十歲以前，明知不可為而為之，君子以自強不息；四十歲之後，明知不可為而不為，從自我開始救贖。人生中的「先拯救後逍遙」，是一個「先入後出」或「先儒後道」的過程。

　　據說，一位禪師在談論悟道時說：「老僧三十年前參禪時，見山是山，見水是水。到後來見山不是山，見水不是水。而今依前見山只是山，見水只是水」這就是人們經常說的「三層境界」。

　　無獨有偶，德國哲學家黑格爾的「正、反、合」之論，跟「三層境界」竟有異曲同工之妙。「見山是山，見水是水」，相當於黑氏的「正題」，可理解為看到事物的一面。「見山不是山，見水不是水」，相當於黑氏的「反題」，說的是看到事物的反面。「見山還是山，見水還是水」，相當於黑氏的「合題」，說的是經過否定之否定的揚棄達到統一。當你達到第三層境界時，已是世事洞明人情練達，能辯證平和地看問題了。

　　記得剛參加工作時，為了提高學生成績，我曾忘我地工作過。在沒有一體化影印機，只有手推油印機的條件下，為了多佔用學生的時間，給學生多印練習，每學期我都要刻印幾百張蠟紙，且全是自己推著滾筒，一張張地印出來。那個時期，我跟教師們一樣辛辛苦苦地奉獻過，也曾篤信過教師最為偉大。這只是最初的「正題」。

　　後來，我通過讀書思考啟蒙了自己後，發現自己扮演著扼殺學生的劊子手的角色。此時，教育的荒謬讓我不再認為教師是光榮的靈魂工程師，而只是教育這間大廁所裡面的蛆蟲——教育裡充滿著商業氣息的銅臭味、辛苦勞作的汗臭味和精神屠殺的血腥味，完全可被比擬為廁所。面對權勢的欺壓，或經濟利益的誘惑，教師們大都屈服了，心甘情願地成為了蛆蟲。他們在廁所裡快活地蠕動著，希望能扒到一點屎（按此邏輯，學校領導只是一條大蛆蟲）。通過不斷吃屎，教師們有了車和房，過上了消費生活。這個過程中，我看清了教師們的生命層次和生活境界，開始有點反感教師和教育。這便是「反題」階段。

　　如今，我開始對教師同情地理解了。他們作惡，只因平庸；他們奴性，只因愚昧；他們沉默，只因軟弱。不過，你要做蛆蟲吃屎，那是你的事，我可不幹。我要退居二線，寧可少吃點屎，少些良心的拷問。偶爾，我雖會寫一點批判文字，不過我心底還是原諒了教師們。平時在生活裡，我會努力地守護我的精神家園，卻也會跟教師們去喝點小酒，聽聽他們聊聊嫖妓經歷、麻將心得或家教所獲。我原諒了教師們的平庸與愚昧，這便是「合題」所指。相比之下，當魯迅臨死說「我一個也不寬恕」時，他是否比我更為尖刻或冥頑呢？

　　四十歲的人生，我該如何選擇？我為教育賣命二十餘年，一定要混到退休金，這是我無論如何都要做到的。如今有了績效工資，城鄉教育開始均衡發展。這種形勢下，我以為去鄉下才是上策。在你身邊，可能有人已去了鄉下。你不用嘲笑他們，因為他們才是智慧的。根據目前的形勢，我試排列一下選校順序：

　　　鄉村學校－普通學校－省重點學校－國家重點學校－私立學校

　　鄉村學校沒有多少升學壓力，你可在課堂上侃侃而談，課後讀點書或荷鋤務農。這種「像農民種田，像哲學家思考」的生活，應該是愜意的；況且，田園風景甚好，工資一分不少，還有一點地區補貼。這個順序越往後，日子越不好混，你要受很大的精神折磨。不過話說回來，也可說越往後越好混——你只需將自己變成蛆，用力扒屎吃就行了。是否去私立學校，取決於你想成為什麼人。你若選擇了私立學校，只要願意奉獻時間，你還是能多吃一點屎。不過，那兒沒有精神與文化，你在那兒終生只是一條蛆，連蒼蠅也做不了。

　　四十歲的人生，我經歷「正、反」後，逐漸開始進入「合」。如果你說：「這個『合』不正是老莊的思想嗎？」對此，我想說：「沒錯！老子出函谷關去西域，一定會在四十歲後！因為在四十歲之前，他還沒有經歷完『三層境界』！」

價值衝突之後

寫作背景

　　最近幾年，我對教育產生了倦怠感，甚至是某種厭惡感。加上我早有的抑鬱症，我一直都想退休算了。然而，我卻只能咬緊牙堅持下去。

　　在教學上，我只想按我的想法去做，能做多久就算多久。若是做不下去了，我就去幹個職員吧。

　　終於，我的思想跟學校產生了衝突。於是，便有了下面的故事。

一

　　前兩天，主管教學的行政找我談話，說有學生認為我在文史哲方面講多了。我回憶了一下，其實我講得不算多，主題上還是在進行正常的學科教學，只是我會時而借題發揮一下，講幾句「好像」與學科教學無關的話。

　　跟往常一樣，他講到要如何提高教學成績。我只是保持沉默，靜靜地聽著，反思著自己的教學。其實，他們找我談話不是新鮮事。剛來時，就有個語文教師跟我說，有一次上劇本時，他讓學生分角色練習對白，這種在我看來是正常的教學，結果卻被說成是「不務正業」和「浪費時間」。

　　他繼續滔滔不絕地說著，最後還說到師德與良心。此時，我忍不住插話了：「你說師德，不外乎是指教師應該提高教學成績吧？不過，我的師德不一樣。在你的眼裡，如果教師課堂上不是抓緊課堂每一分鐘來提高教學成績，那教師就是沒有盡自己的職責，也就毫無師德了。我現在花幾分鐘告訴學生在應急狀態下如何逃生，這就是沒有師德。不過，假如明天發生災難，我的學生都活了，而你利用每分鐘抓教學，你的學生卻全死了。此時，你說到底誰沒有師德？假如我用幾分鐘時間講人生觀，我的學生不會自殺，而你只知道抓分數，你的學生卻自殺了，這又是誰有良心呢？師德這東西，到底是什麼呢？」我連珠炮似地說了一氣，順便提到另一所學校的學生最近自殺的事。開會時，領導們經常站在道德制高點上，教育教師要有師德和良心，教師們聽後也肅然起敬。可是，沒有人清楚師德到底是什麼──除了我。

　　「你說的固然有道理，」他愣了一下，似乎被我的詰問「怔」住了。「但學校要生存，就需要教學成績。這是明擺著的事，誰也沒辦法。」這年頭，學校不可能在分數上讓步。這點，我清楚。

　　「這樣吧。我們的價值觀有衝突，昨天有，今天有，將來還會有。在這點上，公立學校比這兒好。在我以前的公立學校裡，學校雖然也會強調成績，但從不干涉教師的教學，把教師的主體性體現了出來。F 老師離開這兒，也是因為價值衝突的原因。所以，只要我在這兒上課，只要我還在講台上，我肯定要堅持我的道德與良心，堅持教育的最後一點尊嚴。學校目前這樣辦學，也有學校的難處，我也理解。不過，這衝突怎麼解決呢？我看這樣吧，請校長們商量一下，看看我能不能換個崗位，我可以用另一種方式為學校做貢獻。」

　　昨天我找到校長，談了一下我的想法。校長雖然認為學校目前只能這樣，卻也很通情達理，對我的想法表示理解。談到最後，他說：「你還是先幹著吧，帶完這屆高三，學校再考慮換崗位。」對此，我也表示接受，心想把高三帶完再說也行。

　　今天，教學主管人員去我的班上，跟學生透露了我可能不上課了。緊接著，學生跑來跟我說了此事，戀戀不捨的樣子。我有點納悶，心想我的工作是我跟學校的事，跟學生無關，我還沒有跟學生說，他們怎麼會搶先跟學生說呢？不行，我得找校長問問，沒準我的工作真有可能變動了。

　　找到校長時，校長正要出門。我問，他們跟學生講了我可能不上課，這是不是你的意思？校長說：「我們決定國慶後，另外找人來上課。你就換崗位吧，至於什麼崗位，你看看你擅長什麼，我們也希望你也發揮自己的所長，為學校發展出點力。」

　　「什麼崗位呢？你有沒有讓我可選的呢？只要能佔編制，我可幹的工作很多。」我想試探一下有什麼可選的崗位，順便強調了編制問題。

　　「編制沒有問題，這個我可以保證。這樣吧，你先去想想願意做什麼，只要能發揮你的特長，即使沒有崗位，我也可以為你專門設一個。你回去想想，國慶日後我們再詳細談談。」

　　「好的，謝謝校長。」話畢，我退出了出來。

　　從辦公室出來，天有點陰，快要下雨的樣子。我的心裡卻如釋重負，輕鬆了許多，陽光了許多。一路上，我看見誰都笑。我真的想笑笑，而且真的是在憋不住了。

二

　　滿紙荒唐言，一把辛酸淚！
　　都云作者癡，誰解其中味？

　　　　　　　　　　　　　　　　　　——題記

　　換崗既不悲壯，也不高尚，只是我在當下環境中的一種選擇而已。換崗的要求，我不止一次提出，其背後有著非常複雜的原因。因此，換崗位可以說是我「預謀」很久的事，是多年來我心底的希冀、困惑、痛苦共同交織出來的結果。細說起來，我可以歸納出以下六個原因：

第一，靜不下心讀書寫作

　　我一直認為，讀書是做教師的底限。不讀書的教師，受限於自己的知識視野和思想水平，課堂上只會把課本那點微不足道的東西反覆灌輸給學生，成為了地地道道的匠人。這種低端的境界，絕對不是我的理想。所以，我每天都會堅持讀點書。我堅信，一個知識視野開闊，能夠信手拈來的教師，肯定是用一生來備課的教師。

　　有時間才有文化，有文化才有教育。可是，教師這份職業，越來越像體力勞動。學校千方百計地延長勞動時間，讓教師苦不堪言。即使是沒有精神追求，只知道掙錢的教師，也不會認為這行業很輕鬆，更何況我這種還有點精神追求的人！出賣體力不說，工作還佔用我大量的業餘時間。對於我來說，我工作八小時就夠了，這符合法律規定。學校若侵佔我八小時之外的時間，表面上我也不會硬碰，但我會磨洋工做自己的事。學校要求晚上坐班，我也會去辦公室坐班──我只是看我的書。喜歡靜坐的我，難道還怕坐嗎？

　　不過，在上班時間看書，在某些人眼裡是犯了大忌。這樣情況下，我希望有專門的讀書時間。換崗後，讀書是我天天必做的功課，再也不用偷偷地讀了──讀書不是偷雞摸狗的行為，我應該光明正大地讀。

第二，道德和良心的驅使

　　有人問我，你是不是在逃避？我說，我當然是逃避。對於政府來說，只知道服從和殺人的士兵才是好兵，有道德良心、有判斷能力的士兵不是個好兵，因為這種士兵不僅不努力作戰，反而可能會臨陣脫逃。教師的情形也一樣。只知道生產為官方所利用的螺絲釘，被「工具化」後自己也不知道，這才是政府的優秀教師。無法忍受這種把學生「物化」的教師，肯定不是政府滿意的教師。可以說，我就是教育戰線中的逃兵。

　　說到逃兵，前不久我在電視上看到一位日本老兵。當年他隨日軍駐進山東時，他認為日軍不應該來中國打仗，所以趁夜逃了出來。現在，他已經有八十多高齡，平時為鄰里的中國人免費看點病（他當年在日軍裡是軍醫）。他說，他

不回日本了，死也要死在中國。對於中國人來說，他背叛日軍成了逃兵，這是多麼好的選擇！可是，他若是被日軍抓住，八成是要被槍斃的！難道這不是一個道德悖論嗎？

現在，教師都喜歡站在道德的制高點上，聲稱自己我有師德，是在憑良心幹工作。其實，大部分教師並不懂得良心與道德──這兩樣東西會因人而異。有個女教師自稱有師德，因為她很愛學生。誠然，愛心在教育中非常重要。可是，愛遠不是教育的全部。這位女教師把師德僅理解為愛學生，忘了老公愛自己的同時，還可能對自己非常專制，更忘了，愛只是動物的本能而已。

每人的思想水平不同，認識水平不同，做出的判斷與選擇會有不同。毫不誇張地說，大部分教師所具有的，更多的是工具理性，而不是價值理性，即更多的是想通過教育獲取名利，而缺少了價值判斷和道德判斷。

毫無疑問，我的內心是痛苦的，而且程度超過大部分教師──啟蒙後的痛苦，跟思想的深度成正比。教師們幹得熱火朝天的時候，我卻冷靜地觀察著，思考著，有限地參與一下。我清楚地知道，我自身被「工具化」，也正扮演著工具的角色，繼續將學生「工具化」。所以，我不會像某些教師那樣去拚命幹。主觀上講，他們希望自己多掙些錢糊口，客觀上講，他們強不過校方的行政管理。看起來，教師們確實是無辜的了，即使是犯了殺人罪也是無辜的。當年希特勒時期，一個叫艾克曼的納粹分子殺了很多猶太人，戰後審判他時，他說：「我殺死猶太人是因為我被命令如此，如果我不這樣做，我自己也會被殺死。」教師們像艾希曼一樣思維，彷彿是自己是被迫這樣幹，便沒有責任似的。意識到問題的教師，可能也有烏合之眾的「從眾心理」──大家都在作惡，我也就不算什麼。其實，在一個後極權主義的社會，人人都是作惡的「好人」，只是教師們的思想水平不足以理解這點罷了。

第三、自己的人生理想

記得黑格爾在柏林大學授課前向聽眾做的〈開講辭〉中曾說：「精神的偉大力量是不可低估和小視的。那隱閉著的宇宙本質自身並沒有力量足以抵抗求知的勇氣。對於勇毅的求知者它只能揭示它的秘密，將它的財富和奧妙公開給他，讓他享受。」我特別喜歡這句話，也常用此話鞭策我自己。我這人毛病特多，算下來只有一個優點──求知欲非常熾熱。越是拚命苦讀，越是發現自己無知；自己越無知，越想讓自己有點知識。這個魔鬼式的循環，讓我每天都感到緊迫，足以讓我瘋狂或死去。

　　幾年前，我發現自己開始脫髮。每次洗澡、洗頭，滿手都佈滿了髮絲。當時我只是想，我身體還好，不用管它什麼頭髮。這幾年來，我的頭髮明顯減少，頭頂都幾乎快露出來，變成「聰明絕頂」了。我才四十出頭，脫髮可能提前了十年。現在我才知道，脫髮原來是用腦過度造成的。讀書求知造成脫髮，我並不為之遺憾，只是苦於不知如何解決這個問題。若有好心讀者願意為我解決脫髮問題，在這裡我先表示感激了。

　　現在的教育環境，早讓我產生了倦怠感。為教育賣命了二十三年，是索取點利益的時候了。我想幹點輕鬆一點的工作，也能做點自己喜歡的事。我這一生，還有自己的理想。

　　目前，我已經寫了幾十萬字，即使現在沒有好作品，但若再寫二十年，我相信還是會有好作品的。退休後能出版兩本書，就是我的人生理想。我希望在耄耋之年時，還能找到一點成就感。教書幾十年不算成就，教育只是混飯工具而已。我總是懷疑自己到底是「誨人不倦」，還是「毀人不倦」，真怕自己誤人子弟了。對此，我一直非常警惕，也常在想我是在真正地搞教育，還是被外在的東西奴役著去迫害學生。

第四，我的教育理想

　　我對教育頗有微詞，這是讀者們有目共睹的。不過，我仍然算是一個理想主義者——理想與現實的落差越大，才會越牢騷滿腹。我多次說過，如果教育環境寬鬆，工資再高點，其實我還是蠻喜歡這份職業的。只是，目前的教育環境仍受著政治意識形態——給民眾做一種「腦殘術」，或者是「靈魂抽空術」——的束縛，讓人感到個體的無能為力。

　　這兒有個鬼怪邏輯。政府要民眾納稅，但稅錢卻拿來給民眾灌輸民眾反感的，甚至是根本不接受的意識形態。越來越多的民眾意識到，自己納稅的錢被用來愚弄自己了。教師的工資由財政收入支出，這點毋庸置疑。就意味著，作為納稅人的教師，拿了被扣除的且是屬於自己的錢，同時還拿了別的納稅人的錢。然而，教師幹的卻是為虎作倀地愚弄百姓。據說，馮小剛在人大會上曾直言奉勸官方：「別浪費納稅的人錢。」英國當年是「沒有代表不納稅」，中國民眾卻是被「代表」強制納稅。

　　個體的無能為力，讓教師們開始犬儒化。教師們每天頂著嚴重的心理問題，對學生進行著「瞞和騙」。有見識者，卻都辭職改行了。前不久我遇到一位浙江女教師，不滿這種體制而選擇了辭職。對此，我表示理解——如果我有出路，我也會辭職。

說起來，我的教育理想並不高遠，僅是給教育一點自由。然而，從目前的形勢看來，我不指望能現實理想，只有去實現自己的人生理想。

第五，上課掙錢非常蠢

當教育成為迫害時，多上課可能意味著對學生的迫害越厲害。凡是有這種想法的教師，即使他們不能足以理解當下教育的本質，在客觀上他們對學生的迫害也會少些。

教師們每天忙得不亦樂乎，不外乎也只是想多掙點錢。我以為，想通過多上課來掙錢是愚蠢的想法。這個職業非常鬧心，甚至是透支生命，最終會落得折壽的結局，尤其是教到了末流學生，你可能也希望圖個輕鬆，少掙錢也心甘情願。所以，如果教師們有能力，最好通過其他方式掙錢，比如投資實體，或開店什麼的。至於學校裡的工作，混得過去就行了，有退休金就 OK 了。

第六，這兒的生源太差

以前在公立學校，好歹是個重點中學，生源每年有保障，而且是本地最優秀的生源。跑到私立學校之後，對這種學校才有了些認識。這兒的學生考不上重點中學，仗著家裡有點錢，才選擇了這種私立學校。學校的觀點也明確，既然收了高價學費，就要提供優質服務。學生只要稍有不滿，教師就會有麻煩了。當教育變成了服務後，一切都是學生說了算。此時，教育的尊嚴也隨之喪失，教師成為了學生的奴僕。

公立學校的學生，多是挑戰我的知識極限和教學水平。我有句話：不是教師把學生教好的，而是學生把教師教好的。意即，有什麼樣的學生，就有什麼樣的教師。教這種優秀學生，教師的水平會隨之高起來，我也喜歡教這種學生。不過，私立學校的學生智識水平低下，行為習慣很差，他們挑戰我的，只是我的時間和耐心。對不起，前面我說過，八小時之外的時間，我是不願意奉獻出來的，我沒有官方要求我的那樣偉大或高尚——官方提倡的道德背後，只有壓迫和奴役的政治陰謀。對此，我早已看穿，且深信不疑。今天有人佔用我兩小時，我若還幹得歡喜，明天他便會侵佔我更多的時間，直至把我的時間全部侵佔完——河南省強迫學生學習十八小時，不可能是從八小時突然飆升到十八小時，它有一個逐漸「蠶食」的過程。侵佔個體的權利也應該有個邊界，超過了這個邊界，我就要反彈一下。要求換崗，就是一種反彈——去侵佔其他教師的時間吧，你侵佔不了我的時間！

　　前陣子，范美忠因排課的事也差點辭職。學校為他在五天之內排了二十七節課，且每節是一個小時！范跑跑深感不爽，因為這不僅累人，而且侵佔了他讀書的時間。他認為，在可以容忍的限度內，個人權利可以犧牲一點，但一定要有邊界。超過這個邊界後，個體絕不能退讓，否則會遭到無休止地侵犯。范美忠跟學校進行了談判，學校最終同意減少到二十節以內。

　　這兒有點跑題了，趕緊回到正題。學校一定要拚命抓分數，對於差生抓得更緊，也就會不斷侵佔教師的業餘時間。這種情形下，教師應該有博弈的勇氣和膽識。說到博弈，有些教師覺得害怕——被奴役久了，身上有了奴性，自然會有點怕。實際上，民主與公正都是通過博弈而來的，而不是靠權勢者賞賜而來的。博弈不僅能解決教師個體的問題，而且也是解決社會的民主與公正的根本辦法。說白了，別人強姦你，即使你不反抗掙扎，在最低限度上你應該大叫幾聲，表達自己的痛苦和不滿。你若叫也不叫，結果只會是繼續被強姦。

　　我一直覺得，這個世界太喧囂，我想守住一點寧靜和平淡。錢少點不要緊，重要的是每天過得開心和幸福。做點自己想做的事，寧靜恬淡一點也好。別人買兩百萬的奧迪車，我就買兩萬的奧拓車吧；別人要吃一百元的「肯德雞」，我就吃一元的「啃不得」的雞。總之，我沒有必要去攀比什麼，自己過自己的簡樸日子，錢少也有錢少的活法。

　　一旦打開話匣子，要說的話就很多。拉拉雜雜說了一通，也只能是掛一漏萬，無法表達出我對教育、政治和社會的全部觀點。知我者謂我心憂，不知我者謂我何求。無論讀者是否理解或認同，換崗也只是我個人的選擇，跟前面講的那位浙江教師一樣。從另一個角度上講，我也跟范美忠一樣。我們都深深地懂得一點：自由不是別人賞賜給你的，而你自己爭取而來的。只有通過博弈，個體才能捍衛自己的權益。

追尋教育的真諦

寫作背景

最近幾年苦苦尋覓，卻一直沒有找到理想的土壤。開始時，公立學校讓我有些不滿意，跑到私立學校後，發現私立學校更加背離了教育。「私立學校不是學校，而更像是一座工廠。」有一次，我對朋友這樣說道。

假如說，私立學校是狼窩，公立學校也算不上虎口。我的經歷告訴我，公開學校摧殘學生還是有限度的，而私立學校完全是殺人不眨眼。在這兒，價值與道德，理想與信念，文化與專業化，這些概念都不存在。整個學校只認可兩個名詞：分數和錢。當私立學校的辦學只剩下了這兩樣東西，教育已完全變成了精神屠殺。

幾年的折騰中，我身上發生過不少事。這些事中，不乏有幾件喜事。然而，更多的卻是價值衝突給人的痛苦不安，甚至是焦灼惶恐。

本文就權充對最近幾年的一次總結吧。

作為教師，我一直在思考著一個問題：教育的尊嚴在哪兒？在我看來，教育的宗旨應該是啟迪學生的智慧，培養學生的獨立人格和自由思想，讓學生樹立起良好的世界觀、價值觀和人生觀，有現代公民的基本素質等等。教育中，學科分數只是一個次要方面，卻成了舉國上下關注的唯一一焦點。事實上，我們的教育已把學生的靈魂抽空，只剩下了冷冰冰的統計資料。教育本身就是價值判斷。沒有了價值判斷，根本不會有真正的教育。

我以為，教育需要理想主義，不能太世俗化。這是教育的本質決定了的——教育的本質是育人，而人的精神發育比肉體發育更重要。然而，我每天感受到的卻是價值觀的激烈衝突。我在精神上時時感到痛苦與折磨，卻又不肯放棄自己的信念。

「九〇後」的學生，大都是獨生子女，比較自私而缺乏同胞關愛。眼下的離婚熱潮，使許多家庭成為單親家庭，學生在精神與情感的發育極易出問題。從文化角度上講，學生處於文化斷層上，溶入進他們的血液裡的傳統文化不多。同時，在目前的經濟浪潮中，學生不可避免地也沾上了消費主義思想。最為危險的是，當下教育中最大的問題是「有教學而無教育」。面對「九〇後」這樣的處境，每位教師都應該思考：我在教給「九〇後」什麼？我又該如何教？

誠然，我也會把學科知識教給學生。然而，這只是對教師的基本要求，無須重點講述。我做到這點，根本不值一提。任何一位教師，都會把學科知識教

給學生。我這裡要講的，主要還是教育問題。有教學而無教育，這是當下教育的問題所在。

我從教二十餘年，自然有很多故事。我的故事涉及教育的諸多方面，很難用一條主線全部貫穿起來。從我的故事中，讀者可窺見教育現狀，以及我的思考與抗爭。本文附上的二篇教育箚記，包含了我的思想、希冀、幸福、困惑與痛苦。這些發生過的真實故事，可以從側面反映了我的教育，以及我在為「九〇後」教些什麼。然而，教育是個非常大的話題，這裡只能掛一漏萬。

一、「國重」的辦學困境

我的故事，還是從「國（家級）重（點學校）」說起吧。「國重」的興起是這樣的。

近十來，省教廳開始評選「國重」。原來，各地政府認為教育不能賺錢，便不肯把錢投入教育，造成各學校辦學經費吃緊。省教廳評選「國重」，目的是要逼地方政府出錢辦學。一些縣中是百年老校，辦學有較長歷史，也出了不少成績。然而，苦於沒有經費，這些學校的設施不能升級，教學樓也多有破損。一所縣中若評上「國重」，也算是縣政府的一個政績，加上省教廳的「威逼」，縣政府便忍痛割愛，從牙縫裡擠出一點，把縣中的辦學條件改善一下。

我在一所「國重」待過十五年。坦誠地講，校長還算知書達禮，多少有一點文化意識。然而，他卻不得不囿於行政化的管理模式。多年前，校長還有一些權力，如今很多權力被上級收回。校長沒有權力，自主辦學就別談了，連引進人才力也沒權力了。在我眼裡，校長越來越成為了官僚，一切只能按上級要求辦事。

我常想，校長們要像蔡元培一樣該多好啊。可以講，沒有他的「相容並包，思想自由」辦學思想，也就沒有新文化運動和「五四」運動。我們讚揚「五四」精神，卻忘了「五四」精神直接受孕於蔡元培的辦學理念。可如今，中國的校長有幾個是學術型或學者型的呢？有幾個沒有成為行政官僚呢？政府把分數視為政績，以此向民眾展示教育的輝煌業績，也自然會以升學來考核校長。這種環境下，校長們無一例外地成了政治官僚。

我深深感到，我只能混日子下去，不能所有所為——校長都無能為力，我還能如何呢？況且，地方政府的財政很緊張，學校收一點補課費，也難以滿足教師們的工資要求。那時候，上一節早讀課僅有一元五，有的教師卻要花幾元錢的車費趕到學校掙到這一元五！我工作二十餘年，職稱是高級教師，每月全部收入僅兩千多！養家糊口的壓力，使我有了換學校的想法。

　　說到教育投入的問題，我記得二十年前就有「百分之四的 GDP 教育投入」的計畫，可至今仍然只有「2012 年我國財政性教育投入將達到 GDP 的百分四」的說法。據我所知，百分之四的 GDP 教育投入，在世界上只是中等水平。難道國庫裡沒有錢嗎？錢花到哪兒去了呢？我不知道。

　　多年來，這所學校一直是地方政府的「無煙工廠」──地方政府提供收費政策，使學校收費合法化，然後地方政府從中提成。據我所知，十年來，地方政府共從學校拿走了近千萬元！如此一來，地方財政每年都有一筆穩定的收入。不過，每次遇到省市的檢查，地方政府卻出賣學校，將責任全部推給學校。結果，每次學校都要被罰款，動輒損失數十萬。中央國庫不給錢，地方政府又巧取豪奪，辦學之難的程度可想而知。

　　實際上，地方政府也有自己的邏輯。教育只是純粹的消耗，而不會有產出。即使有點產出，也是幾十年後的事，且只跟國家和民族有關，跟地方建設沒有多大關係。若能把籌措來資金投入到經濟，比如開辦幾家企業，幾年後便會有很好的經濟效益。憑著巨額稅收，地方政府便能大興土木，搞點基礎建設或形象工程，以示自己的政績。若把資金投入教育，那也得想辦法讓學校「創收」，為財政有所貢獻才行。地方政府給教育投入後，便會想方設法把錢「找回來」。

　　沒有了足額投入，教育的必然宿命便是淪落為經濟實體。公立學校是官方的斂財手段，私立學校則是官商合營的賺錢機器。

二、「國重」裡的教育工作

　　收入少一點，工作只要愉快，我還能想得通。「國重」比較寬鬆，雖然也要抓分數，卻不太直接干涉教師的教學。這樣，我便有一點空間設計自己的教學，實施自己理想中的教育。

　　我一直認為，教育需要寬鬆。想想荒郊野鄰，多自由和寬鬆的環境啊，那才是參天大樹的生長之地。高壓的環境只會將生命成長平均化，結果是只能塑造出庸才。學生是生命主體，有著自己的生命軌跡。教師不妨樹立一種「教育生態」觀，將學生視為需要成長的樹材，為學生提供比較寬鬆的人文環境。

　　有時學生若要佔用我的課來搞活動，我會完全支持。有一次我給學生講，我對你們的要求只有八個字：天天開心，時時努力。我真心希望學生能在學校裡度過一段幸福的時光，在學習上也能學有所獲。記得當時講完後，學生全體開始鼓掌。那瞬間，我內心充盈幸福──作為教師，我給予了學生成長的空間，也得到了學生的理解。

在班上，我只是始終保持不緊不鬆的狀態，讓學生課後有點複習時間或自主學習的時間。我甚至鼓勵學生發展自己的興趣愛好，以讓學生會更加熱愛生活。對我而言，讓學生學會熱愛生活也是教育的重要主題。舉個極端的例來說吧。據我瞭解，2006 年，北大這所名牌大學有十八名學生自殺。想想看，這些學生都是分數精英啊。他們為什麼自殺呢？顯然，他們的人生觀出了問題，心理出了問題。我的學生若是自殺，那將是我終生的恥辱。這種情況下，我不知道還有什麼臉面當教師。

教育啊，除了分數外，該有多少事要做啊？當只有分數剩下時，教育也就成了一種罪惡。表面上教師們天天辛苦勞作，實際上卻是以自己的平庸在「作惡」。

在平時的教學裡，凡是遇到有意義的課文，只要條件許可，我都會為學生安排一些活動，強化學生的觀念意識，凸顯活動的教育意義。比如有一次，課文講的是環境保護，我便把學生分成若干小組，課後蒐集環保資料。學生加工整理資料，並最終製成 Poster（海報）在校內展示。當全校學生都來圍觀自己的作品時，學生們找到了一種成就感和自信。我希望，學生不僅學完了課文，而且能通過小組活動，培養團隊協作精神，強化學生的環保意識。碰巧，我為這次活動拍了幾張照片。看看下面這些照片中的作品，雖然顯得稚嫩（高一年級），卻無不包含著學生的創造，凝聚著學生的情感。

案例一：權利意識的教育

「512」餘震期間，學校堅持復課。

第一次上課時，我已經知道范美忠的文章引起了反響。上課那天，我要求學生上課時把門窗全部打開，然後對學生說：「同學們，如果地震了，你們別管我，你們自己快跑。我不需要你們救我，我自己知道跑，別呆在那兒不動，我不想當英雄。你的生命很重要，這是事實，但是我活著的目的，是否為你們而死？我的家庭，我的人生理想，我的一切，都要求我要活下去。」

停頓片刻後，我繼續說道：「地震後，我的房子成了危房。我這樣堅持天天上課，如果房子垮掉，我死了，同學們會覺得我偉大嗎？你們把偉大這個名詞送給我，我的親人會高興嗎？如果你想要這個名詞，大家也可以送給你，可你願意嗎？你的父母願意嗎？你活著，並不表明你沒有道德。所謂沒有道德，是指侵犯了他人的權利。如果地震了，你們自己跑吧，這沒有什麼不好，你們不用來救我，因為你們沒有侵犯我的生存權，你們活著也不是為我而死啊。按同樣的邏輯反過來講，我逃跑也沒有侵犯你們的權益吧？你們說說看，難道老師

就該為學生而死嗎？難道你們知道教師活著是為學生而死，所以才都不報考師範院校，對嗎？」聽罷，學生笑了。

然後，我開始講起了范美忠的事，介紹了他在地震中的經過和那篇〈地動山搖〉的觀點，也給學生講了他那樣寫的意圖何在。下課後，我問一個學生：「假如地震來了，我只顧自己跑了，你們會責怪我嗎？」學生搖搖頭說：「不會的。」

「為什麼？」我急忙問，想看看學生是否理解和接受了我的觀點。

「誰都有權利求生，誰都不是為其他人而活著。」學生說。

「范美忠事件」後，我跟范美忠交換過意見。他建議我讓學生討論，讓權利意識和民主思想深入人心。對此我沒有異議，只是學生都忙於高考，知道事件的學生也只有少數幾人，最後只好作罷。

最近，學生告訴我說，他們的手機上收到了教育部開除范美忠的短信。學生問我消息是否屬實，我說我不知道，並告訴學生說，網上的消息不一定真實，要注意判斷。學生問，如果消息屬實，范美忠是否可能會起訴教育部。

「可能。」我說。

「能打贏官司嗎？」學生問。

「能！我相信能。中國自古以來是民怕官，但現在中國是法制社會。通過這件事，我認為同學應該學到的是，當有人要代表你們的利益時，同學們要懂得自己的利益在哪兒，並能夠通過合理、合節的方式來捍衛自己的利益。你的權益高於國家的權益，因為人權高於主權。只有民眾懂得捍衛自己的權益，社會才可能有民主與公正，否則，社會裡只會有歧視、壓迫和奴役。」

梁啟超說：「為教育家者，以養成權利思想為第一義。」因為「權利思想愈發達，則人人務為強者。強與強相遇，權與權相衡，於是平為善美之新法律乃成。」此話的意思是，「個人之大義」若能得到彰顯，人人都會捍衛自己的權益時，民主的法治社會也必將會取代專制社會。讓學生在學到知識的同時，心智和思想也能得到提高，這一直是我做教師的希望。

案例二：囚徒困境

學生在課外書上看到「馬太效應」，來問我什麼叫「馬太效應」。這個術語我曾見到，但還沒有機會弄清楚。我告訴學生說，我不清楚，明天我給你回答。

晚上回家後，我在網路上搜索一些資料，整理編輯好，列印了下來。第二天，我把兩頁列印好的資料遞給學生，叮囑他好好看看。學生自然歡喜，慌忙點頭稱是。

昨天晚上，學生又來問我博弈論。坦誠地講，我可以解答這個問題，但我需要先整理一下思路。此時，放學的鈴聲響了，學生說那麼明天給我講吧。我說，好吧，明天講。此時，我想起了上次問「馬太效應」那位學生，就叫他準備一下，明天給班上同學講講「馬太效應」。

今天上課時，先講了一點資料上的內容，然後我就叫那位學生上講台來，給大家講了講馬太效應。學生講了「馬太效應」的典故，它來自《聖經》中的一個故事。《新約‧馬太福音》裡有這樣的記載：

國王出門時，交給三個僕人每人一錠銀子，吩咐他們做生意。國王回來時，第一個僕人說：「主人，用你那錠銀子已賺了十錠。」於是國王獎勵了他十座城邑。第二個僕人報告說：「主人，用你那錠銀子已賺五錠。」於是國王便獎勵了他五座城邑。第三個僕人報告說：「主人，你給我的一錠銀子，我一直保存著，我怕丟失，一直沒有拿出來。」於是國王命令將第三個僕人的那錠銀子賞給第一個僕人，並且說了一句有名的話：「凡有的，還要加給他，叫他多餘；沒有的，連他所有的，也要奪過來。」

學生講完後，我補充講了幾句。馬太效應的寓意是貧者越貧，富者越富。隨著貧富懸殊越來越大，社會矛盾越來越突出，這就需要政府用福利來撫慰窮人。但是，如果對福利使用不當，就會挫傷勞動者的積極性──不勞而獲者過得比勞動者好，誰還願意勞動呢？所以，這裡就需要掌握好一個度，既能救濟窮人，又不要傷了勞動者的積極性。這個度，或叫這種狀態，就叫「帕累托最優」。

然後，我又開始講博弈論，提到了「納什均衡」的「囚徒困境」。納什在「囚徒困境」中講到這樣一種情況：

兩名嫌疑犯被隔離關押。法官分別對他們說，如果你們二人都不承認，那就各判一年徒刑；如果你們有一人坦白，此人就判三個月，而對方就判十年；如果你們二人坦白，那麼就都判五年。這種情況下，兩名嫌疑犯最終被判多少年？

此時，我讓學生思考並討論。兩分鐘後，學生一致認為會是第三種結果，即兩名嫌疑犯各判五年。我問，為什麼會這樣？學生說，嫌疑犯不敢相信對方，所以就只有自己坦白。如果雙方都坦白，結果就是第三種情況了。我又問，這個「囚徒困境」的意義何在？學生不知我葫蘆裡裝著什麼藥，不敢貿然回答。

此時，只有我說話了。我講道，亞當‧斯密認為有「一隻看不見的手」，人人都是在追求個人利益的最大化。在「囚徒困境」裡，個人利益最大化的結果就是各判五年，而最優的結果是每人只判一年。不過，如何才能實現呢？你不相信別人，你就選擇坦白。同樣地，對方也不相信你，也會選擇坦白。這說明什麼？說明你應該以你希望別人對待你的方式來對待別人。人人為己的結果，

卻不能使個人利益最大優。從這個意義上講，「囚徒困境」挑戰了斯密那隻「看不見的手」。

講完後，我又問了一個問題：同學們，這個故事對你們有什麼用？學生說，對作文有幫助。我說，在哪點上對你們有意義或啟發？一些學生說，要講合作，人人都自私，不一定會達到最理想的效果。看來，學生還有點悟性。

今天這節課就講了這些。無論是「馬太效應」還是「囚徒困境」，都不是教材內容。但是，我不應該拒絕講這些內容，反而認為應該多講。學生說，很喜歡我給他們拓展知識面。既然如此，我又有何顧慮呢？在完成了基本教學任務之後，我又為何不能講一些課外的知識呢？

當然，當我將自己向真理敞開，向學生敞開時，學生難免會問到我不知道的東西。此時，我會坦然承認自己不懂，並樂意與學生探索新知。我不能為了樹立自己的權威人格而強迫學生接受什麼，更不能亂講一氣來欺騙學生。我能做的，我願意做的，只能是與學生一道尋找真理。事實表明，對於我這樣一個老師，學生是比較歡迎和喜愛的。

當下教育有一個嚴重問題：應試教育只注重教材，師生被綁定在教材上，教材也就成了「牢獄」。倘若學生希望衝出牢房，教師能帶領學生「突圍」嗎？學生渴求的知識不在教材上，而教師的知識儲備若不夠，則不能帶領學生「突圍」。此時，教師也就處在另一種「囚徒困境」中。這種困境不是我一人的，而應該是全體教師的。教師不應該是學生崇拜的對象，而應該是學生超越的對象。承認自己不是真理的擁有者，平等地與學生探索真理，這才是對當今教師最起碼的要求。

記得幾個學生曾對我說，鄭老師，你教我們的不僅是學科知識，在其他方面你給我們也教了很多。聽罷，我會心地笑了。學生們並不知道，那正是我追求的目標，那才是我對教育的理解。

三、私立學校的管理

2008 年，我選擇了辭職，到了一所私立學校。之前，我對私立學校並不瞭解，只知道那兒收入稍微高一點。一段時間下來，我發現這兒更讓人絕望。對我而言，私立學校更像是一個血腥極權的專制社會。

在這兒，校長權力無處不在。極權管理剝奪了職工的自由，侵佔了教師的時間。在一次會議上，一位四十多歲的女教師忍無可忍地說道：「學校無權讓我犧牲每個晚上上班。我每週必須要跟老公團聚一次，即使你們開除我，我也要這樣。我都四十幾了，若老公跟我離婚，我很難再嫁出去了。我不能只有工作

而沒有生活。」另一位教師接著發言道：「這種學校只適合單身漢，不適合有家的教師。這兒無限侵佔教師的時間，只有單身漢可以達到這點。」可以講，中國分數教育中的「效率主義」思想，在私立學校體現得最為充分和徹底。也可以講，私立學校是應試教育最為堅實的堡壘。

對於這種管理，教師們也私下稱之為「狼狗式」管理。言下之意，校方完全可以買幾條狼狗來幫助管理——上課時把狼狗放出來，只要師生不按時進教室，狼狗便可開始攻擊。上課後，讓狼狗逡巡於走廊樓梯口，誰也不敢擅自離開教室。用狼狗管理，還可以節約成本。狼狗不吃吃山珍海味，一年不會花多少錢，比聘請幾個管理人員要經濟得多。

學校花八萬元聘來的教學主管成天板著臉，臉上像要擰出水似的。他喜歡動輒訓斥人，甚至有一次還對女教師動粗。教師們敢怒不敢言，一方面考慮到收入略高於公立學校，一方面也怕沒有了工作。在私立學校裡，職工若讓領導不高興，領導便可能開除職工。因此，領導們也喜歡動輒以飯碗相威脅。教師們膽小懦弱，學校的管理變得高壓，直到讓人簡直透不了氣。

學校要求白天坐班，而且晚上還要坐班。對於晚上坐班，學校還是「大方」地補貼了十元，說是多少還是要表示一下，不能讓教師們白上班。這樣，算下來教師每月可有二百多的「坐班費」。看見沒有？教師的收入就是這樣靠不斷出賣時間和勞力而來的。

四、價值觀的激烈衝突

剛來時，就有個語文教師跟我說，有一次上劇本時，他讓學生分角色練習對白，這種我認為是正常的教學，結果卻被說成是「不務正業」和「浪費時間」。看來，教師若不把每分鐘都用來抓分數，是要冒一定風險的。我有一種預感，我在課堂上借題發揮，學校遲早會「拿我開刀」。

然而，我顧不了那麼多，只能按自己的理解去做。平時在課堂上，除了進行正常的學科教學，時爾我會借題發揮一下，講幾句「好像」與學科教學無關的話。對於我來說，這才是教育部分，才是教育的價值所在。假如學科教學是為了分數，這部分是為了更為重要的東西：價值與意義、道德與法律、自我與社會、民主與專制、生死與宗教……在這部分裡，我才找到了一點教育的尊嚴與價值。

終於有一次，領導找我談話，要我注意提高教學成績，少講與教學無關的東西。顯然，我讓他有點不滿意。我只是保持沉默，靜靜地聽著，反思著自己的工作。

一般來講,我會就課文內容拓展講一些,以打開學生的視野,啟蒙他們的思想,提升他們的人文精神。當然,我的拓展也是有限的,不可能胡亂講一些。或許,個別學生不太喜歡我的拓展,於是便反映上去了。

他繼續滔滔不絕地說著,還說到了師德與良心。此時,我忍不住插話了:「你說師德,不外乎是指教師應該提高教學成績吧?不過,我的師德不一樣。在你的眼裡,教師若沒有利用每分鐘來提高分數,那就是沒有盡職責,也即毫無師德可言。我花幾分鐘告訴學生在應急狀態下如何逃生,按你的說法這沒有師德。不過,假如明天發生災難,我的學生都活了,而你利用每分鐘抓教學,你的學生卻全死了。此時,你說到底誰沒有師德?假如我用幾分鐘時間講人生觀,我的學生不會自殺,而你只知道抓分數,你的學生卻自殺了,這又是誰有良心呢?師德這東西,到底是什麼呢?」我連珠炮似地說了一氣,順便提到另一所學校的學生自殺的事。開會時,領導們經常站在道德制高點上,教育教師要有師德和良心,教師們聽後也肅然起敬。可是,到底誰清楚師德是什麼呢?

「你說的固然有道理。」他愣了一下,似乎被我的詰問「怔」住了。「但學校要生存,就需要教學成績。這是明擺著的事,誰也沒辦法。」這年頭,學校不可能在分數上讓步。為了他的高薪,他還能顧得上教育的價值與尊嚴嗎?更有可能的是,他根本不懂得教育。

這兒有個問題。為了不愧對八萬元的年薪,他覺得他應該拚命抓升學率。站在他的角度上,他是為了他的師德和良心,好像他並沒有錯。站在我的角度上講,我做的一切都是為了我的師德和良心。那麼,到底誰是錯的呢?

分數教育的形成有很多原因,主要還是受傳統的科舉制度的影響。在政治上,統治者為了維護統治,總會把自己的意識形態灌輸給民眾的。科舉制度和高考制度都有這樣的功能。通過科舉制度和高考制度,統治者實行專制的同時,也可以藉此實現社會的「分流」與「排序」。

一般來講,上層社會的位置總是有限的,因此應有一個機制來進行淘汰和排序。隨著社會的發展,考上大學不僅不能做官,甚至會面臨失業。此時,民主思想開始被接受,上層社會的概念逐漸模糊。然而,民眾的觀念轉變沒能跟上急劇變化的社會,還是認為只有考大學才有出路。這就意味著,官方不僅要分數,通過分數來考核學校,家長同時也在推波助瀾,要求教師抓分數,使教師面臨著雙重壓力。

客觀上講,他不是壞人,而只是庸人。這是一個庸人作惡,相互殘殺的時代。任何一個人都在做惡,同時也是別人作惡的犧牲品。然而,真正的問題在哪兒呢?

「看來，我們的價值觀有衝突，昨天有，今天有，將來還會有。在這點上，公立學校比這兒好。只要我在這兒上課，只要我還在講台上，我肯定要堅持我的道德與良心，堅守教育的最後一點尊嚴。學校若是對我不滿意，可以把我調離崗位。」

過了幾天，我去了科室任職員。沒有了早晚輔導課，沒有了週末補課，沒有了假期補課，我正好有時間可以專心讀書。不過，我還想在此生中做點事。我已打定主意，有機會換學校。公立學校也抓分數，卻多少有些人文精神。私立學校是應試教育最堅實的保壘，我的經歷這樣告訴我。

五、私立學校的人文環境

前面說過，老闆跟政府的目標都是賺錢，甚至連教師工作的目的也是掙錢。在這個人人都在想方設法賺錢的學校裡，校園文化的貧瘠是可想而知的。

為了撐面子，表明尚有一點辦學品位，學校也會號召教師們讀書和鍛鍊。學校領導也知道，教師從早上坐班到晚上，根本沒時間讀書或鍛鍊。號召歸號召，一切皆空。學校領導組建了「學術委員會」，教師們私下卻稱其為「不學無術委員會」。在升學的壓力下，大小領導們成天圍著分數轉，不知學校是一個文化場所，也不相信讀書能拯救教育，所以根本不會讀什麼書。拿教科室負責人來說吧。他的工作是負責師培和科研，而他在公開場合卻聲稱最反感科研和讀書，甚至認為他的工作對學校的發展是一種妨礙。

為了抓分數，學校不斷侵佔教師的時間。領導沒有引領教師文化，造成了校園文化的極度貧乏，致使整個校園成為了「文化沙漠」，教師們的精神面貌可想而知。創辦十年來，學校不搞教研活動，也沒有科研課題，連「課題管理辦法」也沒制定，更不用說什麼「教師專業化發展計畫」之類的。前面提到的教科室，也只是剛成立起來。

平時，教師們疲於奔命地忙碌著，下班後有點時間，則主要做三件事：麻將、家教和嫖妓。教師們的生命層次和生活境界只有如此。他們成天忙碌，只是為了掙點錢消費。理想主義、教育的價值與尊嚴等，離他們是那麼遙遠。對於他們而言，最重要的是收入。教師們沒有多少精神文化，生存狀態跟廁所裡的蛆蟲沒有多大差別。

我一直認為，讀書是做教師的底限。不讀書的教師，受限於自己的知識視野和思想水平，課堂上只會把課本那點微不足道的東西反覆灌輸給學生，成為了地地道道的匠人。這種低端的境界，絕對不是我的理想。我堅信，一個知識

視野開闊，能夠信手拈來的教師，肯定是用一生來備課的教師。可是，學校不斷侵佔教師的時間，讓教師完全墮落為「教育民工」了。待了兩年後，我發現這種私立學校與其說是學校，毋寧說是一座極權主義工廠。

要達到自己的目標，極權主義必然會採用愚化手段。私立學校不可能重視文化，因為文化為教師帶來的啟蒙會直接衝擊和瓦解極權秩序。同時，極權的對立面是自由，私立學校不僅剝奪了教師的肉身自由，也剝奪了教師的思想自由。「極權主義本質上是敵視文化的，因為它敵視自由活潑的創造性精神活動，敵視在『社會前頭照亮道路』的『知識的閃光』。」[1]

一句話，極權主義害怕思想文化的光亮揭開自己精心營造的黑幕，讓人看見了自己的靈魂中的污穢。

六、我的教育理想

我的教育理想很簡單，僅是邀約一批精英教師，承包一所學校，靜心下來做教育。在這裡，學校應該享有允分的辦學自主權。什麼人文課程，通識課程，國學課程，哲學課程，學校把課程開齊開足，每位教師在開專業課的基礎上，還必須能夠獨立開設一門選修課。教學的方式不是「滿堂灌」，而是廣泛使用蘇格拉底的「助產術」，自由平等地與學生討論，啟迪學生的思維。讓學生的思想自由，人格獨立起來，便是這所學校的宗旨。若干年下來，我希望這所學校成為全國名校。

我設想，教師們白天每天跟學生相處，晚上坐在一起讀書研修，探討學術。想當年的「西南聯大」，教育是那麼自由開放，學術水平卻是最高的。我相信，師生都能從教育中發現自己生命的意義，找到人生的幸福。

當年「西南聯大」的自由與民主，造就了包括楊振寧在內的，讓當下學者汗顏的一大批人才。我希望，我們也能以同樣的方式培養人才，讓中國教育不再被人嘲笑和歧視，讓中國人有朝一日能挺起腰桿走上諾貝爾領獎台。

七、未來的教育生涯

經常有朋友問我：你是一個好老師嗎？對此，我的回答是：好與壞的劃分，本有一個立場或價值判斷。若以我的良知與理性作為標準的話，我認為自己是

---

[1] 崔衛平，《積極生活》，頁 218。

個合格老師。對不起，我只能說合格——即使按良知與理性來作為好壞標準，我想自己做得還不夠，還達不到優秀的標準。但若以分數標準來判斷，我則是一名平庸的教師。其實，只要你採用「訓狗教學法」，不斷侵佔學生的時間，抓分數是非常容易的。

為什麼是「訓狗教學法」？長期以來，中國教育一直把蘇聯的凱洛夫理論奉為圭臬。凱洛夫的思想是基於巴甫洛夫的「經典條件反射」理論，歸屬行為主義心理學的窠臼。目前，中國教師們普遍推崇「題海戰術」的目標，就是通過大量機械的、重複的練習來使學生在題目與答案之間建立起條件反射，如同巴甫洛夫的實驗中狗聽見鈴聲分泌唾液的條件反射一樣。然而，教師們應該好好想想，這種「訓狗教學法」除了把學生越教越傻，讓學生變成狗以外，還能學生帶來什麼？

當年，邱吉爾曾說：「我寧願失去整個印度，也不願意失去一個莎士比亞。」莎士比亞提升了英國整個民族的人文精神，為英國成為第一個現代化國家奠定了基礎。人文指涉著人的覺解與啟蒙，指涉著自由思想與獨立人格，指涉著個體生命的價值與意義，甚至指涉著與人相關的一切！中國要實現現代化，最為根本的是人的現代化。教育的對象是人，如今卻沒有多少人文可言。我以為，凡是增加了學生的生命體驗，提升了學生的生命價值，培養了學生的人文精神的，即使分數不算高，那也是好的。反之，與人文精神相悖，不符合人道主義精神，不利於學生健康、全面發展的做法，無論其分數有多高，都是壞的。

就這樣，我寧願做一個平庸的教師。我願以自己的平庸，去反抗現實中的荒謬，去捍衛教育的尊嚴，去堅守教育的價值，去追尋教育的真諦——即使我要為此付出代價。

又見范美忠

早跟范美忠約好，去找他玩兩天。一是見見老朋友，清談一下；二是他借走我的幾本書，我都還沒有來得及做筆記。我打算，在范家做了讀記後把書留下。

週四下午，我出發後跟范通了電話，告訴范我已出發。此次路線，我選擇的是高速。估計到達時間會早點，我便叫范等著我吃飯。

上繞城高速公路時，我卻走錯了方向，圍著成都市區多跑了幾十公里，到達時已六點。范正在打球，接到我已到達的電話後，急忙趕到校門接我。

一、遵守規則不逾矩

寒暄幾句後，范跳上車，繫好安全帶。我說，就在城裡，路不遠，你就不用繫了吧。范卻說，這是規則，咱們要守規則。既然他要堅持，我只能由他了。接著，我們去河邊坐下來吃飯，點了菜，要來啤酒，邊吃邊聊起來。

吃完後，我們接著在隔壁茶樓喝茶，就很多問題廣泛地進行了交流。談到讀書時，范建議我讀書不要太焦灼，要保持平和的心境。對於范的意見，我基本上贊同，同時也表達了一點：他的讀書起步比我早，而且在文史方面他下過深功夫。這種情況下，我不努力不行啊。

聊到十點過，我們回寢室睡覺。在回去的路上，我們經過路口時，前面幾輛車看見沒有車，便闖了紅燈跑過去。我正要緊跟，范狠狠地說：「不要闖紅燈！」我踩住刹車，停了下來。「估計紅綠燈壞了，不然那些車怎麼敢闖紅燈？」我做了一個推測。

「即使是燈壞了，等會兒不就清楚了？我的規則意識很強。既然制定了規則，咱們就要守規則。我最反感中國人不遵守規則的習慣了。」范絲毫不讓步。

說著說著，我們又到了一個路口。我在人行道前停下，等著綠燈。一輛車從旁邊衝了過去，徑直跑到路口中央一帶等著。自然，司機少不了挨范的罵。「你瞧，那司機真是傻逼！開到中央去幹什麼？被撞死了也活該！！」

范坐在我身邊，罵罵咧咧地說著。不經意間，我鬆動了離合器，車有點微動起來。見狀，范還是沒有放過我。「要等綠燈亮時，你才能壓人行道！」哈，范的風格我算領教了。只要他瞭解規則，他一定會自覺遵守。用他的話來說，他是一個規則意識很強的人。

二、鼾聲如雷擾睡眠

第二天上午，范要去分校開講座。分校比較遠，我們五點過就得起床。聊到十一點過時，我們約好不再說話，各自翻過身睡覺了。

幾年來，我倆相見過無數次，可這還是我倆第一起「同房」。第二天早上，當鬧鐘在 5：40 分吵醒我時，范對我大叫：「你簡直把我害慘了！你打鼾的聲音太大，3：50 吵醒我後，我再也沒有睡著了！」聽罷，我哈哈大笑說：「可能我比較胖，鼾聲比較大吧。好在你多少睡了一會兒，估計你開講座時不會打瞌睡的。」我想撫慰他一下。

「你老婆不知道你打鼾嗎？她沒有抱怨過？」

「她當然知道。不過，時間一長，她也習慣了。」

「看樣子，你該減肥了。我經常打球，身體結實。你缺乏鍛鍊，有機會過來我們踢球吧。」

「好吧，假期再說啦。」

我也希望，有機會多鍛鍊一下。照理說，我的體質不應比范差。大學期間，他在系足球隊，我也在系足球隊，而且踢同樣的位置。只是最近十多年沒有鍛鍊，我身上陡增了不少肥肉。

三、講座爭執打圓場

范給分校開的講座，對象是十來名教師，內容是介紹 TOK（Theory of Knowledge）課程。我們到達後，范稍作休整便開始講了。我沒事幹，索性坐在旁邊聽。

講到「檢驗知識」時，范舉例說：「比如，別人若要我死，我不會不加思考就接受。我要思考一下，這個前提是否正確。」話音剛落，一位女教師打斷他說：「范老師，你的選擇我也理解。但是，難道你認為地震時拋棄學生是錯的嗎？」顯然，她在針對兩年前的「范跑跑事件」。這不奇怪，她是難以理解的。時至今日，庸眾們時而還跟我為此吵架。

范聽完後，冷靜地做了簡短答覆，準備繼續講座。後來范跟我說，他當時想這是枝節問題，況且她根本沒有啟蒙，不會懂事件意義。他不想多做糾纏，只想快點講完回家。

　　二人之間開始有了點爭論。范無意深入解釋，而她卻執意要糾纏。此時，旁觀的我終於有點忍不住發了言。

　　「我作為旁聽者，想冒昧地說幾句。本來，這個問題是范老師講 TOK 時引發出來的。根據檢驗知識這點，我們對於任何前提假設都要審慎地懷疑和批判，以確保結論的正確性。這位老師認為，自己的集體主義價值觀是對的，因為她從小到大一直被灌輸這種價值觀。現在，她的腦子裡已少了一根筋，她可能認為自己應該去死。我只想提醒大家，我們不要理所當然地認為什麼是正確的。我們應該保持警惕，尤其是那些我們生來就接受的觀念，因為這些觀念不一定都合理或正確。在她跟范教師之間，我不想評判誰是對的，因為這只是後面的問題。現在最重要的是，我們應該先保證前提的可靠。那麼，對於我們習以為常的思想，我們是否都懷疑過呢？范老師剛才講的檢驗知識，也就是此意。」

　　我站在中間立場，表達了我的看法。我發言完畢後，雙方不再爭論。范繼續講他的 TOK 課程。

　　在回家的路上，我們無不有所感歎：教師都沒有受過啟蒙，對知識都沒有懷疑與批判，又何以啟蒙學生呢？很多教師從不懷疑那些被灌輸給自己的價值觀，還不假思索地將其視為真理而繼續灌輸給學生。這種愚昧怎麼不讓人覺得可悲呢？！

四、千言萬語還是書

　　中午回到家，我們吃飯喝酒，然後各自去睡了一覺。晚上，李玉龍叫范一起吃飯，為幾位浙江的校長餞行。范不便扔下我在家，隨便把我也叫「捎上」了。

　　我們回家後，范繼續跟我聊了一會兒。自然，話題仍然少不了讀書。范透露了一點，自畢業後到現在，他可能買了二十多萬元的書！然而，他有個特點：讀完書後，便把書送人或是學校圖書館。現在，他家裡沒有多少藏書，兩個書櫃裡的書都還沒來得及讀。

　　我跟范講，上次我寫了一篇〈范美忠：我的良師益友〉。他聽後立即糾正，說：「益友還可以，良師可不敢當。我知道我還有很多不足。」

　　「唉，不管我是否願意承認，你的書確實讀得多些。面對你那二十多萬元的書，我不得不謙卑一點啊。」我笑著說。

　　范知道自己的不足，這是他在跟完美做比較。對此，我完全可以理解。真正有點學問的人，往往會謙卑的。

　　晚上，我把何新的《我的哲學思考》做了讀書筆記後，將書留給了范。范將那本以賽亞‧伯林的《人性的扭曲之材》還給我時，翻開時發現書裡已亂七八糟。我本來就有亂勾畫的習慣，而范也有這種「壞習慣」。看吧，一本書已被「糟蹋」成這樣了（紅色是我的，藍色是范的）。

　　今天上午，豐紀奎趕了過來。午飯後，我們去了川大書店。范說，還有好多書沒有看，怕忍不住又買。我說：「你就帶五十元，或一百元吧。如果有好書，你可以買兩本。如果你超支，我和豐不借錢給你。」結果，逛了一陣書店，我買了十本，豐買了三本，范一本也沒有買。

　　確實，范暫時不用買了，還有兩大書櫃的書還沒來得及看哩。

讀大學，到底有多大用？

寫作背景

在教育內部，分數教育早已受到猛烈批判，而以追求分數為旨趣的應試教育卻越演越烈。究其原因，高考制度的建立讓百姓有了追求分數的慣性。

一位家長跟我講起了他的孩子，以及他的家庭教育，讓我很有感觸。我想，教育中的問題不僅是在教育或教師，而且也在社會和家長。

當家長們都在逼孩子考高分、讀大學時，我不禁想反問一句：讀大學，到底有多大用？讀大學真能為學生帶來幸福嗎？考高分真是每個孩子的幸福所在嗎？每個學生的幸福是什麼？當教育不是為了學生的人生幸福時，這種教育的本質是什麼呢？

想清楚了這一系列問題，你便會開始質疑我們的教育。

　　一位山東讀者找到我，跟我聊起了上大學的問題。當然，上大學是教育問題，涉及學校教育，也涉及家庭教育。

　　這位家長的孩子成績一般，而他一直希望她能考上重點大學。眼見孩子學習不是特別好，他頗為擔心和憂慮。這個假期，他要孩子念「北京 101 網校」，想強化提高孩子的學習。

　　家長的望子成龍之心可昭日月，卻顯然也有點問題。現在，全國人民聲討和譴責分數教育。對於僅抓分數的危害，教育部知道，校長知道，教師也知道。然而，家長們仍然把分數視為至高無上。家長們花錢送孩子上學，學校不得不拚命地抓分數，以滿足家長的望子成龍之心。作為教師的我，想到這點時，感到真有點可悲和無奈。

　　在教育孩子的方法上，我建議他多鼓勵孩子，少批評孩子。孩子有困難時，要給予熱心幫助。如果有什麼不懂，可以四處尋求幫助。比如，在網上找教師問問，或在網上查查。孩子有問題，應指出來並幫助她改正。做到這些，那就夠了。至於孩子能達到什麼樣，不必為孩子設計什麼。讓孩子順其自然地發展，尊重孩子的生命軌跡，孩子才能感受到最大的幸福。

　　對於我的孩子，我一直都是這樣做的。我從不罵孩子，更不會打孩子。孩子從小到大，我都是本著尊重與寬容與其相處。當然，寬容不是縱容，而是一種包容。孩子長大後，有了自己的主見，不會盲從父母的要求，開始渴望得到家長的尊重。此時，家長給予孩子足夠的尊重，讓孩子學會自主判斷和選擇。家長若一昧地強迫孩子，結果只會是自討苦吃。

　　我的孩子在選文理科時，媽媽要她選文科，而她卻想選理科。她的文科成績好一些，卻偏愛理科。孩子來問我選什麼，我說選自己喜歡的，成績略差一點也行。在我的鼓勵下，她讀了理科。一學期後，她發現物理太難，將來會對總體成績帶來不利，這才轉回到文科。「你嘗試了理科，盡了自己的力。今後，你不要再想理科，專心念文科吧。」我沒責怪孩子，只是輕聲地說了一句。

　　轉回文科後，孩子沒有了退路，只得努力學習文科。第一學年統考下來，孩子的成績擠入了學校前十名，全市三十多名。若以此看來，她考上重點沒有問題。不過，話說回來。即使孩子考不上重點，那也沒有什麼。重要的是孩子的幸福，而不是分數或大學。起初我鼓勵她選學喜歡的科目，因為我深知做喜歡的事才是幸福，被強迫做任何事都是不幸。她現在努力學習文科，因為她知道學習理科已不可能，唯有努力學文科才是出路。總之，她最終選擇文科，也是她自己的選擇，而不是家長的強迫。

　　這位家長說，他的戶口是農村的，孩子若不能讀大學，只能待在家裡閒著，所以一定要讓孩子上大學，而且最好是名牌大學。在現在的家長中，這種思維非常典型。然而，我記得成龍說過大概這樣一句話：「父母的愛都是用錯誤來實現的。」父母的良苦用心，往往可能成為傷害，給生活增添不幸。

　　要在現實環境中生存，孩子一定會去適應環境，並對環境加以選擇和利用。這是生命的本能，毋庸置疑。沒考上大學的孩子，會去自謀出路──畢竟要面對生存問題。所幸的是，現在的就業渠道多。只要勤快，是餓不死的──就算擺個煙攤，也可以混飯吃。孩子考不上大學，還可以去讀技術學校。掌握一門技術，也可以謀生。現在的駕駛學校、烹飪學校、電腦學校等，可謂應有盡有，學點技術也不愁嘛。

　　從相反角度去設想，孩子考上大學就有出路嗎？答案：非也。現在的大學畢業生，找工作是一個巨大難題。不少畢業生找不到工作時，只得自己創業，一些人還開起了「皮鞋店」，為過路人擦皮鞋。兩年前的消息說，某畢業生找不到工作，只得掛牌做起「陪聊」的生意──陪寂寞者說話聊天，每小時收費五元。當然，考上名牌大學，找工作可能容易一點。不過，名牌大學也不意味著萬能──北大畢業的范美忠，不只是在中學任教嗎？那麼，有多少人能考上北大？考上北大就意味著升官發財嗎？況且，2006 年，北大有十八名學生自殺（部分原因是分數教育只注重分數，忽視了學生的其他方面）。倘若其中有你的孩子，你作為家長會做何感想呢？顯然，本來包含著複雜因素的教育已被簡單化，濃縮成了兩個字──名利（名牌意味著名利）。然而，幸福就是名利嗎？什麼是幸福呢？

　　扯得太遠，要跑題了，我得趕緊回到正題。以前我校有位剛畢業的女教師，考上研去了上海。然而，她碩士畢業後卻找不到工作，仍然只得回學校應聘。上次，她提到了她在上海應聘的情況。某校只招五名教師，而應聘者卻有上千人。面對這麼大的競爭壓力，她自己也沒有多少信心。即使她應聘成功，最多只算是考研後，從四川跑到上海當教師。碩士都有這種尷尬，更何況普通的大學生？

　　且不說當下世風日下，大學已變成名利場，我只是想說，考上大學不是不好，只是它遠非萬能。考上大學，並不意味著人生一蹴而就。事業的成功，取決於複雜的因素，有專業問題，也有能力問題，有人脈問題，這些不僅牽涉到智商，也關係到情商、逆商等等。情商、逆商這類東西不好測量，卻有著強大的潛能。很多人智量很高，情商卻不夠，不懂合作與交流。另一些人逆商不夠，遇到一點挫折就不行了。這些人在工作中都不可能脫穎而出，一輩子只能平庸地度過。

　　我校是本地最好的中學，校長混跡於行政，多少算是「有頭有面」。校長去局裡或市裡辦事時，自然得見部門領導人。這些領導人，大都畢業於本校。他們沒能考上大學，卻最終成了校長的領導。校長辦事有時會碰一鼻子灰，回來時難免要感歎一下：「學校教師都是大學生，而那些落榜生現在都成了局長。考上大學的人，辦事時還得去求那些落榜生，我真弄不懂考上大學到底有多大用。」此話沒錯。我的一位同學當年落榜，現在就是某部門的局長。

　　須知，當年的落榜生，最多只是智商低一點，情商絕對普遍高於考上大學的學生。現在，教師的待遇最多是公務員，而他們卻是局長或市級領導。說他們沒文化，那就大錯特錯了。要知道，他們參加過各類「在崗進修」，拿到了專科、本科，甚至是碩士文憑。在崗進修，也是一條上大學的路。

　　跟我一樣，這位家長的孩子也是女兒。我認為，不能對女孩在學習上有過高要求，因為女孩的智力本來就比不過男孩。況且，女孩的社會角色決定了女人的性情非常重要，甚至高於學業水平。將來，女孩子都要面臨生育和撫育，母親若沒有好性情和修養，會直接影響到下一代。在我看來，女孩的成績過得去就行了。如果有條件，不妨在更多的方面嘗試一下。見多識廣、性情高雅、興趣廣泛的母親，能給孩子一個更好的成長環境。很多名人能夠成功，主要歸功於母親的偉大。說女人孕育了偉大，造就了人類文明，這一點不過分。

　　總之，在對於孩子教育的問題上，我是比較開放與寬鬆的，這跟我的生物學世界觀有密切關係。生命只有一次，而每個生命都有獨特的密碼和軌跡。作為家長和教師，只有解讀他們的生命密碼，尊重他們的生命軌跡，才能讓他們

有幸福感。對於孩子的缺點，家長和教師只需積極引導，為他們的發展創造條件。強行要求他們改變，其結果只能是適得其反。

你的孩子真若沒考上大學，那也沒有什麼。2006 年，我的侄子沒有考上，去讀了技術學校。兩年後他畢業了，在鐵路部門找到工作。現在，才工作了兩年的他，工資水平已接近我了。這意味道，我幹教師二十餘年的工資水平，他兩年之內就已到達。想想看，我當年驕傲地讀了大學，到底有多少用呢？我真的懷疑。我讀過大學，卻只能跟他人一樣，做不出驚天動地的事，也無法賺得可觀的錢財。

我寫此文的目的，只想說讀大學不是萬能的，家長不應強迫孩子讀大學。對於學習基礎差的孩子，家長千萬不要揠苗助長，以高壓的方式強迫他們學習不喜歡的科目。家長們不妨去嘗試發現孩子的長項，為將來的發展做一些鋪墊工作。強迫孩子上大學的結果，往往會與家長的期望相反。

最後一點。人們盲目追捧地讀大學，其實也背後隱藏著巨大的政治陰謀。能將其識破者，不妨淡然對待孩子讀大學的問題。須知，孩子的人生幸福，絕不僅是讀大學能決定的。那麼，作為教師和家長，又該如何看待教育呢？

誠徵富婆，非誠勿擾

寫作背景

　　從內心裡講，我多麼希望能夠衣食無憂，專門從事寫作。然而，現實環境，尤其是教育環境，是非常殘酷的。為了吃飽肚子，我卻不得不以謊言換麵包，甚至是幹殺人的勾當。萬般無奈之下，我想到了富婆。

　　別說富婆只有錢，對文化和思想毫無助益。對於富婆的作用，我們千萬別低估——可以講，富婆對人類的歷史文化有其獨特的貢獻。盧梭沒有華倫夫人，也不會有他的思想；若沒有夏特萊夫人，伏爾泰也不會寫出《風俗論》。可見，富婆可以間接地催生出文化與思想。

　　我廣而告之欲「誠徵富婆」，誰知富婆至今也不現其芳影。滿街跑著的高級跑車，大部分都是由美女們開著，這確實讓人豔羨不已。美女們能傍上大款，而我這樣的才子卻傍不上富婆。我百思不得其解，唯有以頭搶地，高呼：「不公平！」

　　誠徵富婆，我早想說了。

　　坦誠地講，我想找個富婆。我不想過現在的日子，尤其是不想效忠於黨國化教育。本來，教育環境若比較理想——比如，學生想學什麼我可以教什麼，或者我可以教自己想教的內容——我還是蠻喜歡這個職業的。然而，我早已感到了自己被奴役，在某種程度上還在仍然「作惡」或「造孽」。對於我而言，為黨國教育貢獻終生，確實是一件痛苦的事。

　　黨國一直沒有重視教育，這主要表現在教育的投入不夠。現在的《中長期發展綱要》提出的「4%」的投入，實際上是二十多年前的目標，卻還要若干年才能實現。教育投入不夠，可以直接從教師的待遇中反映出來。在全國，月工資只有幾百或一千多元的教師到處都有，他們仍還掙扎在貧困線上。諸君想想，黨國經常自詡為「花小錢辦大教育」，以示自己的治國能力。然而，這也就意味著這個行業永無希望（績效工資的結果，只是實現了各校之間的「均貧富」）。可見，黨國並不想真正地重視和發展教育，而只是通過應試教育來把師生的靈魂抽空，以便輕鬆治理一個由愚民組成的國度。

　　教師是個忍辱負重的群體，他們還在繼續苦熬。不過讓人欣慰的是，情況已開始有所好轉。我們已看到，教師學會了罷工，學會了捍衛自己的利益。因此，教師還要多罷工才行，唯有如此才能最大限度地獲得利益。一個民主時代，本來就是一個利益覺醒的時代。教師的利益，別人是無法代表的，除非是自己

轉讓代表權。當有人打著旗幟，聲稱代表了教師的利益時，教師們千萬不要相信──有人代表了你的利益，那便意味著你沒有利益！教師們竟然將此灌輸給學生，以換取一點可憐的麵包。

現在的教育，已讓教師失去了價值與尊嚴。現在的教育現狀是，「學生是爺，教師是孫」。教育責任的無限擴大化，致使學生越來越難管教，對教師大打出手的現象時有發生。再以今年地震災區的賠付為例。據我所知，一個災區是這樣賠付師生的：師生若都死於地震，給學生賠二十萬，而只賠教師六萬。學生的生命固然重要，但教師的生命難道僅只是草芥？學生的父母失去孩子時會痛苦，教師的子女失去父母時難道不痛苦？那麼，這六萬是怎麼算出來的？一句話，教師的價值與尊嚴在哪兒？

於是，我便有了想法──找個富婆，遠離這個醜陋、邪惡而又清貧的教育。若真能擁有富婆，我可以寄生於之而衣食無憂，也能做些自己喜歡做的事。只要富婆看上我任何一點，我都會竭力效勞──富婆若看上我精力旺盛，我便可以做一個優秀的性伴侶；富婆若有點才情，我便以自己不入流的風雅與其吟月哦雪一番；富婆若看上我的魁梧身材，我便可以當貼身保鏢；富婆若看上我的車技，我便可以當專職司機……總之，只要我擁有富婆，我的生活都會得到徹底改觀。

一個同事說，他一週要上幾個晚自習，現在早已沒性欲，看見老婆也麻木了。看看吧，連家庭幸福也無法保證，這便是效忠黨國教育的後果。河南省西峽一高強迫學生每天學習十八個小時，這意味著教師也得在教室裡待足十八個小時──做愛的時間有嗎？如果效忠富婆，情況則會大不一樣──衣食無憂且不說，還可過上「布爾喬亞」的「小資」生活，至少不會影響到自己的性生活。效忠教育不如效忠富婆，這便是當下太平盛世的真實情況。

在此公開〈誠徵富婆〉一文，權當作徵婚廣告。共同致富，齊奔小康！這是黨國的號召，可我對黨國已少有幻想，只有把希望寄託在富婆身上！望諸位競相轉告，使我早日脫離苦海。希望諸位在擁有富婆後，也能把多餘的富婆介紹給我──富婆太多，你也「用」不完！哥們，快拉兄弟一把，拯救一下兄弟吧！

富婆，你在哪裡？見到此文後請速來聯繫，非誠勿擾！

願天下富婆，盡入吾彀矣。

阿彌陀佛。

後現代教師人文景觀

寫作背景

　　對於自己的處境和地位，教師是不滿意的。所有時間被應試教育擠掉，意識形態對教育的過多干預，政府長期對教育的投入不足，後現代社會中文化的相對主義……所有這些原因累加起來後，教師們開始以後現代的方式顛覆著官方的宏大敘事。這種顛覆是一種搞笑，也是一種痛苦之餘的無奈的表達。

　　一句話，中國教師的人文景觀讓人感到辛酸，也令人堪憂。

　　在後現代語境的校園裡，校園文化正在悄然變化。昔日權威的嚴肅、理想的激情不再有，取而代之的卻是不相信與自我嘲笑。這是後現代文化的典型特徵。

　　什麼是後現代？簡單地說，後現代主義的旗手利奧塔認為，後現代就是對所有元敘事的不信任。教師習慣接受的東西，慢慢變得可惡與醜陋。同時，教師們對這些元敘事開始懷疑與解構，其典型方式是誤用、情景錯置、搞笑等，比如把「誨人不倦」故意誤讀為「毀人不倦」。在自己的生存環境日益惡劣，教育責任「無限擴大化」的今天，大家都知道其中不合理的地方。不過，說了也無濟於改變現實，不說吧，又覺得心裡難受。於是，自我嘲諷的方式開始被大家接受。這種方式是後現代的，其根本目的在於，根據自己的邏輯把原來的元敘事變得讓人噁心，成為元敘事自己也不喜歡的東西。

　　過去，我們常說「教師是人類靈魂的工程師」，這是何等的榮耀與偉大！不過，這種元敘事已經不為教師所認同。相反，教師們把自己看作為社會裡最卑賤的人，有教師原創的打油詩為證：

1

　　　　表面風光，內心彷徨；
　　　　容顏未老，心已滄桑；
　　　　似乎有才，實為江郎；
　　　　成就難有，鬱悶經常；
　　　　比騾子累，比螞蟻忙；
　　　　比雞起得早，比狗睡得晚；
　　　　比驢幹得多，比豬吃得差。

2

起得比雞還早，吃得比豬還差，

幹得比驢還累，下班比妓女還晚，

裝得比孫子都好，賺得比民工還少，看著比誰都好。

3

教師育人終日疲憊，學生告狀回回都對，工資不高還要交稅。

從早到晚比牛還累，一日三餐時間不對。

一時一刻不敢離位，下班不休還要開會。

迎接檢查讓人崩潰，天天學習不懂社會。

晉升職稱回回被退，拋家捨業愧對長輩，囊中羞澀見人慚愧。

百姓還說我們受賄，青春年華如此狼狽。

在這個後現代社會裡，對於教師這個職業，每個教師都有自己的理解和體會。專家與領袖們的元敘事，被教師們逐一解構。在這個眾說紛紜的時代，在這個多元化、破碎的語境裡，教師們紛紛拿出解構之刀，把元敘事解構後，使其成為破爛不堪，好比用刀把華服劃成藍褸一般，藉此尋樂與嘲笑。你說教師是「人類靈魂的工程師」，而教師們並不認可。他們只承認自己是「起得比雞還早，下班比妓女還晚，賺得比民工還少」的貨色，地位和處境只能相當於黃包車夫或修鞋匠。

從本質上講，去年轟動一時的「跑跑事件」也是後現代事件。范美忠運用了後現代的手法，將「孝道」與「師道」嘲諷了一番後，結果也被國人以相同的方式嘲弄了一番。現在，他已以「范跑跑」的「藝名」進入了娛樂圈，而這個「藝名」不知讓國人獲得了多少快感和樂趣，連地震災害帶來的痛苦也給忘了。整個事件中，思想變成唾液，思辨變成娛樂，連抗震也變成了狂歡。

要說大家批判時是毫無理想的，恐怕也未必。大家心裡還是知道，教育應該被還以其本來的面目，不應該被政治異化。大家在批判時，也有這樣一種希冀，至少教師們還是希望自己的收入能夠提高一點，工作之餘少補些課，有健康的身心來享受一點幸福生活。在這些理想實現之前，別無選擇的教師們就惡搞。

惡搞，對一切都「惡搞」！這是教師們當下生活的真實寫照。在「惡搞」大旗的引領下，校園裡一切讓教師們厭惡又無力改變的東西，已經被惡搞得不成樣了。在「以考試為生命」的教育體制內，考試與裝訂密封常年不斷。大家對此並不喜歡，卻也不得不接受。某日，全校教師在監考完後，都是緊張地裝

訂著試卷。一位女教師發現，一位男教師用來密封試卷的牛皮紙長了點，於是說起了葷段：「瞧，你的『包皮』那麼長，要不要我幫你割點下來？」此話可謂語驚四座，讓人驚愕啞口。

面對女教師如此猖獗的「進攻」，男教師也不甘示弱。年齡大的男教師對年輕的女教師說：「我太累了，想招個女秘書。不過，秘書的年齡必須比我小，所以我想招『小秘』（蜜），不知你是否願意做我的小秘？」然後他還會告訴她，他是多麼地善解她的人衣（意），而且他一定會「莖（靜）候」她的「佳陰（音）」。每逢週末，便有男教師對女教師說：「什麼時候出來打麻將？我真想贏（淫）你的真鈔（貞操）啊。」

看看這些惡搞，此時我們很難將「人類靈魂的工程師」與教師聯繫起來。什麼「師道尊嚴」，什麼「傳道、授業、解惑」，已成為了教師的遊戲。對於當下的教師而言，生活工作也本來就是遊戲。

後現代的遊戲生活，主要還是體現在語言與符號上，或者說，教師們的遊戲生活，主要還是通過語言來實現的。這種語言遊戲生活，使教師們能夠以一種叛逆姿態出現，企圖過一種反傳統的生活。這種反傳統的生活，是一種無規則、無中心的，一切都按照每個人的邏輯來解讀，使教師文化呈現出一定的反歷史、反傳統的特點。

今天，教師們顯然不是昔日的「人類靈魂的工程師」了。反傳統文化的出現，是由後現代文化的本質，即引領群眾走向庸俗化，所決定了的。教師們將元敘事解構後，校園文化的往日風光消失了，出現的是一道五彩繽紛的「靚麗風景線」；理想主義的激情消失後，出現的是自我解嘲的笑聲。在這道風景線的背後，在這些笑聲中，不僅有教師們的希冀與夢想，更有教師們在後極權時代下無奈時的痛苦。

守住自我

寫作背景

作為一個充滿著激情和希望的生命，我每天都能真切地感受到內心的悸動。每每此時，我都希望有機會能按自己的想法去做教育。然而，在中國的現實中，我卻是一隻瓶中的蒼蠅。我看見了瓶外的光明，卻永遠不可能飛出瓶外。

人到四十時，我還有很多困惑與迷茫。

今生我該做什麼？我不斷地問自己。

　　三國時期，諸葛亮號稱「臥龍」，曾自喻為「管仲、樂毅」。劉備三顧茅廬，請諸葛亮出山，輔佐他成就了一番大業。後來，當諸葛亮遇到龐統時，龐統自我嘲解道，「我在尋求明主，待價而沽。」在諸葛亮和劉備的勸誘下，龐統終於動心，歸於劉備麾下。

　　在中國傳統裡，大凡有點學識，皆欲求聞達。北宋大儒張橫渠有言：「為天地立心，為生民立命，為往聖繼絕學，為萬世開太平。」我想，中國文人們大抵都有此願。「學成文武藝，貨與帝王家。」他們輔佐帝王成就大業時，也實現了自我的價值。

　　龐統待價，諸葛退隱。明朝隱士「空空室主」曾說：「沒世而不聞，是為隱者；名重於世而身居山林，是為沽名者也。其隱也，待價也；其出也，沽售也。」龐統待價而沽，是想為自己的才華賣個好價。諸葛亮雖為「臥」者，卻也僅是隱於一時也。說到底，兩人具有相同的心路歷程，都希望成為螟蛉，假借於鴻鵠衝上雲霄。二者的不同之處，只是「沽」的方式不同——諸葛亮「臥」崗而候，等待買主前來；龐統則是雲遊四方，尋覓十金買骨的大買主。

　　友人深知我的生活，認為我也在待價而沽。怎麼說呢？我不是沒有事業心，只是覺得要看情況而定——領導若是不合適，我也可隱退終生。這種生活比較清貧，可謂是寒氈冷被風雨淒淒，袴履衾席寒酸蕭瑟。不過，空懷濟世之策，皤首鬧墨之中，那也並不足惜。不出戶，知天下；不窺牖，知天道，這未必就是不好。耽於卷帙，疏於人脈，寧謝紛華而甘澹泊，遺個澹泊在乾坤，這何嘗不是一種生活？

　　當然，如果有合適的機會，我也可以發揮自己的才能，做點有意義的事。上次，我跟學校提出過一套方案，以學校兩三年之內便可成為名校。然而，方案竟石沉大海毫無音訊。現在的校長，沒幾人有點思想，幾乎全是政治官僚。

他們只希望平穩地當校長，不會為了文化的發展而去承擔政治風險。他們骨子裡有的，更多的是曹操的權謀和馬基維利的政治厚黑學，而不是我要講的文化和哲學。

友人說，我的價值還沒有體現出來。這話也算對了一半。前有海棠富貴，後有鏤金錯采，這是一種雙向變化。拯救與消遙之間，入世與避世之間，皆可進退自如。若不得志，我便自娛於街談巷語樵歌牧詠。「站在沙漠上，看看飛沙走石，樂則大笑，悲而大哭，憤時大罵。」若能兼善一方，不用獨攬朝綱兼聽萬事，我也當有摩頂放踵的熱情，不畏篳路藍褸的艱辛。

「得其時則駕，不得其時則蓬累而行。」這僅是「二選一」的選擇。「清斯濯纓，濁斯濯足矣。」清濁都有功用，並無高低優劣之分。一切都看自己的心態，還是順其自然的好。

《莊子》云：「終生役役而不見成功，茶然疲役而不知所向，譿窮不免，求通不得，無以樹業，無以養親，不亦悲乎！」這種情形，應是最可悲的生活。我可以沒有建樹，沒有功業，但我至少要做到一點：守住自我。

在鄉村中學的日子裡

寫作背景

　　在這所私立學校，教師每天早出晚歸，耗盡了全部時間。工會組織形同虛設，既不搞什麼活動，也不會為職工爭權益。日子是單調乏味的，也是緊張壓抑的。

　　然而，我也可能跟人閒聊，講講多年前的故事，打發走一點厭倦和疲乏。

　　我講得最多的，便是我在鄉村中學的那段日子。

　　大學畢業時，我分配到一所鄉村中學，在那兒度過六年的青春時光。那幾年，新教師的數量不斷增加，為校園生活增添了許多色彩。我們放飛過夢想，也有過青春的焦灼；我們釋放過青春的激情，也有過年少的懵懂；我們努力探索著教育，卻也背著學生作過「惡」——這不是我們的錯，因為年輕不是錯。

　　二十年過去了，有些事卻揮之不去。若是有興致，我還會跟人講起那些故事。

一、蟹宴的惡果

　　學校在鄉鎮邊上，周圍全是農田。每天夏季，田裡蛙聲連成一片。幾個年輕教師心裡開始打起青蛙的主意，便約上一群人，午夜時分逾牆跑出去抓青蛙。

　　折騰了一夜，算是有些收穫。大家動手，把青蛙剖好，拿到廚房燒好，好好地打了一次牙祭。另外幾人事後才知，為沒有吃上青蛙而遺憾，吵著要重新抓點東西回來。

　　過了兩天，一群人又開始出擊。這一次是白天行動，不是捉青蛙，而是去河裡捉了些螃蟹。大家擠在一戶人家裡，用油把螃蟹炸出來，美美地吃了一頓。

　　第二天早上，校長發現沒有人上課，便到處找人。校長敲遍了所有的門，卻發現沒有人睡懶覺。原來，螃蟹沒有炸熟，一幫饞鬼便開始吃起來，結果第二天全拉肚子，無人倖免。幾個人沒有上課，都到醫院看病去了。個別人的抵抗力強點，沒有去醫院，肚子卻也咕咕響了大半天。

二、狗宴的狂歡

　　朋友的狗下一窩崽，捉來一條給我。看見小狗怪可憐，我便收養了牠。說是收養，其實把牠放養在學校裡。食堂每天都有剩飯，狗不愁食物，長得也挺快的。

半年過去，狗已基本長大。冬至那天，幾個人跑來跟我說：「冬至到了，要是有點狗肉吃，那該有多好！你是不是考慮一下？」好傢伙，言下之意是要吃我的狗。不過，大家朝夕相處，要吃我的狗肉，我也無法拒絕。

「你們去做吧。別讓我看見。把肉拿回來，我來做點燒狗肉。」我猶豫片刻後說道。我時而做點燒菜，大家都知道。我便索性主動提出主廚，辦一次「狗宴」，讓大夥好好吃一頓。

第二天，兩人把狗騙到牆外，綁在樹上殺了後，把肉拿了回來。我累了一下午，砍狗排，燒狗肉，直到晚上八點過才完全準備好。

來參加「狗宴」的十幾人，早已等得不耐煩了。我將狗肉放在桌子上後，大家便一哄而上，開始大吃起來。幾巡酒以後，我便醉倒在桌子下面。我勞累了一下午，狗肉沒有吃多少，大家卻拚命勸酒。我本是空肚上陣，結果便可想而知了。

平生中，這是我第一次醉酒。幾個人把我抬回家，讓我呼呼大睡了一夜。

三、砍人的收穫

年輕人多，大家一起玩得開心。可是，年輕人脾氣暴烈，克制力比較差，也時有矛盾產生。

X 老師有個癖好，特別愛護自己的鼻子。每日起床照鏡子時，總要看看自己的鼻子。有一次，他跟一職工發生口角。我們幾個好言相勸無效，他被職工一拳打在鼻子上。被打後，他沒有暴跳如雷，只是一言不發地徑直跑回了寢室。我們正在納悶，想要轉身離去，卻發現他又跑了出來。

當時是晚上，憑著校園裡的燈光，我們看見他提著刀。我們以為幾句口角，不至於砍人吧，沒有想到他真砍人，因為砍人之事，非常人所為，這需要很大的膽量。不過，我們還沒反應過來，他便揮刀朝職工的頭上砍去。那一刻，我聽見了輕微的「喀嚓」一聲。

原來，那聲音是刀砍破頭骨的聲音。用了九牛二虎之力，我們才最終把兩人分開。職工被砍，疼得嗷嗷嚎叫，鮮血從頭流到臉上。我們急忙上去，扶他去了醫院。在醫院裡，值班醫生立即為他做了縫針手術。他的頭骨已被砍破，頭骨下面的白色物質清晰可見。

醫生說，他很幸運，還沒有生命危險。我們總算鬆了一口氣，折騰了一晚上後，便各自回寢室睡覺去了。

　　那天晚上，我躺在床上總是睡不著。黑夜裡，我腦子裡總想到血淋淋的頭，心裡感到著實很恐怖。輾轉反側一小時，我始終無法入睡。終於，我起來敲開好友的門，跟他同宿了一夜。

　　經過學校的斡旋，職工同意不通過司法途徑解決，而是通過「私了」解決。最後，X老師只是賠了八百元的醫療費。八百元現在是小數目，而當時卻差不是半年的工資！假如你的年薪現在是四萬，差不多就是賠了兩萬的概念。

　　不過，此事卻奠定了X老師的「江湖地位」。全校師生都知道X老師會拿刀砍人，便無人敢惹他了。時而，我們也嚇唬學生說：「你再不遵守紀律，我就送你去X老師班上！你若在他的課堂上搞亂，當心他拿刀砍你！」

　　一段時間後，某日我早上買菜回家，準備做午飯，卻發現菜刀有點鈍，不太好使，便下樓去兩百米開外的磨刀石磨刀。不一會，我便把刀磨得亮晃晃的。

　　我回家時，突然想起不走原路，而是從校長辦公室門口走過。這本來純屬偶然的決定，卻引起了校長的高度注意。校長一直尾隨著我，看我進了屋才放心離去。

　　後來，有人告訴我說，校長看見我提著亮晃晃的菜刀，不知道我磨刀回來，以為我是要去砍人。怕學校再發生流血事件，他不敢掉以輕心。確認我沒有砍人的跡象，他才算放心回到辦公室。

　　X老師拿菜刀把全校嚇了一跳，我也無意中拿菜刀把校長嚇了一跳。

四、撒尿的惡搞

　　學校裡有幾個教師特別愛打麻將，時常聚在一起玩。

　　他們的寢室在樓上，卻沒有廁所。他們必須穿過一片空地，去教學樓上廁所。空地的中間，有一電線杆。有時候，這群人還沒有走到廁所，便站在電線杆旁開始撒尿。一來不用走那麼遠上廁所，二來尿水順著電線杆流下，一點聲音都沒有，不會被人發現。

　　有一次，一人去上廁所時，照例站在電線杆旁開始撒尿。此時，正是課間時候，學生都已走出教室。其他幾人動了歪腦筋，把檯燈拉出來，把亮度開到最大，對準撒尿的人，猛地打開了檯燈。

　　剎那間，一道亮光劃破黑夜。那傢伙正在黑暗中「作案」，發現有亮光照過來，立即回過了神來。他來不及提起褲子，一瘸一瘸地開始往回跑。看到他那副狼狽樣，幾人開始捧腹大笑。當時，學生看見一個人提著褲子跑，幸好沒能看見他的正面。他這次被人「暗算」，卻總算還是沒有丟盡臉面。

　　青春歲月的事，多少會給人影響。這些年來，我沒再搞過「蟹宴」或「狗宴」，或用燈照人撒尿的惡作劇，然而有件事可能確實影響了我──自從那次無意中拿刀嚇壞校長，洞悉出校長內心的恐懼後，我便養成了跟校長玩的「壞習慣」。一個超級刺頭，在這裡已呼之欲出。

包養

——情人與狗

寫作背景

　　曾幾何時，情人是個恥辱和齷齪的字眼。多少人朝思暮想，卻在現實中不敢越雷池半步。

　　隨著社會的發展和進步，我們迎來了一個滿街都是情人的時代。現在，「包養情人」已成了一種時尚。趕上了這樣的好時光，教師養情人不會被視為怪事。然而，真若要養情人的話，教師卻還得面臨種種尷尬。

　　情人是「養」出來的，而我不可能養情人。

　　首先，我以前只有養狗的經驗，沒有「養」情人的經驗。張愛玲曾說：「女人與狗唯一的分別就是：狗不像女人一般地被寵壞了，牠們不戴珠寶，而且——謝天謝地！——牠們不會說話！」養女人需要珠寶，這可為難了我。

　　我一介窮書生，何來珠寶？狗只管吃飯，衣服也不用穿，更不用穿富婆們的「貂皮」大衣。狗不會成天吵著要珠寶，也能讓我落得耳根清淨。再說，狗食也並不昂貴，路邊爛食皆可入口。相比之下，女人會放著米飯不管，去吃補品，喝銀耳湯，專挑花錢多的東西。女人戴耳環，狗戴項圈。項圈大，卻非常便宜；耳環小，卻貴得要命。養情人和養狗相比，後者顯然要經濟實惠得多。

　　現在，教師們收入菲薄，不敢奢望養情人。遙想當年民國時期，全社會上上下下是何等重視教育。一般人每月僅能掙一百二十個大洋，中學教師卻可以掙一百四十個大洋，而魯迅可以從教育部領取三百個大洋！想一想當年，魯迅若要養情人，至少可以養一打，一般的教師養三五個也不在話下。

　　現在，我的收入只能養狗，且只能是土狗。為何是土狗？現在的寵物狗，都是動物的性道德淪喪後，動物之間亂倫的雜種。寵物狗看起來個個都是「四不像」——暴牙猴腮，塌鼻豁嘴，而價格高得讓人咋舌，從幾千到幾萬不等。我若有這筆錢，斷然不會養狗，早去養情人了。當然，我還得規定情人不得養寵物狗。否則，我的消費會大大提高，幾日後便不得不宣告「彈盡糧絕」。

　　其次，情人需要「包養」之外，還需要「培養」。我做教師的，只培養過學生。要是培養情人的話，還不知需要多長時間。我的樓上鄰居是一位教師，從前培養過一條狼狗。他收養狼狗後，開始天天訓練，一直到狼狗能聽懂幾句簡

單的命令。後來，他把狗賣掉，從中小賺了一筆。當然，要是情人經我培養後可以轉手，能讓我從中獲利，我還是可以考慮的。

一般來講，教師對學生的培養有「放養」和「圈養」之分。所謂「放養」，是指給學生必要的自主時間，讓他能根據自身的特點自由地成長；所謂「圈養」，是指成天將學生關在教室裡，以做不完的功課來扼殺他的天性。相比之下，「放養」肯定比「圈養」好。我們可以想像，成天在外面跑的狗，肯定比關在籠子裡長大的狗更有活力和生命力。假如，黨國開始重視教育，讓教師的收入翻幾番，有了養情人的經濟實力，教師也得面對如何養的難題。圈養吧，教師深知「圈養」對學生的危害，斷然不忍給情人套上枷鎖關在室內圈養；放養吧，情人會在外面見到帥哥或大款，經不起財色的誘惑，只恐沒幾天就跟別人私奔了。看來，如何養情人也會讓教師大傷腦筋，頗費周折。

開博兩年來，我堅持天天更新，已把前幾年的舊文用完。現在，我天天冥思苦想，欲不斷寫出新作。見我這般辛苦更新博客，朋友說我患了「博文強迫症」。對此，我嚴肅地糾正說，我患的是「情人狂想症」。確實，有時我還真想有個情人，給我靈感，給我激情，讓我能天天寫出新作。

據我所知，情人這玩意還是有用的，不少靈感都來自情人。1925 年耶誕節，物理學家薛定諤正在別墅裡跟情人共度節日，猛然間想出了一個方程式。這便是著名的「薛定諤波動方程式」，量子物理學的著名公式。我有點納悶，他得到靈感想出方程時，正在跟情人做什麼？無論怎麼說，是情人讓他想出了方程式，此事千真萬確。我也在想，我若有情人，不知能寫出多少「牛文」啊！

既然情人能給人靈感，有些人便會以當情人為人生目標。經濟學家熊彼特就有句名言：「我有三個雄心，成為世界上最偉大的經濟學家、奧地利最瀟灑的騎士，還有維也納最出眾的情人。」套著他的調，我也有三個雄心：成為中國最有名的教師、中國最瀟灑的男人，還有中國最出眾的情人。

然而，一想到情人需要「養」，我便只有打住，不敢想下去了。將來我真若養情人，恐怕也只得回鄉下捉隻土狗來養了。

辭職之後

寫作背景

　　我在學校裡搞過幾年行政工作，卻最終選擇了辭職。知識分子的自覺，啓蒙後的焦灼，欲從事文化批判的念頭，種種原因促使我這樣做。

　　我篤信，較之於在行政之內，我在行政之外能起更大的作用。這個作用不是對我自己，而是對於教師，對於民眾和對於國家。

> 　　我終自信我在政府外邊能為國家効力之處，似比參加政府為更多。我所以想保存這一點獨立的地位，決不是貪圖一點虛名，也決不是愛惜羽毛，實在是想要養成一個無偏無黨之身，有時當緊要的關頭上，或可為國家說幾句有力的公道話。一個國家不應該沒有這種人；這種人越多，社會的基礎越健全，政府也直接間接蒙其利益。
>
> 　　　　　　　　　　　　　　　　　　　　　　　　　　——胡適[1]

　　我幹過幾年中層，卻發現所謂的行政，不過是官僚體制的縮影。這種體制將師生納入到國家主義體系中，扼殺師生作為個體的生命，消解師生的精神文化。我是一個體主義者和自由主義者，這種體制與我的精神和信仰明顯格格不入。當整個學校都是抓分數的機器時，教師還處在蒙昧之中，沒有一種「我反抗故我在」的抗爭意識，只有落得被閹割的命運。讓人精神發育不良是一種屠殺，且是不見血的屠殺。在這個意義上講，學校本只是「精神屠宰場」。

　　做一個行政，無異是一個「奴隸監工」——在我監管奴隸時，自己也成了別人的奴隸。我若用繩索牽著奴隸，我至少要犧牲一隻手的自由。我若要牽著一群奴隸，我會犧牲掉我所有的自由。我清醒地認識到這點，便選擇了辭職。我做不了知識分子，也做不了魯迅那種精神戰士。不過，我會堅持我的道德底線——我不會做機器的螺絲釘，不去「加工」別人。多年前，魯迅在封建禮教中便發現了「吃人」兩字。在國家主義與集體主義的道德中，我也發現了這兩個字。我個人無法阻止「吃人」現象，可我不願「被吃」掉。

　　隨著學術視野逐漸開闊，我慢慢地懂得了一些東西。求知欲極旺的我，不忍捨棄多年的功夫，而終止了在學術之路上的前行。此時，為了能夠繼續讀書

---

[1] 《胡適書信來往選》（中），頁 208。

寫作，我必須將身外之事減少，以求得一個最佳的生存環境。我不知道這樣讀寫下去到底能怎麼樣，但是我知道我今天必須這樣做。「我不敢保證成就的大小，但我敢於保證自己的自覺和真誠。」[2]辭職做一個普通教師吧，這樣就沒有了繁雜的事務和讓我不太情願應付的酬酢。

後來我才知道，這種流浪心境是必然的。我必須將現實客體化，將自己邊緣化，才可能研究和批判現實。一旦融入那個圈子後，我想保持獨立人格和精神，那恐怕是很難的。在很多時候，我可能不得不犧牲教師的利益，以維護校方的立場。

美國社會學家科塞曾說：「批判精神和不受束縛是他的標誌，他總能『在』一個社會中而不完全『屬於』它。一定程度上的疏遠正是完成知識分子的角色的前提，而同時這種疏遠是建立在對於社會基本思想和中心價值的深切關心之上的。」此時，我意識到了自己正朝著知識分子轉變。我的流浪和疏遠的想法，是知識分子必然要經歷的心路歷程。

辭職後，我仍然是一名普通教師。此時，我進入了不惑之年，餘生當如何度過？教書是我的工作，可以讓我養家糊口。可是，我想教書的意義不僅在此。當教師教書，不僅是與自己有關，在某種程度上講，還與遙遠的未來，與所有的人相關。在教書之外，我也可以做點事。我做著小事，還可以思考大事；我站在三尺講臺，還能仰望星空；我是教師，仍能當學生的「泥土」。

幾年的管理工作，讓我看清了教師這個群體。這是一個什麼群體？毫不客氣地說，這是一個犬儒群體，一個沒有啟蒙的群體。這個逆來順受的群體，必然催生專制的校長。坦誠地講，專制校長的出現，不全是校長的錯——校長本人可能不懂什麼，但他可以看出誰是軟骨頭，誰想從他那兒分一杯羹。你軟弱，或想得名利，校長就會專制起來。所以，校長的專制也有教師自身的問題——假如教師的民主意識強，思想水平高，懂得捍衛自己的權益，校長便無法專制。有些校長囂張專制，因為他看到了教師的奴性；另外一些校長外表有點人文，骨子裡卻滿是專制思想。

作為教師個體，除了在課堂外，努力培育學生的精神生命外，我能做的確實有限。但是，我又不甘心這樣碌碌無為過完此生。作為一個有理性和良知的人，我會卸下自己思想上的負擔，除了靜下心來思考一些問題，作些文章外，做些力所能及的事。我想，我今後也會多參加一些活動，與教師們平等地對話，「引導」他們捍衛自己的權益，讓他們增加民主意識並敢於站出來為自己講話。

2　徐友漁，《與時代同行》，頁 31。

讓民眾覺醒，這是對抗專制的最好辦法。這是我已意識到，並能做的事情。我將此視為己任，也會身體力行，做些力所能及的事。

中國政治是一種專制政治，從上至下莫不如此。專制的產生，是因為沒有制衡的力量。在國家層面上，制衡力量的缺失，使黨國變成了流氓。然而，作為有良知的人，我必須發出自己的聲音。在國家面前，我的力量單薄如草芥。渺小如斯的我人微言輕，肯定不是什麼制衡力量，但我希望能對社會的進步盡一點棉薄之力。我無法改變現實，而千百萬人卻可以改變。我希望更多的人能夠覺悟起來，共同推動社會的進步。

在校內，校長一手遮天，而教師卻只會逆來順受。我要「介入」學校的現實，那就必須做一種「制衡」力量，讓校長不敢胡作非為。時常，我會以「帝王師」的姿態佔據學術制高點，給校長「指點」一下工作，或索性給校長講解《淮南王書‧主術訓》：「人主者，以天下之目視，以天下之耳聽，以天下之智慮，以天下之力爭，是故號令能下究，而臣情得上聞。」在我面前，校長是沒便宜佔的。不過，我並不專跟校長唱對臺戲，而只是在刀光劍影的背景下「制衡」校長。

這裡說一下，「帝王師」是中國傳統知識分子的通病。「學成文武藝，貨與帝王家」，是中國知識分子的典型。不過，我在骨子裡更多的是西方知識分子的精神氣質，而不是中國傳統式的文人。中國傳統式的知識分子更安於現實，想從帝王那裡獲得名利。

這種狀態，讓我獲得了自由。面對我這個「帝王師」，校長自然不會隨意怠慢。有時遇到校內出事，或教師利益受到損害時，我會以普通教師的身分站出來講幾句話。對於別人的話，校長可能置之不理。但對於我的話，校長會掂量一下。胡適當年的話，或胡適的感受，我已能深深地體會到。在行政圈子之外，可能更適合我。作為「帝王師」，我更能保持自由和獨立。

有人會認為，我拋棄世俗價值，不去追求功利，這非常愚蠢。然而，保持獨立是知識分子的傳統。早在兩千多年前，蘇格拉底臨死前給柏拉圖的訣別贈言是：「要想成為正義而鬥爭的人，如果他還想活著，也必須有一個私人的身份而不公共的崗位，只有『不在其位』，才能更自由地『謀其政』。」當年，陳寅恪拒絕了毛澤東給他的研究所長職位，梁漱溟也曾拒絕毛澤東邀請他入閣的要求。梁也說了一句跟胡適差不多的話：「把我放在政府外邊，監督政府，反而比我進入政府更為有利。」[3]所以，我能錯到哪兒呢？

3　《梁漱溟問答錄》，頁119。

　　不過，我非常警惕「啟蒙者」的身份。我不會以「導師」的身份自居，因為稍有不慎，啟蒙也會變成專制。我的出路在哪兒，我也並不清楚。我只知道，文化領域之路很可能是我的歸宿。不過，這路非常寬闊，也沒有終點，我何以知道自己命歸何方？作為一個「文化小販」，「我自己走路都不清楚，如何引導諸君？」我清楚，「一旦自以為掌握了真理，就成了獨斷論，認為反對自己的人，就是反對真理的異端，於是就將這種人視為敵人。結果只能是：不把他們消滅，就將他們改造成為符合自己觀念的那樣的人」。[4]共產黨不正是這樣嗎？共產黨視馬克思主義為真理，不允許有異端思想，大搞新聞審查，對民眾進行洗腦和改造，甚至採用血腥暴力來消滅或監禁劉曉波這樣的「異見」人士。

　　這幾年中，我漸漸發現，自己正向魯迅靠攏，慢慢開始理解魯迅了。曾聽說，不是每個人都能理解魯迅。現在我才知道，只有感覺到現實中的虛無與荒謬的人，才可以真正地理解魯迅。

　　有教師對我說，你就是魯迅。我只能苦笑說，我是我自己，魯迅是魯迅。我是成不了魯迅的，這有很多原因，一是我沒有魯迅的文才和思想水平，二是沒有他的知名度，三是沒有他的勇氣，甚至說各方面都不如他。卑微如斯的我，怎能與魯迅相提並論？不過我想，魯迅的意義，不在於讓人人都成為他，而在於讓我們知道歷史上曾有那麼一個偉大的人存在過。魯迅的存在，是一個標竿，是一種精神。這個標竿可以用來衡量每個人，而這種精神則可以激勵每個人。

　　面對虛無與荒謬，當然是要反抗的，問題只是在方式。有人用行走反抗虛無，有人用鬥爭反抗絕望，而我用「氣節」對抗荒謬。朱自清說，「氣」為有所為，「節」為有所不為。我已年過四十，也應思考一下人生了。享受生活與做些實事，二者我都想做到。作為一個平凡人，我應該懂得享受生活；作為一個理想主義者，我又不能躲在書齋裡空想，而應該「介入」到現實中。

　　我不想再做堂吉訶德，但會堅守自己的理想，用彼岸世界來關照此岸現實，做到寧靜淡泊，並在適當的時候，做些適當的事，說些適當的話。做個有「氣節」的人，做一個真誠的人，做到「站在沙漠上，看看飛沙走石，樂則大笑，悲而大哭，憤時大罵。」

　　這就是我的餘生，我想。

---

[4]　王元化，《清園近作集》，頁22。

釀文學06　PG0510

 瘋人教育日記
　　——私校教師的真情告白

作　　者	鄭　偉
責任編輯	林泰宏
圖文排版	姚宜婷
封面設計	王嵩賀

出版策劃	釀出版
製作發行	秀威資訊科技股份有限公司
	114 台北市內湖區瑞光路76巷65號1樓
	電話：+886-2-2796-3638　傳真：+886-2-2796-1377
	服務信箱：service@showwe.com.tw
	http://www.showwe.com.tw
郵政劃撥	19563868　戶名：秀威資訊科技股份有限公司
展售門市	國家書店【松江門市】
	104 台北市中山區松江路209號1樓
	電話：+886-2-2518-0207　傳真：+886-2-2518-0778
網路訂購	秀威網路書店：http://www.bodbooks.com.tw
	國家網路書店：http://www.govbooks.com.tw
法律顧問	毛國樑　律師
總 經 銷	聯合發行股份有限公司
	231新北市新店區寶橋路235巷6弄6號4F
	電話：+886-2-2917-8022　傳真：+886-2-2915-6275

出版日期	2011年04月　BOD一版
定　　價	380元

Printed in Taiwan

國家圖書館出版品預行編目

瘋人教育日記：私校教師的真情告白 / 鄭偉著.
-- 初版. -- 臺北市 ：釀出版, 2011.04
面 ；　　公分. -- (釀文學 ；PG0510)
ISBN 978-986-6095-03-0(平裝)

1. 教育　2.文集

520.7　　　　　　　　　　　　　100003149

讀 者 回 函 卡

感謝您購買本書，為提升服務品質，請填妥以下資料，將讀者回函卡直接寄回或傳真本公司，收到您的寶貴意見後，我們會收藏記錄及檢討，謝謝！如您需要了解本公司最新出版書目、購書優惠或企劃活動，歡迎您上網查詢或下載相關資料：http:// www.showwe.com.tw

您購買的書名：＿＿＿＿＿＿＿＿＿＿＿＿＿＿＿＿＿＿＿＿＿＿＿＿

出生日期：＿＿＿＿＿年＿＿＿＿＿月＿＿＿＿＿日

學歷：□高中 (含) 以下　　□大專　　□研究所 (含) 以上

職業：□製造業　□金融業　□資訊業　□軍警　□傳播業　□自由業
　　　□服務業　□公務員　□教職　　□學生　□家管　　□其它＿＿＿

購書地點：□網路書店　□實體書店　□書展　□郵購　□贈閱　□其他

您從何得知本書的消息？

　□網路書店　□實體書店　□網路搜尋　□電子報　□書訊　□雜誌

　□傳播媒體　□親友推薦　□網站推薦　□部落格　□其他＿＿＿＿＿

您對本書的評價：(請填代號　1.非常滿意　2.滿意　3.尚可　4.再改進)

　封面設計＿＿＿　版面編排＿＿＿　內容＿＿＿　文／譯筆＿＿＿　價格＿＿＿

讀完書後您覺得：

　□很有收穫　□有收穫　□收穫不多　□沒收穫

對我們的建議：＿＿＿＿＿＿＿＿＿＿＿＿＿＿＿＿＿＿＿＿＿＿＿＿

＿＿＿＿＿＿＿＿＿＿＿＿＿＿＿＿＿＿＿＿＿＿＿＿＿＿＿＿＿＿＿＿＿

＿＿＿＿＿＿＿＿＿＿＿＿＿＿＿＿＿＿＿＿＿＿＿＿＿＿＿＿＿＿＿＿＿

＿＿＿＿＿＿＿＿＿＿＿＿＿＿＿＿＿＿＿＿＿＿＿＿＿＿＿＿＿＿＿＿＿

11466

台北市內湖區瑞光路 76 巷 65 號 1 樓

秀威資訊科技股份有限公司　　　收

BOD 數位出版事業部

⋯⋯⋯⋯⋯⋯⋯⋯⋯⋯⋯⋯⋯⋯⋯⋯⋯⋯⋯⋯⋯⋯⋯⋯⋯⋯

（請沿線對折寄回，謝謝！）

姓　　名：＿＿＿＿＿＿＿＿　年齡：＿＿＿＿　性別：□女　□男

郵遞區號：□□□□□

地　　址：＿＿＿＿＿＿＿＿＿＿＿＿＿＿＿＿＿＿＿＿＿＿＿

聯絡電話：(日) ＿＿＿＿＿＿＿＿＿＿　(夜) ＿＿＿＿＿＿＿＿＿

E-mail：＿＿＿＿＿＿＿＿＿＿＿＿＿＿＿＿＿＿＿＿＿＿＿